在家也能做早教

轻松育儿　必读好书

郭辉◎著

CTS K 湖南科学技术出版社 · 长沙

图书在版编目（CIP）数据

在家也能做早教 / 郭辉著. — 长沙 : 湖南科学技术出版社, 2024.4
ISBN 978-7-5710-2262-4

Ⅰ. ①在… Ⅱ. ①郭… Ⅲ. ①早期教育—家庭教育Ⅳ. ①G781

中国国家版本馆 CIP 数据核字(2023)第 104475 号

ZAIJIA YENENG ZUO ZAOJIAO
在家也能做早教
著　　者：郭　辉
出 版 人：潘晓山
责任编辑：王　斌
出版发行：湖南科学技术出版社
社　　址：长沙市芙蓉中路一段 416 号泊富国际金融中心
网　　址：http://www.hnstp.com
湖南科学技术出版社天猫旗舰店网址：
http://hnkjcbs.tmall.com
邮购联系：0731-84375808
印　　刷：湖南省汇昌印务有限公司
（印装质量问题请直接与本厂联系）
厂　　址：长沙市望城区丁字镇街道兴城社区
邮　　编：410299
版　　次：2024 年 4 月第 1 版
印　　次：2024 年 4 月第 1 次印刷
开　　本：710 mm×1000 mm　1/16
印　　张：23
字　　数：372 千字
书　　号：ISBN 978-7-5710-2262-4
定　　价：98.00 元

推荐序

早期教育是指为3岁以前婴幼儿提供的一种有计划、有组织、有目的的丰富环境，提供刺激的教育活动。目的是挖掘儿童的潜能，促进孩子全面发展。

随着社会的进步和发展，人们越来越重视人类本身的质量，因此对儿童早期潜能开发的需求不断增长，国内外研究表明是否开展适宜的早期教育，儿童智商可相差20以上，个性和行为也会出现较大的差别。

儿童智力发育水平是由生物学因素和环境质量相互作用决定的，早期教育的生物学基础是人的大脑。婴幼儿中枢神经系统的发育特点和大脑的可塑性决定了早期教育的生物基础。脑科学家研究表明，出生头几年是儿童智力、个性和社会行为发育的关键期，尤其是在3岁以前环境、教育、营养等因素，不仅直接影响儿童的身心发育，且其形成的后果将对儿童的一生产生重要的影响。

一直以来，我们认为3岁以前最好的教育就是陪伴。3岁前的孩子，在家长保护性环境下，允许孩子自由探索、自由发展就好。其实人的发展是遗传、环境、教育相互作用的结果，其中教育起着决定性的作用。

早期教育是对儿童进行一种按照婴幼儿运动、智能和情绪发育的规律开展的教育活动，因为孩子年纪太小，早期教育应以家庭为中心，父母为第一责任人。早期教育工作者将婴幼儿运动、智能和情绪发育的规律知识教给家长，指导家长用丰富的物质环境和语言环境、能自由活动的必要条件、游戏的方法和温馨的情感氛围，科学的方法开展早期教育活动，促进婴幼儿全面发展。

我们知道教育的基础主要是在6岁以前奠定的，在这之后，教育还要继续进行，人进一步成长，开花、结果，而您精心培植的花朵在6岁以前就已经绽蕾，可见早期教育是为孩子的一生打基础的教育。

早期教育还会促成人的性格养成。从小塑造好一个人的性格，等于塑造一个人的灵魂。目前，早期教育出现了一些认识上的误区，例如提倡“神童化”教育和所谓“超前”教育，拔苗助长；片面强调智力开发，忽视素质教育；早期教育商业化等。产生这些误区的原因是社会上过分渲染竞争的残酷性、以盈利为目的的早教机构亦夸大其词地宣传、家长期望值过高等。儿童早期教育的主阵地应该在家庭，而不在早期教育机构。婴幼儿成长的主要环境是家庭。婴幼儿的成长靠的是家庭和早期教育机构的共同努力。

促进孩子早期发展要做到：顺应孩子成长期的生理与心理发育特点和需求，选择最适合的教育方法，提供丰富多彩的、与孩子相适宜的生活环境和条件，加强对父母的教育，帮助父母掌握科学养育的理论和技能，让专业的早期教育成为家庭行为。

《在家也能做早教》这本书，依托作者自身丰富的早教和幼教实践，紧密结合儿童成长的实际情况，所列举的活动都有比较坚实的早教理论支撑。它解决了初为人母，并作为孩子第一任教师的年轻父母怎样对孩子进行早教的问题。它告诉父母怎样创设温馨适宜的教育环境，指导父母怎样进行实际操作。本书语言通俗易懂，操作简便，不失为对孩子进行早期教育的好教科书。

朱家雄

（朱家雄简介：华东师范大学学前教育系终身教授、博士生导师，中国教育学会学术委员会顾问。）

前　言

懂比爱更重要

欢迎你翻开这本为年轻的家长们带来的育儿书籍。我知道每位父母都是爱自己孩子的，特别是从怀孕到孩子3岁之前这个阶段。每个父母都对孩子寄予很高的期望，希望自己的孩子聪明伶俐，活泼可爱，甚至希望孩子能智慧超群。为了养育好自己的孩子，很多人一直想的就是向外求助，求得一个好保姆，求上一堂早教课，等等。认为只有这样，孩子才一定能养得很好。殊不知，养育好一个孩子，一定是父母自己懂得育儿的知识，育儿的方法等；懂得孩子要尽量自己带，而且自己一定要看得懂孩子。在陪伴中用发现的眼光去观察孩子，了解孩子自身的优势和个性特点。满足孩子自主和谐发展的需要，并寻找到适合自己孩子的教育。

比如：当看到孩子在拆卸新买来的玩具时，在懂孩子的父母眼里，这是一种探索的表现，孩子是想拆下来看清楚再装上去。这时孩子满脑子都是“为什么”，而不是在“破坏”。但中国的很多父母会上去阻挠，甚至大打出手。殊不知，孩子的创造性就这样被无知的父母无情地打掉了。

我的这本书，就是想让天下的父母懂得孩子，发现孩子，了解孩子。并提高孩子认知自己、认知世界的能力。只有家长认同这种教育理念和观点，内心发生改变，教育孩子的质量才能真正发生改变。因为教育真的不是一节课、一个保姆能教育好的，好父母一定胜过好老师 。你的理念决定孩子的生活方式，并能帮助孩子初期建构人格。

爱，需要学习

你可能学过很多知识，但你未必学过0到3岁孩子的教育方法，即便你初中毕业，高中毕业，大学毕业，研究生毕业，甚至博士后毕业，但在小孩0～3岁教育这个领域，你仍是个小白。只要你有心，这本书就能帮到你，从零到专业，甚至成为专家。

美国著名的儿童心理学家格塞尔1925年就指出，儿童在学龄前阶段，大脑发育的速度最快，在5岁前大脑的大部分几乎都发育成熟了，此后，大脑的发育速度显著减缓。人类生命的最初3年是成长发育最快的时期，也是大脑发育、智力发展最快的时期，人的智力发展的基础是在这个时期内奠定的，如不抓住这一时机及时教育，会对儿童的潜在能力得不到发挥，将对儿童一生的发展起到影响。

现代研究证明，儿童各种能力都有一个最易形成的时间(敏感期)。错过这个时期，这种能力就很难获得或者需要更多的努力才能获得。0～3岁时间段正是儿童身心发育的关键期，因此要抓住婴幼儿生长发育和潜能开发的关键期和敏感期，为孩子营造智慧生长空间，这将是每一个家庭，为人父母者，都必须学习的功课。

大家都知道，世界上任何职业都要经过培训、考核、竞聘上岗，也知道司机没有驾驶证开车一定会有危险……然而只有“爸爸”“妈妈”这个职业没有这些程序。中国传统原始、简单粗暴的家教不知扼杀了多少天才少年，耽搁了多少孩子的前程。俗话说：“没有种不好的庄稼，只有不会种庄稼的农民。”同样的道理：“没有教不好的孩子，只有不会教的家长和老师。”农民怎样对待庄稼，决定了庄稼的收成。家长怎样对待孩子，决定了孩子的命运。庄稼种不好时，农民从不埋怨庄稼，相反总是从自己身上找原因，很少想过推卸责任。而在当今社会就是一个养羊、养猪、养鸡、喂牛、种玉米等都靠科学技术的时代，您抚养孩子还能再单靠“祖传秘方”吗？孩子要成长，父母成长必须先行。只有更新认知、提高认知和觉察能力，才能跟上时代。

把机会给孩子

作为父母，最经常犯的错误就是剥夺孩子成长的机会。我们太喜欢帮孩子了。总认为孩子遇到一点困难时，如果自己不去帮一下，太不近人情，对不起孩子；其实你不去帮他，他自己会想尽一切办法克服困难的，久而久之，他的独立性就变强了，甚至养成在生活中遇到困难自主解决的习惯。父母有意识地把机会让给孩子，在孩子面前示弱，孩子的成长会更快。在家做早教并与孩子进行亲子游戏时，适当地运用这些方法和技巧。例如：当玩到书中每一节游戏活动时，有些孩子可能不会按书上内容去玩，他可能生出其它游戏活动，自主地有趣的玩，这时家长不必强行把他拉过来，你可以跟随他进行自主游戏，这说明孩子能力发展很好，我们带孩子游戏的目的就是开发潜能，孩子在前、父母在后的早教理念是国际最前瞻性的育儿理念。孩子发展到自主游戏时觉得玩不够，因为一次次成功，让孩子有成就感。因此在孩子一出生就坚持这种育儿理念，孩子的自主性就会得到充分的发展。当孩子不能自主的时候，我们仍可以继续完成课时内容。

一本书带来的传奇

诺贝尔奖获得者朱棣文曾经在哈佛大学做毕业演讲时说：“生命太短暂，所以不能空手走过，你必须对某样东西倾注你的深情。”我想我做到了，一生只为一事来，择一事终一生。一本《0～6岁早期教育智能开发系列方案》育儿开始，到创办育才幼教集团，三十多年的教育梦想，一心只待一花开。我能在纷扰浮躁的社会中保持镇定，初心不改，一直在探索幼儿的征途中奋斗不止。我的《在家也能做早教》这本书，希望能为改变父母“教而无方，教而无力；养儿不教，教而不当”的家庭状况尽一点绵薄之力。父母应当成为孩子第一位优秀的老师，让孩子的身心、才智得到全面和谐发展。这本书是属于0～3岁的育儿工具类书。现将此书内容从教师执教的教材改编为父母用书。这本书以婴幼儿为主体，父母为主导，家庭为单位，帮助孩子在大脑发育关键期进行游戏的过程中体验到学习的乐趣，从而增进亲子关系。只要您是有心想自己带娃，而苦于不知怎么带的父母，此书从理念到方法，都能帮到您。

属于自己的故事，坚持是最好的答案

我们从孩子生命出发的地方开始，给予孩子最好的受教育机会。在悦润书香的里程，静待花开。王阳明说，心力是克服万难的心源力量，只要做到有心和用心，没有克服不了的困难。其实，教育的本质就是一个灵魂唤醒另一个灵魂，是一棵树撼动另一棵树，是一朵云推动另一朵云。我们的努力就是让孩子靠近光，成为光，散发光。我们虽然都是普通人，但通过努力一定会成为新时代闪光的沙砾。平凡的渺小是伟大的开始，相信自己，心怀育儿梦想，给孩子力量去成长，把机会给孩子，让孩子去创造世界，让孩子即使做不到第一，也要做到唯一。育儿是父母的终身事业，任何成功都弥补不了教育孩子的失败，给孩子金钱，不如给孩子时间，你的成功就是让孩子拥有一个美好的未来。热爱可抵岁月漫长，思想才是最富有魅力的财富，自己的故事，坚持是最好的答案。愿天下的普通人都可以讲好属于自己的育儿故事。

郭 辉

2022年7月

概　述

2022年1月1日起，我国开始实行《中华人民共和国家庭教育促进法》，从此家庭“带娃”从“家事”上升为“国事”。这是中国家庭教育新一轮的大变革，科学带娃是每个家庭在新时代面临的新课题、新挑战。万丈高楼平地起。婴幼儿教育是为人才大厦奠基，也是每一个家庭极为关注的大事。当代科学的发展，促进了我们教育观念的更新，也为教育实践提供了科学依据。教育也要从0岁开始，3岁前孩子教育的内容、原则和方法的问题，也在不断地科学化、现代化。

一、教育从0岁开始的重要性

教育应从孩子能够吸收外界信息之时开始。先前的研究认为，刚出生的孩子是无探索欲望的。现代研究表明，孩子从出生之日起，就是周围环境积极主动的探索者，他们在语言、动作、情感及社会性等方面有着惊人的发展潜能。研究显示，4～5月龄的胎儿已具备视觉反应能力，5～6月龄的胎儿开始出现听觉反应。出生后第三天的新生儿，能将视线集中在母亲的脸上，6月龄的婴儿能够形成初步的概念，一岁以后的婴儿开始具有推理能力和语言能力。婴儿对语言学习的执着，不经意中所吐出的“妙语”常常令成人都惊叹！所以育儿专家说，孩子一出生就有两件成长所必要的利器，其一是强烈的生存欲望，其二是吸收周围一切事物不可思议的发展。潜能教育不是要去改变孩子自我发展的过程，而是让孩子的“利器”有“用武之地”。要从孩子出生之日起，就为他们不断地创造适应每个阶段生存和发展需要的环境来刺激孩子的生理、心理和行为。

二、0～3岁宝宝的心理需求

0～3岁的宝宝除了要满足吃好、睡好、生活有规律、环境清洁卫生等要求外，还要满足其心理上的需求。那么，他们都有哪些心理上的需求呢？

1岁的宝宝早上醒来睁开眼，就想看到爸爸妈妈的笑脸。宝宝每天需要有一个良好的开端，早上醒来后不必马上被大人催着起床；睁眼时应使其看到的是他熟悉的、喜欢的亲人的笑脸；待宝宝完全清醒、心情愉快了，再让他穿衣起床，洗手洗脸。

2岁以后的宝宝可以和父母共进早餐，早餐时间虽然短暂，但宝宝却能在与父母短暂的相处中感受到亲切和欢快的情感体验。当父母要去上班时，要拥抱或亲吻宝宝，和他肌肤接触，并说上几句关心的话，微笑着和宝宝说再见，以满足他的情感需求，清晨父母的笑脸和关心会给宝宝的一天带来新的气息和良好的情绪。

3岁以前的宝宝特别依恋父母，常想和父母亲近。因此，年轻的父母下班回家后，应该花一点时间倾听宝宝的述说和提问，并为宝宝念儿歌，讲故事；和宝宝一起唱唱歌，玩玩其他游戏。所花的时间并不多，爸爸妈妈自己也可轻松一下，调剂在外工作一天的紧张情绪，又能给宝宝带来快乐和安慰。宝宝的心理得到了满足，反而会很高兴地独自去玩或帮父母做一些小事情。和睦的家庭环境是宝宝幸福的摇篮。宝宝需要在父母恩爱、家庭成员和睦、相互尊重的环境里生活，这是宝宝身心健康发展的必要条件。

我国现代著名儿童教育家陈鹤琴先生认为：“幼稚时期是人最重要的一个时期，习惯、知识、技能、言语、思想、态度情绪都在此期间打下基础，它是决定将来人格的重要因素。”初生儿的脑重约为390克，只相当于成人脑重的1/3，9月龄脑重约为660克，相当于成人脑重的1/2，这一时期脑重几乎平均每天增加1克，增长速度最快。3岁左右的儿童脑重为900～1011克，约相当于成人脑重的2/3，7岁时脑重达1280克，相当于成人脑重的9/10，大脑皮层也逐渐发育成熟。到4岁时脑部额叶的发育已基本成熟。大脑的发育与智力发展的速度是一致的。从脑重的增长证实了脑的发育速度在5岁前是最快的。

有关研究人员发现6月龄以内婴儿的智力水平与母亲和孩子交往所用的时间总量之间有很大的关系。生动的、有益的刺激会促进5月龄大的婴儿发出更多的声音，并能表现出更加丰富的指向性动作。

如果父母能在儿童智力发展的关键期，给予其适当的早期教育，将会收到事半功倍的效果。反之，即使是一个优秀的儿童如果接受不到良性的刺激，也有可能永远无法达到他原本该达到的水平。

因此，父母应根据婴幼儿智力发展关键期的学说，对孩子进行良好的早期教育，以便充分发挥婴幼儿的智能潜力。

三、《在家也能做早教》的意义与优势

早教是根据孩子生理和心理发展的特点，以及敏感期的特点，进行有针对性的指导和培养，从而为孩子多元智能和健康人格的培养打下良好的基础。其最大的好处是能多方面刺激幼儿大脑的发育。理念变，天地变。从另一个角度，我们很多父母都是很普通的人，都很想成就一番自己的事业，但因为家庭的原因，比如资金紧张等，都难如愿。这里还有一条路可走，那就是培养孩子，努力让孩子超越自己，让孩子很优秀。这不亚于自己创业。把培养孩子当成自己的事业来经营，相信你将会更有价值感和成就感。《在家也能做早教》是指导培养优秀孩子的工具书。只要您有育儿梦，这本书会让你懂得3岁前的育儿理论、育儿方法、育儿原则以及育儿要求与误区。你只有懂得孩子，才能教育好孩子；只有产生相互作用，良性刺激孩子，使其充分发展，这样的教育才是良好的教育；只有良好的教育，才能使孩子的发展需要得到满足，潜能得到开发。近年来，胎教的兴起，其根据就在于此。

四、本书亲子活动设计的理念与依托

享誉世界的幼儿教育家蒙台梭利告诉我们，天赋优异的婴儿长大以后不一定能成为卓越的精英。而那些卓有成就的人大都是在婴幼儿期，便受益于良好的早期教育。《在家也能做早教》一书除了运用蒙台梭利的教育理念，同时还引入了奥尔夫音乐体系，让孩子有机会进入丰富的艺术世界，并与儿歌律动，舞蹈，甚至是绘画等视觉艺术相联系，以独特的方式抒发内心世界，作者同时还根据婴幼儿不同年龄段的五大能力发展特点，如大运动、精细动作，认知能力、语言能力，以及社会行为等，让孩子以最优的养育获得成长发育，从而使身体智能以及人际关系能力都迅速发展。

五、《在家也能做早教》教育活动的原则

（一）操作性原则

孩子越小，越难以接受语言指导下的间接学习，必须通过身体和感官同时或相继作用于同一客体，才能对这一客体的某些特征产生较深刻的感受和理解。如认识球体，不仅看演示和解释，还应让孩子摸一摸，滚一滚，比较与不是球体的物体有什么不同的感觉，操作也能提高孩子自发探索的兴趣。孩子们只要一看到物体就会用手去抓去握、去摆弄。操作是教和学双方的需要。我们所选编的活动几乎都是要让孩子亲身实践。

（二）多重因素相互作用的原则

本书不仅有助于孩子认知经验的积累，也有助于成人与孩子的互动。关键在于成人通过观察、对话等方法，了解、调动、利用孩子的已有经验，通过互动，这些经验得到整理和提升。3岁前孩子尚处于无意识学习阶段，他们会无意中获得许多与他们亲身经历有关的经验并储存在大脑中，而成人所应该传递的经验也是与孩子经历有关的。因此，孩子的相关经验很容易被激活。如认识红颜色，孩子已接触过无数次的红色物体，当成人看到红颜色的皮球时，完全不必告诉他这是红颜色的皮球。我们可以采用对话方式：这是什么？是什么颜色的？虽然孩子说不出来，虽然孩子说不出，但可以让孩子出来指认，红颜色的皮球在哪儿？红颜色的积木在哪儿？然后可以巩固迁移学到的经验。如找找看，房间里哪些地方是红颜色的？谁身上有红的颜色？继而扩充到马路上、家中有什么是红颜色的物品。还可以从乱色中找出红颜色的玩具。这些一系列的相互作用，孩子对红色的认识经验便得到整理和提升。在本套活动设计中，有许多这类活动，这些活动对孩子的影响是全方面的。

（三）差异性原则

年龄段差异。同龄间个体孩子的差异也很大。每个孩子因为气质、兴趣、能力的倾向性不同，表现出的闪光点也是不同的。如有的孩子喜欢与人交往，有的喜欢闷头摆弄玩具，有的很早识字，有的对音乐或色彩构图有较强的敏感性，有的孩子对许多领域的活动普遍感兴趣等，而家长应以过程的主动性、积

极性、专注性、操作的细心耐心、对活动的持续兴趣，以及表现出的早期创造性作为评价标准。另外，不同孩子有不同的需要，随着时间推移，应让孩子在全面发展的基础上，有更多的选择机会。

（四）渗透性原则

我们在本套活动设计中，虽然没有明确提出“综合教育”的名称，但实际上孩子越小，能力领域的分化水平越小。艺术领域能发展孩子动作、语言和认识方面的能力，社会领域也能发展孩子语言能力和认识能力，身体动作领域同样能发展孩子语言、认识和生活方面的技能，如此等等。在某一个活动中，只是以一个领域的目的为主，使其他相关领域的能力都得到发展。

因此，家长在组织早教活动时，应尽可能地使孩子各领域的能力相互渗透、融合，促进全面发展。3岁前孩子的专门学习及活动时间是很短暂的。大量的学习要在日常生活中进行。社会性行为只有在孩子有交往需要时进行，效果才最好。一些生活技能和生活习惯，需要在孩子生活中进行培养。有些能力，家长需要把它们渗透在日常生活中进行培养。

（五）反复性原则

孩子经验的获得都需要多次反复，每一次反复中又都整合了已经获得的经验。所以，孩子喜欢反复操练同一种技能，倾听同一个故事，进行已经玩过无数次的游戏。这类反复不是机械的重复，而是孩子加工信息的需要。在每一次反复中，孩子都能获得新的感受和新的能力。成人完全可以利用这一特点，经常有间隔地复习已经学习过的内容。因此，设计活动都可以也应该根据孩子的发展需要和学习兴趣，有选择、有变化地反复进行，从而满足孩子的学习需要。同时，家长也应帮助孩子积累多种经验、熟练操作技能、提高其智慧水平，在有兴趣的活动中，逐渐培养孩子爱学习、勤于动手的习惯。

六、《在家也能做早教》对家长的要求

（一）热爱孩子

爱的满足是孩子精神需要之首，只有得到成人的爱，孩子才能对成人产生信赖和依恋，才能顺从地与成人配合，才能安全地从事各种学习活动。成人应满腔热情地爱护孩子，平等地对待孩子，细心耐心地照料他们，及时满足他们的正常需要，但是家长万万不能偏爱和溺爱。

（二）身教重于言教

3岁前孩子的逻辑能力和语言能力都比较欠缺，直观形象的动作更能引起他们的模仿。此外，他们的无意性注意占优势。他们更多地接受榜样的影响和环境的熏陶。成人要求孩子做到的，首先自己要做到。例如，成人对孩子的态度，也会影响孩子对别人的态度。成人无条理，也会使孩子无条理，成人喜欢看书，孩子也会学着看书，等等。

（三）细心观察，准确把握培养孩子各种能力发展的关键期

父母在组织每项活动时，都要细心观察孩子的表现，父母能有一双发现的眼睛很重要，孩子对什么内容最有兴趣和耐心？对什么内容学习效果最好？什么阶段在行为上有突发飞跃的现象？父母发现了孩子的表现就应该有意识地进行引导和帮助，使孩子的无意学习在成人的有意引导下获得更多的成效。记住，让孩子成为他自己比父母逼着成为父母想要的样子更重要。

（四）及时测评孩子生长发育

因为每个孩子生长发育的阶段有不同的标准。比如七坐八爬，如果父母不知道这个发育的标准，七月龄大，该坐的时候没有提供坐的环境，八月龄大，该爬时不提供爬的环境，孩子将会错过这个发育的敏感期，得不到事半功倍的效果。因此，父母可到专业的机构去测评，或了解幼儿专业的相关知识，有的放矢地去有计划地培养和训练孩子。

七、《在家也能做早教》的误区

（一）孩子必须听父母的，家长教，孩子学

不能剥夺孩子成长的机会，即把机会给孩子，哪怕是几月龄的孩子，早教并非一定是你教孩子学，而是家长善于用发现的眼光去观察孩子，在他有困难的时候帮他一把。如生活中扣扣子，孩子扣不好，反复去扣。家人不能上前帮他把扣子扣完。只要他能独立想办法解决的问题，我们大人都不要去插手。家庭中生活的琐事很多，孩子在成长的过程中动作慢，反复试，我们要放慢脚步，

守着他，让他一点一滴去尝试，去成长。

（二）早教＝早教班

认为早教就是早教课，甚至认为上了早教课就是对孩子最好的教育。其实真正的早教是在了解孩子生长发育的情况下，做一些可以对孩子产生正面影响的行为。早教班只是早教的一部分。早教是可以灵活地渗透在一日生活中的，若能掌握孩子发展的关键期（敏感期），父母只准备环境即可，不去阻扰就是最好的早期。如：吃饭。当孩子想自己用手抓的时候，就让他抓好了，不要阻止他，你就是帮他搞卫生而已。但孩子的能力是这样发展起来的，用不了多久，他就会从抓到用勺吃。

（三）早教是教孩子的

早教在教孩子的同时，也在教父母。真正的早教课，是在教孩子的同时，也教会父母或者保姆以及与孩子接触时间最长的人，教会他们怎样带好孩子。如果一节课内容对孩子的能力过高，父母可以略降低要求，若偏低，父母可以提高难度，总之，一个活动走近了孩子的最近发展区，让孩子发展了，才是最适合孩子的。

（四）上单项训练课就是做了早教

婴幼儿早教一定要求全面发展，不仅是生理的，还有心理的。市面上一些单项的早教课，如运动、感统、全脑等，其实这些只是特色而已，或者说是特殊技能。作为父母，教育孩子一定是朝综合而多元的方向去发展，从生活的点滴入手，循序渐进地提供适合孩子年龄特点和发展需要的环境，这样才能养育好孩子。

八、《在家也能做早教》活动的注意事项

1.游戏场地要干净、安全，把不安全的因素排除掉。

2.相对固定的时间跟孩子做游戏。排除中午午休和晚睡时间。

3.提前准备游戏道具。

目　录

0～3月龄宝宝的发展目标

- 能伸展四肢，俯卧、抬头、挺胸；
- 能握住拨浪鼓半分钟；
- 听声音找声源，眼和头追随近处物体转动180度；
- 见亲人主动微笑，逗笑能出声，开始咿呀发音；
- 建立条件反射，逐步形成规律性的生活；
- 启发好奇心，激发宝宝对外界的兴趣；
- 初步建立亲子情感纽带。

和1月龄的宝宝可以这样玩

第一周

第1个活动：**按摩抚触操《额眉部按摩》**

活动准备：轻音乐、布娃娃、玩具。

活动目标：

1.提高宝宝的皮肤触觉。

2.促进宝宝的身体发育。

活动过程：

第一步：双手张开，拇指和手掌分开，拇指向下，其余四指放于宝宝脑后。

第二步：两手拇指水平从额中央向太阳穴方向推压，继续至耳后或向下至颈部。

爸爸妈妈必读

自19世纪始，西方就有人开始对婴幼儿进行按摩，并且发现按摩对婴幼儿的肌肉、神经系统发育有帮助。现代医学发现，按摩抚触和音乐结合起来，可以取得更好的成效。

抚触可以从刚出生的婴儿开始，特别适合1岁以内的婴幼儿，这也属于早期教育的范畴。抚触对婴幼儿的身心发育都有着重要的作用。皮肤是人体最大的感觉器官，皮肤感受良性触觉刺激，能促进婴幼儿生长发育。简单的皮肤抚触，可以消除婴幼儿的紧张，有调节肾上腺激素分泌的作用，从而促进婴幼儿的成长。

第2个活动：**身体动作发展《宝宝“走一走”》**

活动准备：拨浪鼓。

活动目标：

锻炼宝宝的腿部肌肉力量。

活动过程：

1.爸爸用双手托在宝宝的腋下，大拇指扶好宝宝的头，不要给宝宝穿鞋袜，让他光脚接触平面。这时你会发现宝宝竟能协调地迈步。我们做这个活动时，要当作游戏来做，一边逗引宝宝，一边可以有节奏地喊宝宝的名字。

2.播放音乐，爸爸妈妈逗引宝宝做“行走”练习，其他家属在前手拿拨浪鼓吸引宝宝向前“行走”。

爸爸妈妈必读

这个时候，爸爸妈妈们也许会有疑惑。小宝宝身体很软，头还抬不起来，怎么能行走呢？其实宝宝先天就有行走反射，这种反射在 6 周至 10 周消失。在早期，父母可充分利用孩子的这一能力进行锻炼。如果宝宝不喜欢走，也不要勉强。我们要注意，在宝宝生病时不要做此训练。在头三个月里，我们建议由爸爸来进行和宝宝的运动类活动，妈妈多注意休养身体，尽快恢复。

第3个活动：**精细动作《拿一拿》**

活动准备：欢快的音乐。

活动目标：

训练宝宝手的抓握能力，促进宝宝精细动作的发展。

活动过程：

让宝宝仰躺在垫子上。爸爸手拿拨浪鼓在宝宝的上方摇一摇，吸引宝宝的注意力。然后爸爸用手指轻轻触碰宝宝的手掌，宝宝会本能地握住。

爸爸妈妈必读

平常在家里，我们要多训练宝宝的抓握能力，大人可以用手指轻轻触碰宝宝的手掌，让宝宝紧紧握住。

第4个活动：**认知活动《拨浪鼓咚咚咚》**

活动准备：拨浪鼓。

活动目标：

1.训练宝宝听声音用眼睛找声源。

2.促进宝宝视、听觉识别和适应能力。

活动过程：

1.让宝宝仰躺在垫子上。爸爸手拿拨浪鼓在宝宝的一侧摇，节奏时快时慢，音时大时小。然后边摇边缓慢移动，吸引宝宝的视线随着玩具和响声移动。

2.爸爸妈妈手拿拨浪鼓训练宝宝。

爸爸妈妈必读

这是通过训练宝宝的视、听觉，提高其视听识别和适应能力。在活动中我们要注意：把玩具放在距离宝宝眼睛25厘米处。平时在家训练时，要选择色彩鲜艳、带响声的玩具，或者是坐在宝宝对面，一边喊他的小名，一边移动大人的脸，让宝宝注视大人的脸并随之移动。

这项活动也可以测试宝宝的视、听能力。如果宝宝对拨浪鼓的声音有眨眼或者皱眉等反应则表示宝宝听到了声音。凡是有视力的人都有下意识保护自己的眨眼反应。

第5个活动：**奥尔夫音乐《摇篮曲》**

活动准备：音乐《摇篮曲》(莫扎特)。

活动目标：

1.增进爸爸妈妈与宝宝的感情。

2.发展宝宝的听力，陶冶其情操。

活动过程：

1.爸爸横抱宝宝。

2. 在播放音乐时，爸爸妈妈要轻轻地拍拍宝宝，把宝宝抱在怀里轻轻地摇，并要用轻柔的声音跟宝宝说话，说一说“宝宝，我是爸爸，我很爱你”之类的话。

3. 播放莫扎特的《摇篮曲》，宝宝和爸爸妈妈一起倾听。

爸爸妈妈必读

在日常生活中，这个阶段的宝宝喜欢听一些舒缓、轻柔的音乐，音量要适中，不可太大声。当播放音乐时，爸爸妈妈也要跟着音乐轻轻哼唱，宝宝最喜欢听到的是妈妈和爸爸的声音，这有利于增进爸爸妈妈与宝宝的感情。宝宝睡着后，也可播放音乐，让宝宝感受音乐的美好与恬静。

第二周

第1个活动：认知活动《看黑白图片》

活动准备：黑白条纹和方格图片若干、秒表。

活动目标：

刺激宝宝的视觉发展，培养宝宝的专注能力，同时刺激宝宝语言的发展。

活动过程：

1. 让宝宝仰躺在垫子上。爸爸拿着一张黑白图片到宝宝面前，在离宝宝眼睛20厘米处让他观看，并对宝宝说“宝宝，你看，这幅图可好看了”之类的话，吸引宝宝的注意力，然后用秒表记录宝宝定睛看图的时间。

2. 爸爸妈妈每人拿一幅图片给宝宝观看。

爸爸妈妈必读

我们可以每隔 3 ～ 4 天换一幅图，因为宝宝有记忆能力，到第 3 天注视时间就会减为 3 ～ 4 秒。要注意的是，一定要让宝宝看黑白的图片，直到满月后可换上彩图。

第2个活动：轻音乐欣赏《依卡路斯的羽翼》

活动准备：轻音乐《依卡路斯的羽翼》。

活动目标：

丰富宝宝的情感，培养他的听觉、音感，训练他的注意力。

活动过程：

1.爸爸或妈妈把宝宝抱在怀里。

2.播放音乐，宝宝与爸爸妈妈一起欣赏音乐。在欣赏音乐的同时，请爸爸妈妈轻轻地拍拍宝宝，并对宝宝说话。

爸爸妈妈必读

每天我们要让宝宝反复聆听同一首曲子，一天中不能让宝宝听很多曲子。在宝宝听一段固定的旋律优美、舒缓的曲子时，爸爸妈妈要用缓慢、柔和的语调对他说话，也可以给宝宝朗读简短的儿歌，哼唱优美的曲子。这个游戏看似简单，但可增进亲子间的感情交往。孩子在爸爸妈妈的怀中感到安全、温暖，感受到双亲的爱。特别是妈妈的爱抚可让孩子感到像在子宫内包裹时的安详与温暖。

第3个活动：按摩抚触操《鼻侧颧骨按摩》

活动准备：轻音乐、玩具。

活动目标：

提高宝宝的皮肤触觉能力，促进宝宝的身体发育。

活动过程：

1.两手拇指沿鼻梁两侧竖着放，向下推压至鼻翼两侧，再经过鼻梁骨到耳侧再到耳前，边按边问宝宝："你的鼻子呢？"

2.播放音乐，爸爸或妈妈给宝宝按摩。

爸爸妈妈必读

如果在抚触中出现以下情况，不要继续进行，或者在操作中发现如下情况，也应该立即停止抚触。一是啼哭。父母应寻找原因，或者换做下一节操，如果再啼哭则停止按摩，待宝宝情绪好转后再继续进行。二是睡觉。抚触是一种情绪可以互相感应的活动，如果在抚触过程中婴幼儿睡着了，应立刻停止抚触，待宝宝醒后再做。三是皮肤有破溃。皮肤有破溃时不应该抚触，以免增加疼痛，但是可以抚触没有破溃的地方。四是身体不适，如发热、腹泻等。预防注射完 48 小时内，请暂时不要做抚触按摩。

第4个活动：**大肌肉动作《俯卧抬头》**

活动准备：摇铃。

活动目标：

增强宝宝颈部肌肉的发育。

活动过程：

1. 让宝宝趴在垫子上，脸向下，双臂放在头两侧，然后用摇铃逗引宝宝抬头。
2. 爸爸妈妈带领宝宝做游戏。

爸爸妈妈必读

宝宝出生 10 天后，我们就可以做这项活动。头能抬起全靠颈肌的发育，而颈肌是宝宝最先发育的大肌肉。经常练习使颈肌发育，为以后竖抱时会将头伸直、起坐时头也能伸直打下基础。俯卧时除了头能抬起以外，利用上肢支撑胸部也会抬起，是宝宝最适当的练习，从出生 10 天起要练习到第 10 月龄会爬为止，这是一项连续性的训练。

第5个活动：**亲子游戏《亲亲手》**

活动准备：轻音乐、儿歌《亲亲手》。

活动目标：

让宝宝感受亲子游戏的乐趣，培养其愉快的情绪。

活动过程：

1.念儿歌《亲亲手》，让宝宝仰躺在垫子上。

2.爸爸妈妈边朗读儿歌，边亲亲宝宝的小手。

附：儿歌《亲亲手》

亲亲手哟，亲亲手哟，妈妈亲亲小手哟！

亲亲手哟，亲亲手哟，妈妈多么爱你哟！

第三周

第1个活动：**情绪与社会行为《宝宝笑一笑》**

活动准备：奥尔夫音乐《手舞足蹈》。

活动目标：

让宝宝会微笑，发展宝宝的感觉，丰富宝宝的情感感受，同时发展宝宝的社会行为。

活动过程：

1.让宝宝仰躺在垫子上。爸爸妈妈亲切地与宝宝说话，抚摸宝宝，向宝宝露出微笑，或者用手轻轻的搔痒逗宝宝，让宝宝笑。但要注意，搔痒时要非常非常地轻柔，像抚摸一样。

2.播放音乐，爸爸妈妈逗引宝宝发笑。

爸爸妈妈必读

宝宝笑是需要学习的。从出生第1天起，爸爸妈妈要对宝宝笑，并逗宝宝笑。逗笑也是双方的快乐时光，这种笑与宝宝睡眠时不自觉的微笑不同，这是宝宝用笑来回答大人的逗乐，是有人逗才笑的。平时在家里，宝宝睡醒后，要经常与宝宝进行逗笑游戏。特别是在宝宝洗完澡后，宝宝很舒服愉快，将宝宝放在大床上，逗宝宝发笑。

第2个活动：**按摩抚触操《胸部按摩》**

活动准备：轻音乐、玩具。

活动目标：

提高宝宝的皮肤触觉能力，促进宝宝的身体发育。

活动过程：

1.两手展平，至宝宝胸部中央。

2.手掌紧贴前胸，从中心向两侧弧形推向肩胛。

3.播放音乐，爸爸妈妈给宝宝按摩。

爸爸妈妈必读

一般婴幼儿抚触应选择在沐浴后，或者吃奶后30分钟。每次时间不能过长，一般10～15分钟即可，最长不能超过20分钟。

第3个活动：**大肌肉动作《竖抱抬头》**

活动准备：奥尔夫音乐《森林魔汤巫婆舞》。

活动目标：

增强宝宝颈部肌肉力量，促进宝宝的视觉发育。

活动过程：

1.喂奶后，竖抱宝宝，使其头部靠在爸爸或妈妈肩上，轻拍几下背部让其打嗝以防溢奶，之后不用手扶宝宝头，让其头部自然直立片刻。

2.播放音乐，爸爸妈妈带领宝宝做活动。

爸爸妈妈必读

这个动作的目的是增强宝宝颈部肌肉力量。这个动作一定要在宝宝喝完奶之后进行，每天4～5次。

第4个活动：纯音乐欣赏《莫扎特“庆典”小夜曲第2乐章》

活动准备：纯音乐《莫扎特“庆典”小夜曲第2乐章》。

活动目标：

1.丰富宝宝的情感，培养其听觉、乐感，同时训练他的注意力。

2.帮助宝宝感受“高兴”的情绪。

活动过程：

1.爸爸或妈妈把宝宝抱在怀里，并与宝宝对视。

2.播放音乐，大家一起欣赏音乐。在欣赏音乐的同时，爸爸妈妈轻轻地拍宝宝，并对宝宝微笑，说一些高兴的事。

爸爸妈妈必读

父母不要觉得宝宝听不懂，就不和宝宝进行语言交流。其实，父母应该注重为宝宝创造一个无形的温情氛围，这个氛围宝宝是可以感受得到的。

第5个活动：亲子游戏《宝宝看一看》

活动准备：用红布蒙住镜片的手电筒。

活动目标：

促进宝宝视觉的发展，增进亲子间的情感交流。

活动过程：

父母用红布蒙住手电筒的镜片，点亮手电筒（不能用强光），来到宝宝面前，将手电筒放在距宝宝双眼30厘米的地方，水平和前后方向缓慢移动几次，吸引宝宝的目光随着手电筒的光线而慢慢移动。

爸爸妈妈必读

这一活动能够促进宝宝视觉的发展，还能增进亲子间的情感交流。用弱光手电筒玩这个游戏时，要注意隔一天进行一次，每次约1～2分钟，并且要等宝宝半个月大后才进行。平时我们还可以在宝宝床上方约7.5厘米的地方悬挂一个体积大、色彩鲜艳的玩具，同时注意所挂玩具不应长时间固定在一个地方。这样就可以运用多种方式来促进宝宝视觉的发展。

第四周

第1个活动：大肌肉动作《小脚跳舞》

活动准备：直径15厘米左右、重量较轻，材质柔软，内有铃铛的球。

活动目标：

促进宝宝腿部肌肉的发展。

活动过程：

让宝宝平躺在垫子上，将球放在宝宝的脚边，当宝宝两脚乱踢并碰到球时，球会“铃铃”地滚开。当宝宝把球踢开时，爸爸就说：“宝宝的小脚跳舞了。”以此来提高宝宝对游戏的兴趣。

爸爸妈妈必读

这个动作的主要目的是促进宝宝腿部肌肉的发展。在家时，我们还可以用装东西的塑料袋来代替球。当宝宝用脚踢塑料袋时，就会发出“沙沙”的响声。

第2个活动：按摩抚触操《腹部按摩》

活动准备：轻音乐、玩具。

活动目标：

提高宝宝的皮肤触觉能力，促进宝宝的身体发育。

活动过程：

1.爸爸妈妈先将右手放在宝宝右下腹，手指尖冲外，沿顺时针方向开始推向宝宝右上腹，然后左手跟上，至右下腹终止，重复数次。

2.播放音乐，爸爸妈妈给宝宝做腹部按摩。

爸爸妈妈必读

按摩速度应较慢，同时与婴幼儿对视、微笑、说话。手稍微用一点点力，让宝宝皮肤起皱。本节操适合在脐痂完全脱落后进行。

第3个活动：感知觉游戏《声音从哪里来》

活动准备：摇铃或音乐带响玩具一个。

活动目标：

发展宝宝的听觉能力、社交能力。

活动过程：

1.妈妈微笑喊着宝宝的名字，让宝宝看着自己，并产生心理上的安抚与安全感。感知声音的来源，妈妈多和宝宝说话，是可以发展宝宝的专注聆听能力的。

2.妈妈可以用摇铃或者音乐玩具在宝宝的耳旁10～20厘米处发声，逗引宝宝并让宝宝感受声音的源头。

3.如果找到了声音源头便可另换不同的位置发声，再让宝宝去找。

爸爸妈妈必读

如果宝宝完全不能追寻声音，可先让宝宝看到说话人的脸，或者发声的玩具。然后慢慢移动人脸或玩具，引导宝宝转头，并跟随声源。宝宝睡觉时，如果突然被响声惊醒而哭闹，家长可以用轻柔的声音和用手抚摸宝宝的身体，安抚宝宝的情绪。

第4个活动：听儿歌《我的身体》

活动准备：音乐儿歌《我的身体》

活动目标：

发展宝宝的听觉和触觉能力。

活动过程：

1. 爸爸或妈妈面向宝宝，跟着音乐儿歌的节奏，一边轻轻拍打宝宝的身体，一边唱着儿歌。

2. 反复跟着歌词、节奏做动作。

附：儿歌《我的身体》

摸摸脑袋，圆圆。

拍拍小手，啪啪。

揉揉肚子，软软。

踩踩小脚，哒哒。

扭扭屁股，笑哈哈。

爸爸妈妈必读

家长唱歌的声音不宜太大，每次持续的时间也不宜太长。

第5个活动：音乐欣赏《蝴蝶飞》

活动准备： 轻音乐《蝴蝶飞》。

活动目标：

丰富宝宝的情感，培养宝宝的听觉、乐感。

活动过程：

1. 爸爸或妈妈把宝宝抱在怀里。

2. 爸爸或妈妈听着音乐节奏轻轻地摇晃，并逗宝宝说话，让宝宝享受妈妈的爱抚与温情。

和2月龄的宝宝可以这样玩

第一周

第1个活动：**语言活动《宝宝的声音真好听》**

活动准备：小铃鼓。

活动目标：

能发ɑ、o等元音，锻炼宝宝的语言表达能力。

活动过程：

1.妈妈摇响小铃鼓，吸引宝宝的注意力，然后面带微笑，用柔和的声音对宝宝说“ɑ、o”等元音，吸引宝宝看口型并逐渐学会回应。

2.爸爸妈妈逗引宝宝发音。

爸爸妈妈必读

爸爸妈妈要时常与宝宝交流，逗引其发声。逗引宝宝发声时，还要注意经常停下来跟宝宝玩耍，以便让宝宝心情愉快。

第2个活动：**按摩抚触操《手心按摩》**

活动准备：轻音乐、布娃娃、玩具。

活动目标：

提高宝宝的皮肤触觉能力，促进宝宝的身体发育。

活动过程：

1.一只手抓住宝宝一只手的手指，将其手掌摊开，然后用另一只手的食指在宝宝的手心画圆形。

2.播放音乐，爸爸妈妈给宝宝做按摩抚触操。

第3个活动：大肌肉动作《拉腕坐起》

活动准备：音乐《欢乐舞》、各种挂图。

活动目标：

1.锻炼宝宝颈部与手臂肌肉的力量。

2.扩大宝宝的视觉范围。

活动过程：

1.爸爸抓住宝宝的手腕，陪宝宝玩一会儿，增加与宝宝的亲切感，然后爸爸打开手掌，握住宝宝的手腕关节处，轻轻地用力让宝宝慢慢坐起来。

2.爸爸用手扶着宝宝的背部，轻轻地让宝宝躺下。

爸爸妈妈必读

这个活动的目的是锻炼宝宝颈部与手臂肌肉的力量，并扩展宝宝的视觉范围。两月龄的宝宝拉腕坐起时，头可自行竖直一小会儿。当把宝宝拉腕坐起时，大人可以引导宝宝观察周边。

第4个活动：奥尔夫音乐《乐器声音真好听》

活动准备：鼓、锣等乐器。

活动目标：

提高宝宝听觉水平，以及对节奏的识别能力，促使宝宝产生愉悦情绪。

活动过程：

1.出示鼓和锣等乐器。出示后敲一敲，使其发出响声，以此吸引宝宝的注意力。

2.播放音乐。爸爸拿着乐器跟着音乐节奏拍打，使宝宝初步感受音乐。

第5个活动：亲子游戏《动物的叫声》

活动准备：儿歌《动物的叫声》。

活动目标：

爸爸妈妈让宝宝的情绪兴奋起来，以增强亲子感情。

活动过程：

1.边读儿歌，边做动作。

2.爸爸妈妈与宝宝一起做游戏。

爸爸妈妈必读

在家里，爸爸妈妈要经常与宝宝一起玩儿歌游戏，爸爸妈妈为宝宝朗诵儿歌，可以发展其听力及对语言的理解能力，并培养宝宝对语言、歌谣的兴趣。

附：儿歌《动物的叫声》

妈妈走一走呀（作行走状），
妈妈转一转（转一圈），
宝宝不会转呀（拉住宝宝的小手拍拍），
学个小猫叫，喵。
妈妈转一转呀，
妈妈跳一跳，
宝宝不会跳呀，
学个小狗叫，
汪汪汪。

第二周

第1个活动：**大肌肉动作《追视红球》**

活动准备：红色的小球、音乐游戏。

活动目标：

宝宝学习转头动作，增强其头颈的运动能力和眼协调能力，扩大宝宝的视野。

活动过程：

1.爸爸拿着红球从宝宝的左边慢慢地移到右边，边移动边逗引宝宝，吸引宝宝的注意力。宝宝的眼睛、头跟随球的方向转动。

2.爸爸把宝宝竖抱起来，把红球放在宝宝仰起头时比头略高的地方，然后将其慢慢地移动，直至移到接近宝宝胸脯的地方。

3.将红球在宝宝面前慢慢转圈，让宝宝做环形追视。

爸爸妈妈必读

这个活动的主要内容是训练宝宝转头，使其头颈的运动与眼协调，达到扩大宝宝视野的目的。当宝宝左右追视红球时，要能够转动180度，即要用眼和头同时转动才能看到。如果宝宝的头还不能随眼睛转动，大人可用手帮助他转动头部，以使其向目标方向观看。在竖抱时妈妈可在爸爸身后左右转动，让宝宝寻找，帮助宝宝学会眼睛和头部都转动，看到妈妈的位置。

第2个活动：按摩抚触操《手背按摩》

活动准备：轻音乐、布娃娃、玩具。

活动目标：

提高宝宝的皮肤触觉能力，促进宝宝的身体发育。

活动过程：

1.爸爸妈妈将两手中指和无名指放在宝宝的手心，然后将两个拇指放在宝宝的手背上来回推动。

2.播放音乐，爸爸妈妈帮宝宝按摩。

第3个活动：奥尔夫音乐《葡萄牙舞曲》

活动准备：音乐《葡萄牙舞曲》。

活动目标：

丰富宝宝的情感，培养他的听觉、音感，训练他的注意力。

活动过程：

1.爸爸把宝宝抱在怀里。

2.播放音乐，与宝宝一起欣赏音乐。在欣赏音乐的同时，爸爸妈妈轻轻地拍拍宝宝，并对宝宝说话，或者抱着宝宝并摇一摇。

第4个活动：**精细动作《两手抓》**

活动准备：红色的小球、音乐《咿呀咿呀哟》。

活动目标：

训练宝宝手的协调能力和手部进行精细动作的能力。

活动过程：

爸爸抱着宝宝坐起来。妈妈两手各拿一个小红球，大小要是宝宝能握得住的。在宝宝面前，把玩红球，吸引宝宝的注意力，然后把球递到宝宝面前，让宝宝一手抓一个玩。

第5个活动：**亲子游戏《按摩球》**

活动准备：按摩球。

活动目标：

1.促进宝宝身体的灵活性和血液循环。

2.爸爸妈妈与宝宝的感情。

活动过程：

让宝宝仰躺在垫子上。然后爸爸或妈妈手拿按摩球，在宝宝的全身上下左右来回按摩，边按边读儿歌，与宝宝进行交流。

爸爸妈妈必读

按摩球可以促进宝宝身体的灵活性，在按摩的同时也促进了血液循环。经常用按摩球给宝宝按摩，会让宝宝的触觉有很大的进步。

附：儿歌《按摩球》

按摩球，真调皮，

爬上我的小身体。

按按眼、按按鼻、

还要按我的大肚皮。

第三周

第1个活动：大肌肉动作《蹦跳》

活动准备：音乐《跳起来》。

活动目标：

发展宝宝腿部大肌肉的力量。

活动过程：

1.爸爸或妈妈扶着宝宝腋下，让他站在爸爸或妈妈腿上，举着宝宝让他蹦，逐渐发展成宝宝主动蹦，爸爸或妈妈帮助宝宝。蹦的同时爸爸或妈妈可有节奏的说："蹦蹦跳，蹦蹦跳。"

2.播放音乐，在欢快祥和的音乐声中，宝宝和爸爸妈妈一起玩此游戏。

第2个活动：按摩抚触操《手指按摩》

活动准备：轻音乐、布娃娃、玩具。

活动目标：

提高宝宝的皮肤触觉能力，促进宝宝的身体发育。

活动过程：

1.宝宝的手心向上，爸爸或妈妈用拇指、食指和中指，从婴幼儿指根向指尖揉捏，依次完成所有手指。

2.爸爸或妈妈给宝宝做按摩操。

第3个活动：认知活动《看彩图》

活动准备：小黑兔和小白兔的图片。

活动目标：

锻炼宝宝眼睛的注意力。

活动过程：

1.将黑、白两个小兔子的图片呈现在离婴儿眼睛30厘米处，交替出现并说出名称。

2.爸爸妈妈拿图片引导宝宝看图。

第4个活动：亲子游戏《小兔子乖乖》

活动准备：儿歌《小兔子乖乖》。

活动目标：

1.训练宝宝肩关节和胯部的灵活性。

2.稳定宝宝的情绪，使其感受柔和的气氛。

活动过程：

1.爸爸妈妈拿着小兔子娃娃，边读儿歌《小兔子乖乖》，边和宝宝“与小兔子”游戏。

2.爸爸妈妈与宝宝一起玩游戏。

爸爸妈妈必读

游戏的目的是训练宝宝肩关节和胯部的灵活性，并稳定宝宝的情绪，让其感受柔和的气氛。2月龄大的宝宝小手要能短暂地抬离床面，平时在家时，我们可以多训练宝宝一些抬臂动作。

附：儿歌《小兔子乖乖》

小兔子乖乖（双手交叉在胸前），把门开开（双手打开放平），

妈妈回来了，快点把门开。（动作同上）

开开左门，开开右门（左右手肩关节各转360度），

妈妈回来了！（逗逗宝宝）

第5个活动：**奥尔夫音乐《小兔子乖乖》**

活动准备：音乐《小兔子乖乖》，铃鼓、摇铃等简易乐器。

活动目标：

1.让宝宝感受音乐的优美旋律，培养其愉快的情绪。

2.提高宝宝的听觉水平，培养宝宝的音乐节奏感。

活动过程：

1.播放音乐，爸爸妈妈根据音乐节奏边唱边做舞蹈动作，吸引宝宝听音乐，并逗引宝宝挥动小手。

2.爸爸妈妈拿着铃鼓、摇铃等简易乐器，根据音乐节奏摇一摇，吸引宝宝的注意。

第四周

第1个活动：**听觉训练《闹钟滴嗒嗒》**

活动准备：闹钟。

活动目标：

1.发展宝宝的感知能力，让其知道声源的发出点。

2.使宝宝能注视随物体过左右中线90度。

活动过程：

1.拿出小闹钟，拉响闹铃，吸引宝宝的注意。

2.在宝宝的右边拉响闹铃，吸引宝宝把头转向右边，寻找声源。

第2个活动：**按摩抚触操《揉按合谷穴》**

活动准备：轻音乐、布娃娃、玩具。

活动目标：

提高宝宝的皮肤触觉能力，促进宝宝的身体发育。

活动过程：

1.合谷穴在拇指的掌骨和食指的掌骨的两个交界点前一点的地方。用拇指的指尖在穴位处轻轻地按顺时针揉捏。

2.播放音乐，然后爸爸妈妈给宝宝按摩。

第3个活动：认知活动《看一看》

活动准备：闹钟、闹钟的图片。

活动目标：

锻炼宝宝的视分辨能力。

活动过程：

1.让宝宝听听闹钟的声音后，拿出闹钟，并告诉宝宝："这是闹钟。"

2.给宝宝看闹钟的图片，告诉宝宝："这是闹钟的图画。"并模仿闹钟的声音"嘀嗒嗒"。

3.给宝宝看图片，爸爸妈妈引导宝宝看图。

4.在宝宝看图时，爸爸妈妈读儿歌："嘀嗒嗒，嘀嗒嗒，一会远，一会近，小宝宝，耳朵灵，听铃声，找到铃。"

爸爸妈妈必读

宝宝逐渐建立了视分辨能力，对喜欢的图画除有较长时间的注视外，还会表现出欢乐的表情，宝宝的欢乐注视能力可维持到5～6月龄。引起的喜悦对诱导其认物有好处。因此，平时在家应把不同的图画挂在宝宝被竖抱起能看到的最佳位置。爸爸妈妈每天竖抱宝宝去看画，使他产生喜悦的心情，一边看，一边给宝宝介绍，告诉宝宝物名或用有趣的声音引起宝宝的兴趣，如看猫的图片时发出"喵"的声音引起宝宝的注意。

第4个活动：奥尔夫音乐《小钟》

活动准备：歌曲《小钟》。

活动目标:

1.让宝宝感受音乐的优美旋律，培养其愉快的情绪。

2.提高宝宝的听觉水平，培养宝宝的音乐节奏感。

活动过程:

1.爸爸妈妈有节奏地朗读歌词，吸引宝宝的注意。

2.播放音乐时，爸爸妈妈跟随音乐节奏一起演唱，并有节奏地拍拍手。

第5个活动: **感觉统合训练《魔力球》**

活动准备: 有刺的球、音乐《舒伯特小夜曲》。

活动目标:

开展触觉训练，加强宝宝的注意力，进行颜色、形状的刺激。

活动过程:

在播放轻柔的音乐时，爸爸妈妈拿带刺的球在宝宝的身上来回滚动，每滚到一处身体部位可用语言提示宝宝。如滚到肚子时，爸爸妈妈说:“这是宝宝的肚子啦。”

附: 儿歌《嘀嗒嗒》

嘀嗒嗒，嘀嗒嗒，一会远，一会近，小宝宝，耳朵灵，听铃声，找到铃。

和3月龄的宝宝可以这样玩

第一周

第1个活动：**认知活动《照镜子》**

活动准备：镜子。

活动目标：

训练宝宝萌发认识物体、寻找物体的意识；让宝宝感受玻璃的质地，丰富宝宝的触觉刺激。

活动过程：

1.把宝宝拉坐起来，并让宝宝靠坐在妈妈胸前。拿出镜子，给宝宝照一会儿，然后拿走镜子，反复几次，逗引宝宝对镜子产生兴趣。在照镜子时，跟宝宝说话："你看镜子里是谁？是宝宝吧！"然后拿起宝宝的小手放在镜子上摸一摸，使他通过触摸镜子获得一些新鲜的感觉，从而对镜子有更多的了解。

2.爸爸妈妈拿一面镜子，跟宝宝一起玩照镜子的游戏。

爸爸妈妈必读

有些爸爸妈妈平时不让宝宝照镜子，甚至用布把镜子盖上，他们怕把宝宝的"魂"照掉了。其实应多让宝宝照镜子，在镜子中宝宝会渐渐认识自己的模样，逐渐产生自我意识。经常照镜子的宝宝会注意到自己脸上的器官，能够比较快地学会识别它们。

第2个活动：**大肌肉动作《俯卧抬头》**

活动准备：响铃、欢快的音乐。

活动目标：

进一步训练宝宝俯卧抬头，锻炼宝宝的颈椎和胸背肌肉。

活动过程：

大人抱着宝宝，用一只手撑住他的臀部和背部，让宝宝头部呈直立状态，并不断地变换方向，让不断改变的视野吸引宝宝观察四周，促使他自己将头竖直。当宝宝能用前臂支撑前身抬头时，大人可将玩具举在宝宝头前，左右移动，吸引他向前、向左、向右看，用颈部支撑，将头抬得更高些，锻炼宝宝的颈和胸背肌肉。

爸爸妈妈必读

训练宝宝俯卧抬头，我们在第一月龄时就已经交代了。现在是第三月龄了，宝宝一般能够俯卧抬头离床面90度。宝宝到了第三月龄，不但要有足够的母乳喂养，也要给予视、听、触觉神经系统的训练。每天生活逐渐规律化，比如现在我们所进行的俯卧抬头，每天分时段训练20～30分钟。宝宝睡觉的位置应有意识地变换几次。大人训练宝宝追视移动物体，用触摸抓握玩具的方法。

第3个活动：**按摩抚触操《手臂搓动按摩》**

活动准备：音乐《夜曲（肖邦）》、布娃娃、玩具。

活动目标：

提高宝宝的皮肤触觉能力，促进宝宝的身体发育。

活动过程：

1.爸爸或妈妈一只手抓着宝宝一只手的手指尖，另一只手握住宝宝的手腕，从手腕处开始向上搓动，再从上往下搓动。

2.播放音乐，爸爸妈妈在轻柔的音乐声中给宝宝按摩。

第4个活动：奥尔夫音乐《当我是个BABY》

活动准备：歌曲《当我是个BABY》、摇铃。

活动目标：

1.丰富宝宝的情感，培养宝宝的听觉、音感，训练宝宝的注意力。

2.训练宝宝乐于发音。

活动过程：

1.播放歌曲，爸爸妈妈边唱边随着音乐节奏摇摇铃。

2.爸爸妈妈把宝宝放在垫子上，然后给宝宝手拿摇铃，爸爸妈妈一起随着音乐演唱并有节奏地摆手，引导宝宝摇摇铃并发出声音。

爸爸妈妈必读

0～1岁阶段主要是语音训练阶段。要让宝宝乐于发出声音，首先得让宝宝听到语音。这个阶段的首要任务是训练宝宝的听音能力和对“听”的兴趣。具体地说，就是让宝宝喜欢听别人说话、唱歌，喜欢听乐曲、鸟叫声等声音。其次要培养宝宝听到别人对自己唱歌或说话时，能用声音、手势、面部表情做出反应的意识和能力。宝宝稍大一点时，可训练其对单词做出反应的意识和能力。

第5个活动：亲子游戏《小乌龟翻身》

活动准备：儿歌《小乌龟翻身》。

活动目标：

1.进一步让宝宝练习翻身，促进大肌肉动作的发展。

2.让宝宝体验亲子间的快乐，丰富宝宝的感情。

活动过程：

1.爸爸妈妈边读儿歌，边示范动作。

2.爸爸妈妈和宝宝做乌龟游戏。

附：儿歌《小乌龟翻身》

小乌龟，要翻身，小手臂，往前伸，

小脚儿，用力蹬，啪嗒一下翻转身。

第二周

第1个活动：大肌肉动作《学翻身》

活动准备：镜子、带声响的玩具。

活动目标：

1.帮助宝宝学会从仰卧到90度侧翻身的动作。

2.培养宝宝身体的协调性和灵活性。

活动过程：

1.把镜子放在宝宝的左侧，吸引宝宝的注意力。大人先引导宝宝自己努力翻身过来拿镜子。如果宝宝不会，大人可以将宝宝的右腿架在其左腿上，宝宝的手朝前放好，然后在宝宝背后向左推，宝宝就会转向左侧。当宝宝转向左侧时，大人吸引宝宝抓取镜子，让宝宝多玩一会。

2.当爸爸妈妈让宝宝重点练习几次后，爸爸妈妈不必推动，只要把宝宝的腿放好，用镜子或带声响的玩具逗引宝宝，宝宝就会自己翻过去。

爸爸妈妈必读

宝宝学会了翻身，这时宝宝的颈肌、腰肌及四肢肌肉运动的配合都是很好的锻炼。在家里，我们要多做此活动，多做几次后，光用玩具不必放腿，宝宝都能做90度的侧翻。但要注意的是，我们在教宝宝侧翻时，不要让宝宝穿太紧太厚的衣服，床也不要太软，这样不利于宝宝练习。

第2个活动：按摩抚触操《伸臂扩胸运动》

活动准备：音乐《夜曲（肖邦）》布娃娃、玩具。

活动目标：

提高宝宝皮肤的触觉能力，促进宝宝的身体发育。

活动过程：

1.抓住宝宝的双手向两边伸，然后再把宝宝的双手交叉于胸前。在交叉时要一次左手在上，一次右手在上，这样来回交叉放在胸前。

2.播放音乐，爸爸妈妈按手法对宝宝进行按摩。

第3个活动：奥尔夫音乐《纱巾舞》

活动准备：纱巾、音乐《纱巾舞》。

活动目标：

刺激宝宝的皮肤触觉。

活动过程：

1.播放音乐，爸爸妈妈拿出纱巾根据音乐节奏舞动，吸引宝宝的注意，然后用纱巾在宝宝身上、脸上、手上等部位拂过，以刺激宝宝的皮肤触觉。

2.爸爸妈妈拿着纱巾与宝宝跳纱巾舞。

爸爸妈妈必读

宝宝到了3月龄，脑细胞发育已达到一个高峰期，这一时期，要多进行视、听、触觉方面的训练。这个活动的目的就是刺激宝宝的皮肤触觉。平时在家里，我们也要多刺激宝宝的皮肤触觉，让宝宝接受各种触觉刺激。如用带软刺的小球在宝宝身上滚动等。

第4个活动：感觉统合训练《触觉训练》

活动准备：音乐《头发肩膀膝盖脚》。

活动目标：

进一步刺激宝宝的皮肤触觉。

活动过程：

1.爸爸妈妈向小宝宝身体的不同部位(脸颊、脖子、肚子、膝盖、耳朵等)轻轻吹气，然后说出这些部位的名字并温柔地抚摸。

2.播放音乐，带宝宝根据歌曲认识自己的身体。

爸爸妈妈必读

让宝宝触摸自己的身体20～30秒，同时告诉宝宝身体各部分的名称，该活动有助于宝宝的语言发展。

第5个活动：亲子游戏《香饽饽》

活动准备：儿歌《香饽饽》。

活动目标：

使宝宝的心情愉快，并增强亲子感情。

活动过程：

1.爸爸妈妈一起朗读儿歌《香饽饽》给宝宝听，吸引宝宝的注意力。

2.爸爸妈妈走到宝宝面前，边朗读儿歌，边与宝宝玩游戏。爸爸妈妈要注意观察宝宝的反应。

3.让宝宝仰躺在垫子上。爸爸妈妈与宝宝玩游戏。

附：儿歌《香饽饽》

小青蛙，香饽饽，（抓住宝宝的双手对拍）

快让妈妈摸一摸。（大人用双手把宝宝从头摸到脚）

先把左脚摸一摸，（抓住宝宝的左脚摸摸）

再把右脚摸一摸。（抓住宝宝的右脚摸摸）

扑通通，蹬蹬腿，（抓住宝宝的双腿做蹬腿状）

吹吹气，快乐多。（对着宝宝的面部吹两口气）

第三周

第1个活动：语言活动《打哇哇》

活动准备： 儿歌《打哇哇》。

活动目标：

刺激宝宝的听觉，促进宝宝的语言发展。

活动过程：

1.爸爸妈妈走到宝宝面前，用手与宝宝打哇哇，然后抓住宝宝自己的小手打哇哇。

2.爸爸妈妈边朗读儿歌，边与宝宝玩打哇哇游戏。引导宝宝发“哇”的音。

3.爸爸妈妈反复朗读儿歌，并多与宝宝玩游戏，促进宝宝的语言发展。

爸爸妈妈必读

培养宝宝的视听能力是这个月的重点。在家时，我们要在宝宝入睡前、吃奶时，经常给宝宝念一些有趣的儿歌，刺激宝宝的听觉，唤起宝宝丰富的情感。

附：儿歌《打哇哇》

打哇哇，打哇哇，
指儿伸，越打越不停，
你若歇了手，他也住了口。

第2个活动：按摩抚触操《肩关节圆圈大运动》

活动准备： 音乐《夜曲（肖邦）》、布娃娃、玩具。

活动目标：

提高宝宝的皮肤触觉能力，促进宝宝的身体发育。

活动过程：

1.握住宝宝的小手，以肩关节为轴，先由里向外做圆周运动，再由外向里做圆周运动。

2.爸爸妈妈随着轻柔的音乐，给宝宝按摩。

第3个活动：大肌肉动作《起来》

活动准备：欢快的音乐、布娃娃。

活动目标：

锻炼宝宝的平衡能力。

活动过程：

1.让宝宝坐在爸爸或妈妈膝盖上，爸爸或妈妈手扶宝宝腋下，将宝宝慢慢往后放倒，再往前托起。

2.爸爸妈妈与宝宝一起玩此游戏。

爸爸妈妈必读

本活动的目的是锻炼宝宝的平衡能力，为宝宝接下来的坐、爬动作学习奠定一个良好的基础。

第4个活动：奥尔夫音乐《我的小脸像苹果》

活动准备：音乐《我的小脸像苹果》、布娃娃。

活动目标：

1.丰富宝宝的情感，培养宝宝的听觉、音感，训练宝宝的注意力。

2.增加亲子间的感情。

活动过程：

1.爸爸妈妈对宝宝说："宝宝，你的小脸真漂亮，像苹果一样。让我亲亲你。"爸爸妈妈亲亲小宝宝后说："今天我们来听一首歌，你听听，多好听。"

2.播放音乐，爸爸妈妈根据音乐节奏摆摆头，当唱到亲亲我时，爸爸妈妈亲亲宝宝的小脸蛋。

爸爸妈妈必读

我们经常播放一些舒畅、美好、愉快、优美的音乐和歌曲，为的是给宝宝提供一个优美的音乐环境，促使宝宝尽快进入梦乡并为宝宝创造愉快的情绪体验。

第5个活动：**亲子游戏《一架小飞机》**

活动准备：欢快音乐。

活动目标：

锻炼宝宝的平衡能力和感知能力，帮助宝宝确定对周围事物的基本概念。

活动过程：

1.爸爸或妈妈用手架起宝宝，让他面朝爸爸或妈妈，从1数到3，然后慢慢地把他举起来，注意动作不要急促，轻柔地把他举起至爸爸或妈妈头顶上方处。在整个过程中，爸爸妈妈要始终与宝宝进行交流，以消除宝宝的恐惧感。

2.爸爸妈妈与宝宝一起玩一架小飞机游戏。

第四周

第1个活动：**语言活动《捏疙瘩》**

活动准备：儿歌《捏疙瘩》。

活动目标：

培养宝宝的语言能力，锻炼宝宝的小手。

活动过程：

1.爸爸妈妈朗读儿歌《捏疙瘩》，并依次走到宝宝面前，抓住宝宝的小手，用手捏揉宝宝的小手指。

2.爸爸妈妈朗读儿歌，并与宝宝玩游戏。

附：儿歌《捏疙瘩》

捏疙瘩，捏疙瘩，(抓住宝宝的双手，捏捏)

捏一捏，数一数，(捏捏小手指)

捏了几个小疙瘩。(摊开宝宝的小手)

一个，两个，三个，四个，

捏了五个小疙瘩。(数手指头)

第2个活动：按摩抚触操《脚心按摩》

活动准备：音乐《夜曲（肖邦）》。

活动目标：

锻炼宝宝的皮肤触觉能力，促进宝宝的身体发育。

活动过程：

1.爸爸或妈妈的一只手抓住宝宝的一只脚，另一只手的食指在宝宝的脚心沿顺时针方向画圆圈。

2.爸爸妈妈在轻柔的音乐声中给宝宝按摩。

爸爸妈妈必读

因足底的穴位较多，爸爸妈妈在脚心按摩时做的次数要多一些，要做二三十下。

第3个活动：奥尔夫音乐《鞋匠之舞》

活动准备：音乐《鞋匠之舞》。

活动目标：

1.让宝宝用身体感受音乐的节奏。

2.丰富宝宝的情感，培养宝宝的听觉、音感，训练宝宝的注意力。

活动过程：

1.播放音乐，爸爸妈妈来到宝宝面前，在宝宝的身上轻轻地根据节奏做轻捏、轻揉、轻锤等动作。

2.播放音乐，爸爸妈妈边唱边在宝宝身上做动作，让宝宝感受音乐的节奏。

第4个活动：大肌肉动作《学倒立》

活动准备：音乐《飞越彩虹的鸟》。

活动目标：

训练宝宝的上臂。

活动过程：

1.让宝宝俯卧，抓住他的双踝慢慢提起来，宝宝会用双臂支撑，片刻后轻轻放下。

2.播放音乐，爸爸妈妈与宝宝在轻松愉快的环境下玩倒立游戏。

爸爸妈妈必读

在玩此游戏时，父母一定要注意动作轻柔，宝宝用力为主，同时适可而止，不要猛地抓住宝宝的腿倒过来。父母要边拉边与宝宝进行交流。如果宝宝不愿意，不要勉强进行。

第5个活动：亲子游戏《钉马掌》

活动准备：儿歌《钉马掌》。

活动目标：

唤起宝宝的情感，增进亲子感情，帮助宝宝感受妈妈从身体传递给宝宝的节奏感。

活动过程：

让宝宝仰躺在垫子上，爸爸妈妈按儿歌的动作要求与宝宝一起玩游戏。

附：儿歌《钉马掌》

小马驹，钉马掌，（揉揉宝宝的身体）

呱嗒呱嗒呱嗒呱，（拍打宝宝的身体）

左一下，右一下，（左右各拍一下）

钉了一下又一下，（继续拍打宝宝的全身）

哈哈，马掌钉好了。（逗乐）

4～6月龄宝宝的发展目标

- 建立亲子依恋之情和对周围世界的信任；
- 对环境积极探索的态度；
- 会翻身、独坐片刻；
- 准确够取悬吊物体；
- 叫名字会转头、模仿大人发音；
- 认识1～2种日常物品；
- 会拉衣蒙脸藏猫猫。

和4月龄的宝宝可以这样玩

第一周

第1个活动：**大肌肉动作《仰卧拉坐》**

活动准备：音乐《小松鼠进行曲》。

活动目标：

锻炼宝宝颈、腰部肌肉。

活动过程：

1.让宝宝仰卧在垫子上。爸爸妈妈来到宝宝面前，握住宝宝的小手，爸爸或妈妈说："宝宝坐起来。"然后仅用很小的力气将宝宝缓慢拉起，让宝宝试着自己用力坐起来。

2.此项练习时间每次3～5分钟。爸爸或妈妈刚开始时稍稍用力，然后逐渐减力，直至宝宝自己握住大人的手指将自己拉起来。

3.播放音乐，宝宝和爸爸妈妈一起反复玩此游戏。

爸爸妈妈必读

这个时候宝宝颈部和腰部的肌肉已经发育良好，完全能支撑头部的重量，为其坐稳掌握头部平衡做好了准备。如果宝宝颈部肌肉尚未能完全支撑头部的重量，可以在宝宝身后垫一床被子使宝宝处于半卧而练习拉手坐起。以后慢慢变成平卧而拉手坐起。

第2个活动：按摩抚触操《脚背按摩》

活动准备：钢琴曲《爱之梦》。

活动目标：

提高宝宝的皮肤触觉能力，促进宝宝的身体发育。

活动过程：

1.两手中指和无名指放在宝宝的脚底，无名指放在脚底上头压住中指，然后两个拇指横着来回在脚背推动。

2.爸爸或妈妈随着轻柔的音乐给宝宝做按摩。

第3个活动：奥尔夫音乐《摆臂歌》

活动准备：音乐《摆臂歌》。

活动目标：

1.丰富宝宝的情感，培养宝宝的听觉、音感，训练宝宝的注意力。

2.锻炼宝宝的手臂大肌肉。

活动过程：

1.爸爸或妈妈抱着宝宝，与其面对面坐着。爸爸或妈妈举起左手摆一摆（与宝宝面对面坐时，爸爸或妈妈要举相反的手，因为镜像操作动作相反），爸爸妈妈抓住宝宝的右手摆一摆。

2.爸爸妈妈教宝宝做向前摆、向后摆、绕圈等动作。

第4个活动：亲子游戏《坐坐躺躺》

活动准备：儿歌《坐坐躺躺》。

活动目标：

培养亲子间的默契，锻炼宝宝背部力量，为爬行做准备。

活动过程：

1.爸爸妈妈来到宝宝面前，边朗读儿歌《坐坐躺躺》，边示范动作。让宝宝仰躺在垫子上，拉着宝宝的手腕，把宝宝拉坐起来，然后再轻轻放下宝宝。反复练习，爸爸妈妈逐渐把力量减弱，促使宝宝自己用力坐起来。

2.爸爸或妈妈和宝宝一起玩游戏。

附：儿歌《坐坐躺躺》

坐一坐，躺一躺。

躺一躺，坐起来。

坐坐躺躺真有趣。

宝宝练的有力气。

第5个活动：感官训练《尝一尝》

活动准备：用杯装甜水、盐水、白开水，小汤勺。

活动目标：

使宝宝认识嘴巴，品尝不同味道的水，训练宝宝的味道感官功能。

活动过程：

1.爸爸妈妈端出各种味道的水，教宝宝认识嘴巴，然后自己品尝，用语言说出“好甜的糖水”“好咸的盐水”“没什么味道的白开水”，并做出相应的表情。

2.爸爸妈妈拿出各种味道的水，请宝宝和爸爸妈妈一起品尝，训练宝宝的味道感受功能。

第二周

第1个活动：认知活动《认物》

活动准备：平时宝宝常用的球、拨浪鼓和台灯等物品若干。

活动目标：

1.教宝宝认物，使宝宝听到物品名称能够用眼睛寻到目标。

2.培养宝宝的学习能力。

活动过程：

1.爸爸或妈妈拿出弱光台灯，把台灯拧亮又拧灭，吸引宝宝的视线落在台灯上，然后告诉宝宝说：“这是台灯。”

2.把台灯拿到宝宝面前，抓住宝宝的小手摸摸灯罩或灯上的装饰，再突然把灯拧亮，反复告诉他："这是台灯。"

3.拿出球等各种物品，让宝宝自己拿一件物品，然后爸爸妈妈教宝宝认识这件物品。

爸爸妈妈必读

宝宝到了第4月龄，爸爸妈妈就可以教宝宝认物了。平时在家教宝宝认物之前，一定要观察宝宝最爱盯着什么看，先找出他最爱看的某种东西先让他学习更易于学会。大多数宝宝喜欢看灯，我们可以先教宝宝认识灯，当然也有宝宝喜欢另外的东西。

第2个活动：**按摩抚触操《脚按摩》**

活动准备：音乐《爱之梦》、布娃娃、玩具。

活动目标：

提高宝宝的皮肤触觉能力，促进宝宝的身体发育。

活动过程：

1.跟手指按摩一样，用拇指、食指和中指，从宝宝趾根向趾尖揉捏，依次完成所有脚趾。

2.播放音乐爸爸妈妈给宝宝按摩。

第3个活动：**精细动作《够吊球》**

活动准备：吊球、音乐《小松鼠进行曲》。

活动目标：

训练宝宝单手够取物品，锻炼宝宝的手眼协调能力。

活动过程：

1.爸爸或妈妈拉住球的线，把吊球拿到宝宝面前摇动，吸引宝宝的注意，并跟宝宝说："宝宝来抓吊球了。"引导宝宝用单手来抓取吊球，如果宝宝不会，爸爸妈妈要抓住宝宝的小手来够取吊球。

2.给宝宝吊球，爸爸妈妈和宝宝一起玩够吊球游戏。

爸爸妈妈必读

当宝宝能单手够取东西，表明手眼协调有进一步发展。我们要在此基础上鼓励宝宝够取不同质料的东西，如木制、塑料、绒布、丝绸及形状不同的东西，如圆的、方的、软的、硬的、纸制的物品、橡皮制的物品，使宝宝手的触觉进一步发展。

第4个活动：**奥尔夫音乐《快乐小精灵》**

活动准备：音乐《快乐小精灵》。

活动目标：

丰富宝宝的情感，培养宝宝的听觉、音感，训练宝宝的注意力。

活动过程：

播放音乐，爸爸或妈妈抱着宝宝，认真倾听音乐，在宝宝耳边说一些爱宝宝之类的话，并亲亲小宝宝的脸颊、小手等，还可对宝宝进行爱抚。

第5个活动：**亲子游戏《转呀转》**

活动准备：儿歌《转呀转》。

活动目标：

促进宝宝运动神经功能发育，增进亲子互动。

活动过程：

1. 扶着宝宝腋下将宝宝提起，向左右前后转动，再360度转圈，边转边念儿歌："左左左，右右右，左左左，右右右，前前前，后后后，宝宝转圈啦。"

2. 宝宝和爸爸妈妈一起玩游戏。

第三周

第1个活动：**语言活动《动物在叫呢》**

活动准备：动物玩具。

活动目标：

促进宝宝发声。

活动过程：

1.拿一件宝宝的动物玩具，说出这个动物的名字，并模拟这个动物的叫声。比如：这个是小狗，小狗汪汪汪。

2.给宝宝看相对应的图片。

爸爸妈妈必读

爸爸妈妈在跟宝宝互动时，尽量表现出夸张的动作和表情，宝宝会非常喜欢！通过爸爸妈妈的表情，宝宝感受到爱和喜悦。

第2个活动：**按摩抚触操《揉按足三里穴》**

活动准备：音乐《爱之梦》、布娃娃、玩具。

活动目标：

提高宝宝的皮肤触觉能力，促进宝宝的身体发育。

活动过程：

1.在左膝盖骨下面两个手指头处，胫部外侧有个坑，就是足三里穴（可以参考穴位位置图）。用拇指尖顺时针揉按穴位。

2.爸爸妈妈给宝宝按摩。

第3个活动：**奥尔夫音乐《雪花仙子》**

活动准备：音乐《雪花仙子》、摇铃、雪人的图画。

活动目标：

培养宝宝对音乐的感受能力及节奏感，陶冶宝宝的情操，让宝宝体验愉快情绪。

活动过程：

1.爸爸妈妈说："宝宝，今天我们这里来了位小客人，要和大家一起玩藏猫猫的游戏。你听一听，谁来了？"

2.播放《雪花仙子》的音乐，宝宝和爸爸妈妈仔细倾听，爸爸妈妈根据音乐节奏摇响摇铃。音乐停止后，爸爸妈妈代替宝宝回答："雪人来了。"

3.给宝宝拿摇铃，请宝宝抓住摇铃。播放音乐，根据音乐节奏，爸爸妈妈引导宝宝摇摇铃，如宝宝不主动摇摇铃，爸爸妈妈抓住宝宝的小手摇摇铃。

第4个活动：精细动作《抓珠子》

活动准备：珠子、音乐《小松鼠进行曲》。

活动目标：

练习小手的精细动作，反复进行抓的练习。

活动过程：

1.爸爸妈妈示范：五指张开，从一个碗里抓起珠子放到另外一个碗里，左右手同时训练。

2.爸爸妈妈和宝宝一起练习五指抓的动作。

第5个活动：亲子游戏《拔河游戏》

活动准备：长柄玩具、音乐《童年（演奏版）》。

活动目标：

锻炼宝宝手臂的灵活性，增加亲子游戏的乐趣。

活动过程：

1.出示长柄玩具，吸引宝宝的注意，然后来到宝宝面前，和宝宝一人抓住玩具的一头，和宝宝拉拉扯扯。

2.宝宝和爸爸妈妈一起玩此游戏。

爸爸妈妈必读

多跟宝宝进行亲子互动，宝宝的安全感和满足感会更充足。这样可以为宝宝形成健全的人格打下良好的基础。

第四周

第1个活动：按摩抚触操《脚搓动按摩》

活动准备：音乐《爱之梦》、布娃娃、玩具。

活动目标：

提高宝宝的皮肤触觉能力，促进宝宝的身体发育。

活动过程：

1.爸爸或妈妈一只手攥紧宝宝的脚，另一只手握住宝宝的腿，在宝宝的腿上来回轻轻转动。

2.播放音乐，爸爸妈妈给宝宝按摩。

第2个活动：奥尔夫音乐《开始与停止》

活动准备：音乐《开始与停止》。

活动目标：

培养宝宝对音乐的感受能力及节奏感，陶冶宝宝的情操，让宝宝体验愉快情绪。

活动过程：

1.播放音乐，爸爸妈妈来到宝宝面前，轻柔地在宝宝肚子上抓痒。当音乐停顿时，爸爸妈妈也立即停止抓痒。

2.播放音乐，爸爸妈妈随音乐给宝宝抓痒，让宝宝感受停顿。

第3个活动：感觉统合训练《小鸡滑滑滑》

活动准备：彩虹伞、音乐《小鸡之舞》、母鸡头饰。

活动目标：

训练宝宝的平衡能力。

活动过程：

1.妈妈戴上母鸡头饰，说："我是鸡妈妈，你是我的小鸡宝宝。现在我们一起来做游戏吧。"

2.播放音乐，妈妈抱起宝宝放在撑开的彩虹伞上边，然后爸爸慢慢将彩虹伞拉动，让宝宝感受从上往下滑的感觉。

第4个活动：亲子游戏《拍拍打打》

活动准备：色彩鲜艳、带声响的玩具。

活动目标：

发展宝宝的触觉和手眼协调能力。

活动过程：

1.爸爸妈妈把玩具挂在胸前，拍一拍，打一打，吸引宝宝的注意力。

2.把玩具挂在宝宝的胸前上方并且是宝宝伸手能抓到的地方，爸爸妈妈拍拍打打玩具。逗引宝宝自己拍拍打打抓握玩具。

第5个活动：儿歌《抓痒痒》

活动准备：欢快的背景音乐。

活动目标：

1.增进亲子间的情感。

2.面对面地和宝宝说话，促动宝宝发声。

活动过程：

1.用手指在宝宝的脸蛋、胳肢窝、脚心、肚皮等敏感的部位轻轻挠痒痒，宝宝会很开心地笑出声来。

2.爸爸妈妈面向宝宝边念儿歌，边在宝宝身上对应的部位做抓痒痒的动作。

附：儿歌《抓痒痒》

抓一抓，挠一挠，
摸摸小脸蛋，
挠挠小胖脚，
抓抓小肚皮，
宝宝咯咯笑。

和5月龄的宝宝可以这样玩

第一周

第1个活动: 精细动作《拿来拿去》

活动准备: 各种不同的玩具、音乐《小夜曲海顿》。

活动目标:

培养宝宝准确抓物的能力和两手握物的能力。

活动过程:

1.让宝宝靠坐在妈妈怀里。爸爸拿出各种玩具，一样一样地展示给宝宝看，并分别展示两手抓物和两手握物的动作，吸引宝宝的注意力

2.给宝宝两种以上的玩具。爸爸妈妈鼓励宝宝抓握，反复训练宝宝准确抓握的能力。

爸爸妈妈必读

爸爸妈妈要注意的是，当宝宝抓握住玩具后，爸爸妈妈不要急于让宝宝再去抓握，可以让宝宝玩一下玩具再去抓握，这样有利于宝宝兴趣的保持。当宝宝会用拇指和其他四指共同握物，能将东西拿稳时，我们在家要多放一些宝宝能握住的东西，如小瓶、小盒、盒盖之类，东西大小要在 2 厘米见方或直径为 2 厘米以上，太小的东西容易被宝宝吞入口中卡住喉咙，而发生危险。

第2个活动：**按摩抚触操《双膝弯曲运动》**

活动准备：音乐《爱之梦》、布娃娃、玩具。

活动目标：

提高宝宝的皮肤触觉能力，促进宝宝的身体发育。

活动过程：

1.爸爸妈妈示范按摩法：抓住宝宝的双脚，反复把宝宝的左腿收回去，右腿收回去，收回去时让腿贴着肚子。

2.爸爸妈妈在轻柔的音乐下，给宝宝做按摩。

第3个活动：**认知活动《看图画》**

活动准备：准备一些色彩简单明快、画中的物大而清楚的图画。

活动目标：

1.通过看图，培养宝宝认识各种事物的能力。

2.发展宝宝的视听能力，并发展其语言表达能力。

活动过程：

1.爸爸或妈妈把宝宝抱在怀里，爸爸或妈妈拿图画给宝宝看。

2.爸爸妈妈和宝宝一起看图。爸爸妈妈要告诉宝宝图片上东西的名称，告诉宝宝图片上的主要颜色，并可就图片的内容编个儿歌、小故事说给宝宝听。如果是小动物，可学着动物的声音叫几声如“小猫喵喵喵”等，以增强游戏的乐趣。

爸爸妈妈必读

爸爸、妈妈跟宝宝一起看图可教会他不少东西，图片中的内容可由简单到复杂，一张图片中可有多种事物，帮助宝宝认识世界。看图也是语言发展的手段，爸爸妈妈边看边说，让宝宝听各种不同的声音，宝宝也慢慢学着发声。爸爸妈妈要注意的是，宝宝注意力集中的时间很短，宝宝显得兴致不高时，不要勉强。

第4个活动：亲子游戏《递来递去》

活动准备：积木、音乐《小夜曲（海顿）》。

活动目标：

锻炼宝宝手的抓握能力和换手能力。

活动过程：

1.爸爸或妈妈拿一块积木给宝宝，待宝宝拿好后，再递给宝宝一块。宝宝也许先将右手拿着的积木放在左手，右手再去接新的积木，也可能扔下手里的积木，再接新的积木。爸爸妈妈要引导宝宝将积木换过手再接新的积木。

2.爸爸妈妈和宝宝一起玩游戏。

爸爸妈妈必读

如果宝宝还不会换手，关键是不让他扔掉手中的物品。如果宝宝扔掉，妈妈就捡起来并藏起来，宝宝感到扔掉的东西没有了，他就会开始想办法不扔，这样才把东西放在怀里或手臂上，最后是放到另一只手上，这样就学会了换手。

第5个活动：音乐欣赏《古诺小夜曲》

活动准备：音乐《古诺小夜曲》。

活动目标：

培养宝宝的丰富情感，培养宝宝的听觉、音感，训练宝宝的注意力。

活动过程：

播放音乐，爸爸或妈妈抱着宝宝，认真倾听音乐，并在宝宝耳边说一些爱宝宝之类的话，亲亲宝宝的脸颊、小手等。爸爸妈妈还可对宝宝进行爱抚。

爸爸妈妈必读

音乐对宝宝的智力发育和情感发展都有着积极的作用。虽然妈妈的面容和声音都是宝宝的最爱，但也应合理培养亲情，不能让宝宝养成过分依赖的习惯。这首歌特别适合晚上播放给宝宝听，边听边轻轻地拍宝宝，同时也可边听边拍宝宝睡觉。

第二周

第1个活动：语言活动《指鼻子》

活动准备： 儿歌《指鼻子》。

活动目标：

1.发展宝宝的语言表达能力。

2.促进宝宝手部精细动作的发展。

活动过程：

1.爸爸妈妈来到宝宝面前，抱着宝宝坐在膝盖上，然后朗读儿歌："宝宝的小鼻子，两只黑眼睛，上边大脑门。"念到什么，爸爸妈妈就抓着宝宝的小手在他脸上指什么。

2.宝宝和爸爸妈妈一起读儿歌。

第2个活动：按摩抚触操《抬腿运动》

活动准备： 音乐《爱之梦》、玩具。

活动目标： 提高宝宝的皮肤触觉能力，促进宝宝的身体发育。

活动过程：

1.两手抓住宝宝的膝盖并使两腿并起来，腿弯曲并与身体成90度，然后抓住宝宝的双腿弯曲成90度。

2.播放音乐，给宝宝玩具，分散其注意力，然后爸爸妈妈给宝宝按摩。

第3个活动：奥尔夫音乐《节奏训练》

活动准备： 音乐《磨练》、铃鼓。

活动目标： 帮助宝宝感受节奏由慢到快的变化，学习拍打物体发出声音。

活动过程：

1.播放音乐，爸爸妈妈拿着铃鼓跟着音乐节奏的快慢拍打铃鼓，吸引宝宝的注意力。

2.音乐播放节奏由慢到快，爸爸妈妈跟着音乐节奏拍打铃鼓。

第4个活动：**大肌肉动作《学翻身》**

活动准备：铃鼓等玩具。

活动目标：

训练宝宝学会180度翻身。

活动过程：

1.先让宝宝俯卧在垫子上。爸爸妈妈拿铃鼓在宝宝的右侧拍响，逗宝宝，并鼓励宝宝翻身。

2.爸爸妈妈让宝宝练习翻身。

爸爸妈妈必读

宝宝学会 180 度翻身，说明宝宝上身与下肢配合良好。我们要让宝宝先学会从俯卧翻仰卧后再学习仰卧到俯卧，为翻滚做准备。

第5个活动：**感知觉游戏《卷卷卷，卷起来》**。

活动准备：欢快音乐、儿歌、浴巾一条。

活动目标：

1.发展宝宝的身体感知能力。

2.发展感觉统合能力。

活动过程：

1.将浴巾铺在床上，宝宝竖躺在浴巾的一端，露出头。

2.将宝宝从浴巾的一端向里卷，一边卷浴巾，一边帮助宝宝滚动，并唱儿歌："卷卷卷，卷一卷，妈妈(爸爸)卷，宝宝滚，卷起来咯。"

3.抱一会儿后，再拉住浴巾的一头，让宝宝慢慢滚出来。

爸爸妈妈必读

爸爸妈妈的动作一定要轻柔缓慢，注意不要扭伤宝宝的小手和小脚，可以根据宝宝的反应调整游戏时间和次数，宝宝累了，一定要停止。另外注意，宝宝喂奶后，一小心内不建议进行此活动，以免吐奶。

第三周

第1个活动：**认知活动《玩具掉了》**

活动准备：带声响的玩具若干。

活动目标：

促进宝宝的视觉能力和听觉能力的发展。

活动过程：

1.爸爸妈妈拿出带声响的玩具，摇一摇，吸引宝宝的注意力。然后，爸爸妈妈突然松开手，让玩具从宝宝的眼前落地，发出声音，看看宝宝是否用眼睛追随并伸头转身寻找。如果能随声音追寻，就将玩具拾起来并给宝宝，以示鼓励。

2.宝宝和爸爸妈妈一起玩游戏。

爸爸妈妈必读

宝宝能顺着声音寻找落地之物，说明宝宝学会了听声寻找。听觉与视觉联系紧密。平时在家游戏时可以经常诱导，如爸爸在宝宝右侧叫他，马上躲到妈妈身后，看宝宝是否伸头到妈妈身后寻找。如果宝宝还不会判断从哪里发出的声音，他就会表现为无目的乱看。这时可重复让东西发出声音，引导他看发出声音的地方。

第2个活动：**按摩抚触操《髋关节圆圈大运动》**

活动准备：音乐节目源 。

活动目标：

1.增进亲子情感。

2.刺激宝宝的触觉发育。

活动过程：

爸爸妈妈用手拿着宝宝的脚，以髋关节为轴做大运动，先由里向外画圆圈，再由外向里画圆圈。

第3个活动：感觉统合训练《头顶气球》

活动准备：各种颜色的气球

活动目标：

训练宝宝的前庭平衡能力。

活动过程：

挂上一排气球，妈妈托起宝宝，用宝宝的头去碰气球，边碰边说："红气球、黄气球、蓝气球……"，同时让宝宝对不同颜色的刺激作出反应。

爸爸妈妈必读

该项训练主要针对宝宝的前庭平衡能力和对不同颜色的刺激。

第4个活动：语言活动《再见》

活动准备：与再见相关的图片。

活动目标：

培养宝宝理解简单语言的能力。

活动过程：

1.爸爸或妈妈抱着宝宝，挥动宝宝的手，爸爸妈妈口中说"再见"。

2.活动结束后，爸爸妈妈跟宝宝挥手说再见。

第四周

第1个活动：**认知活动《我的小手》**

活动准备：儿歌《我的小手》。

活动目标：

让宝宝认识自己的小手，发展宝宝语言理解能力。

活动过程：

1.爸爸或妈妈拍拍宝宝的小手，并与宝宝招手。

2.爸爸或妈妈说出“手”，拉拉宝宝的小手，并告诉宝宝：“这是宝宝的小手，你的小手真漂亮。”

3.爸爸或妈妈朗读儿歌，并做相应的动作。

4.爸爸妈妈一起朗读儿歌，并抓住宝宝的小手做相应动作。

附：儿歌《我的小手》

小手小手拍拍，我的小手举起来。

小手小手拍拍，我的小手放下来。

小手小手拍拍，我的小手打开来。

小手小手拍拍，我的小手合起来。

第2个活动：**按摩抚触操《捏脊》**

活动准备：音乐《夜的钢琴曲5》。

活动目标：

1.培养亲子感情。

2.促进宝宝的触觉刺激。

活动过程：

两手食指指背水平放在宝宝的尾骨部，然后用双手指向前推，推至皮肤起褶后，用拇指轻轻地把褶捏起来，一直捏到大椎穴。第二次还是照样把皮肤捏起来，捏到胸廓底部顿一下，然后再顿一下就行了，这样做三次。第三次做完后，在俞部位做一次按摩。皮肤通红了，说明经络打通了。

第3个活动：**触觉训练《小手摸摸》**

活动准备：各种质地的物体。

活动目标：

让宝宝感触各种感觉。

活动过程：

出示各种质地的物体。爸爸、妈妈拿起其中一样，用手摸摸，并玩一玩，吸引宝宝的注意。

第4个活动：**社会性发展《分享好东西》**

活动准备：奶瓶等宝宝自己用的东西

活动目标：

让宝宝体验分享的乐趣。

活动过程：

拿起奶瓶对宝宝说："这是宝宝的奶瓶，要不要喝奶？"

拿起衣服对宝宝说："这是宝宝的衣服，要不要穿？"

爸爸妈妈必读

宝宝这个时候开始了解，看到熟悉的物件，接着会发生什么事情。

第5个活动：**亲子游戏《抓一个》**

活动准备：各种玩具。

活动目标：

训练宝宝的手抓能力和手眼协调能力。

活动过程：

把各种玩具放在桌子上，妈妈抱宝宝看，然后让宝宝伸手去抓，抓到什么妈妈就说出这个玩具的名字。

和6月龄的宝宝可以这样玩

第一周

第1个活动：**大肌肉动作《找朋友》**

活动准备：音乐《夜曲op.9no.1（肖邦）》。

活动目标：

宝宝练习蹲跳，训练腿部的力量和弹跳能力。

活动过程：

1.爸爸妈妈扶着宝宝的腋下，扶着宝宝做蹲跳动作，边做边朗读儿歌："跳跳，跳跳，三跳跳，四跳跳，找到一个好朋友。"当朗读完后，爸爸妈妈带着宝宝找到另外的宝宝或大人饰演的宝宝，然后抱着宝宝，让两个宝宝握握手，或者是亲亲脸等。

2.播放音乐，爸爸妈妈带着宝宝玩此游戏。

爸爸妈妈必读

这是练习宝宝的蹲跳能力，训练腿部的力量和弹跳能力。这个游戏是半岁宝宝最喜欢的游戏之一，多跟宝宝玩这个游戏对宝宝爬行能力的提高有很大的好处。

第2个活动：**按摩抚触操《背部的按摩（一）》**

活动准备：音乐。

活动目标：

培养亲子感情，刺激宝宝的触觉。

活动过程：

双手平行放在宝宝的脊椎处，与脊椎成直线，从中心向两侧呈弧形推向肩胛。

第3个活动：**认知活动《看世界名画》**

活动准备：世界名画图。

活动目标：

刺激宝宝的视觉，培养其专注能力。

活动过程：

1.给宝宝发世界名画的图片，然后爸爸妈妈讲解看画时的动作要求：从左到右慢慢移动。

2.爸爸妈妈和宝宝一起进行看名画的练习。

第4个活动：**亲子游戏《小梳子》**

活动准备：梳子、音乐《好朋友》。

活动目标：

触觉防御，脱敏训练。

活动过程：

爸爸妈妈拿着小梳子，梳梳宝宝的头皮，如果宝宝不抗拒，可梳宝宝的全身。

第5个活动：**大肌肉动作《身体摆动》**

活动准备：音乐《春之歌》。

活动目标：

强化宝宝新皮质，促进其五官感觉的发展。

活动过程：

1.妈妈的双手在宝宝的腋下穿过，双手在宝宝的胸前交叉，然后慢慢地提起宝宝，进行左右摆动。当宝宝的肩带力量提高以后，我们可以增加一点摆速，摆动的幅度也随之增加。当宝宝的能力再度提高，他的肩带力量完全能够驾驭自己身体的时候，就可以增加更大的摆速。

2.在做这节操的时候，妈妈要在摆动中感受宝宝手臂下压的力量，宝宝的双臂压力不足时，就要停止练习，在练习中要和宝宝进行语言沟通。

第二周

第1个活动：**语言活动《小宝宝》**

活动准备：儿歌《小宝宝》。

活动目标：

让宝宝感受不同的动作语言，培养宝宝的模仿能力。

活动过程：

1.爸爸妈妈做点头、拍手、抱抱等动作，做动作的同时反复用语言说出来。爸爸妈妈协助宝宝做动作。

2.爸爸妈妈边朗读儿歌《小宝宝》，边和宝宝一起做动作，宝宝不做时，爸爸妈妈协助宝宝做相应动作。

3.爸爸妈妈说“宝宝，拍手”，看看宝宝能不能拍手；用此方法，看宝宝能不能做拍手、点头、抱抱等动作。

爸爸妈妈必读

这是让宝宝感受不同的动作语言，培养宝宝的模仿能力。

附：儿歌《小宝宝》

小宝宝，小宝宝，

点点头，拍拍手，

和我抱一抱。

第2个活动：**按摩抚触操《背部的按摩（二）》**

活动准备：音乐。

活动目标：

1.培养亲子感情。

2.刺激宝宝的触觉。

活动过程：

1.爸爸或者妈妈安抚好宝宝。

2.单手从宝宝背部上端向臀部移动，再推回上端。

第3个活动：奥尔夫音乐《甜蜜的家庭》

活动准备：奥尔夫音乐《甜蜜的家庭》。

活动目标：

增强小家庭的温馨氛围，给宝宝提供有爱的环境。

活动过程：

1.请爸爸妈妈播放音乐，抱着宝宝，与宝宝眼神交流。

2.传递对宝宝的爱意，可以跟着哼唱。

第4个活动：大肌肉动作《坐稳学爬》

活动准备：玩具、音乐。

活动目标：

增进宝宝视觉及智力的发展，让宝宝学习爬行。

活动过程：

1.把宝宝放在墙壁旁边的垫子上，并让宝宝坐着。

2.爸爸妈妈拿出玩具并弄响玩具，吸引宝宝趴下用脚蹬住墙壁，努力往前爬。

3.爸爸妈妈拿玩具逗引宝宝，并用语言叫宝宝过来。

爸爸妈妈必读

这是训练宝宝爬行的一个游戏，爬行比坐更能扩大宝宝认识世界的范围，因此爬行是独立行走前助长脑发育十分重要的阶段，爸爸妈妈应该重视爬行可训练身体和四肢以肌肉动作，并通过脑的指挥，协调向前爬行、后退和移动，宝宝到了6月龄以后要经常训练他爬行。平时在家可把宝宝放在地毯上，收拾好周围的用品，收好地上的插座等危险品。把宝宝喜欢的玩具放在他够不着的地方，但不能太远，他要想拿，往前移动即能拿到。

宝宝学会爬行以后，便扩大了自己活动的范围。我们训练宝宝爬行的游戏可从易到难，从近到远，变换玩具和方法，给宝宝带来愉快的情绪体验。宝宝边爬行边寻找玩具，可以帮助宝宝意识到东西看不到但可以找到，这是他认识世界的一个起点。

第5个活动：亲子游戏《宝宝快，宝宝慢》

活动准备：音乐《慢和快》。

活动目标：

增进亲子之间的感情，让宝宝感受快慢节奏的变化。

活动过程：

播放音乐，听到慢节奏时，爸爸或妈妈抱着宝宝跟着音乐节奏慢慢走，听到快节奏时，爸爸或妈妈抱着宝宝跟着音乐节奏快快走。

第三周

第1个活动：大肌肉动作《推不倒翁》

活动准备：不倒翁玩具、音乐《不倒翁》。

活动目标：

提高宝宝的手腕灵活性及手臂控制能力，让宝宝学习推的动作。

活动过程：

1.爸爸妈妈出示不倒翁，然后用手做出夸张的动作去推不倒翁，当不倒翁自己重新起来的时候，爸爸妈妈做出夸张的表情表示惊讶，并反复推不倒翁，吸引宝宝的注意力。

2.让宝宝尝试着爬过来推不倒翁。

3.宝宝和爸爸妈妈一起推不倒翁。

第2个活动：**蒙特梭利语言活动《不倒翁》**

活动准备：儿歌《不倒翁》、不倒翁玩具。

活动目标：

刺激宝宝的听觉，发展宝宝的语言表达能力。

活动过程：

1.出示不倒翁给宝宝看，吸引宝宝的注意。爸爸妈妈推一推不倒翁，然后朗读儿歌《不倒翁》。

2.爸爸妈妈一起朗读儿歌，请宝宝仔细倾听。

3.拿不倒翁给宝宝玩，在宝宝玩时，爸爸妈妈在旁边朗读不倒翁，刺激宝宝的听觉。

附：儿歌《不倒翁》

说你呆，你不呆，
胡子一把样子像小孩，
说你呆，你不呆，
推你倒下，你又站起来。

第3个活动：**奥尔夫音乐《不倒翁》**

活动准备：歌曲《不倒翁》。

活动目标：

1.欣赏歌曲，培养宝宝愉悦的情绪和节奏感。

2.进一步刺激宝宝的听觉。

活动过程：

1.播放音乐，爸爸妈妈和宝宝一起仔细倾听。

2.爸爸妈妈弹唱，并根据音乐节奏做动作，请宝宝观看。

3.播放音乐，宝宝和爸爸妈妈一起演唱并做动作。

4.爸爸或妈妈抱着宝宝随着音乐起舞。

第4个活动：**亲子游戏《呼呼吹》**

活动准备：音乐《开始与停止》。

活动目标：

让宝宝享受重复做一件事情的乐趣。

活动过程：

1.爸爸妈妈对着宝宝轻轻吹他的脸或者头发。

2.观察宝宝的反应。

3.再当着宝宝的面，吹吹其他东西，让他看到你的动作，来模拟学习。

爸爸妈妈必读

看似简单的一个“吹”的动作，但是对于宝宝来说，却不那么简单哦！刚开始宝宝可能只是“吸”而不知道往外“吹”。

第5个活动：**亲子游戏《在爸爸身上站一站》**

活动准备：音乐《开始与停止》。

活动目标：

锻炼宝宝腿部和脚底的肌肉，练习平衡能力。

活动过程：

1.爸爸坐在地上。

2.让宝宝赤脚，直立在爸爸腿部近膝盖处，然后拉动宝宝的双臂，使宝宝往爸爸胸前靠。最后让宝宝的脸贴着爸爸的脸，爸爸亲一亲宝宝。

3.播放音乐，爸爸与宝宝一起做亲子游戏，当音乐停顿时就让宝宝坐下，音乐响起时就拉宝宝站起来。等宝宝熟练了以后，可以小心地做幅度更大一点的“前倾后倒”的动作。

爸爸妈妈必读

这个游戏可以使宝宝脚底的力量从脚踝转移到脚尖，使脚底变得有弹性。脚趾得到了运动，就可以刺激运动神经，让宝宝有好的平衡能力。爸爸经常和宝宝一起愉快地玩耍，有助于培养宝宝开朗的性格并促进宝宝的动作发育，而且孩子也会有较强的社会适应性。在和孩子的接触方式上，爸爸和妈妈有着微妙的差异，宝宝从小就能从妈妈柔软温暖的怀抱和爸爸有力的动作中，感受到爸爸与妈妈的不同。与妈妈的温柔爱护相比，爸爸能让孩子体验冒险、刺激和兴奋的感受。

第四周

第1个活动：亲子操《浴巾操》

活动准备：浴巾、音乐《春之歌》。

活动目标：

通过前后左右的摆动，锻炼宝宝的前庭感觉器官。

活动过程：

1.爸爸妈妈的双手拉住浴巾的四角，让宝宝躺在浴巾的中间，提起以后左右摆动，在游戏过程中要与宝宝进行表情沟通，根据宝宝的情绪状态，逐渐增加摆动的幅度和速度，当宝宝完全适应后，可做前后摆动。

2.注意事项：在做这节操的时候，始终要与宝宝进行语言和表情上的沟通，宝宝的情绪好，摆动的速度就可以不断增加。

第2个活动：亲子游戏《再见》

活动准备：音乐《再见》。

活动目标：

让宝宝喜欢听唱歌曲，培养宝宝懂礼貌，使其在成人帮助下会做招手动作。

活动过程：

1.爸爸妈妈边唱边做示范动作，并走到宝宝跟前一一跟宝宝做招手动作以吸引宝宝的注意。

2.妈妈与宝宝面对面坐着，教宝宝学做招手动作。

爸爸妈妈必读

这项训练是在成人的帮助下，让宝宝模仿学习招手动作。在日常生活中，鼓励宝宝多与人交往，离别时与人招手再见，培养宝宝有礼貌地与人交往，到了7月龄，宝宝要能够用动作表示两种以上语言，如拍手表示欢迎、挥手表示再见等。

第3个活动：大肌肉动作《站抱》

活动准备：音乐《春之歌》。

活动目标：

强化宝宝新皮质，促进其五官感觉的发展。

活动过程：

妈妈的左手托住宝宝的左腹部，右手托住宝宝的双脚，让宝宝自己感受到地心的引力。当宝宝的能力稍微强了以后，我们可以让宝宝的身体离开妈妈的身体，当宝宝的能力进一步提高时，我们可以把左手慢慢地松开，让宝宝感受自己控制自己身体的感觉。

爸爸妈妈必读

在做这节操的时候，月龄小的宝宝只能依附在妈妈的身上，妈妈的手臂挡住宝宝的胸部，尽量按照宝宝的能力调整次数和时间。练习的初期爸爸妈妈要陪着孩子做，确保宝宝的安全。

第4个活动：奥尔夫音乐《随着音乐动起来》

活动准备：音乐《木瓜恰恰恰》、带声响的玩具。

活动目标：

培养宝宝对音乐的感受能力及节奏感，陶冶宝宝的情操，使其体验愉快情绪。

活动过程：

1.妈妈及宝宝选择自己最舒服的姿势。（可坐、可站）

2.播放音乐，把一些带声响的玩具散落在地上，爸爸妈妈拿起玩具随着音乐节奏跳起来。

爸爸妈妈必读

妈妈要注意宝宝可以有自己的意愿选择拿玩具或不拿，妈妈不要干涉，让宝宝拥有自己的意见。播放音乐时妈妈也要跟着一起跳起来，可抱着宝宝跳恰恰也可转圈，或抓着宝宝的身体随着音乐节奏摇动，可让宝宝学会用身体表现快乐的情绪。宝宝很喜欢和妈妈一起摆动身体，当宝宝接受音乐的刺激后会自己摆动身体时，动作也就会变得更有节奏感了。

第5个活动：亲子游戏《玩具真好玩》

活动准备：带声响且鲜艳的玩具、音乐《玩具国》。

活动目标：

训练宝宝左右手换手拿物，宝宝与妈妈换手拿物，让宝宝学会左右手传递。

活动过程：

1.本环节是培养宝宝手的运动能力，是要训练宝宝左右手换手拿物，宝宝与妈妈换手拿物，学会左右手传递等。当宝宝会将东西从右手换到左手，或从左手换到右手时，说明他已经做好操作工具的准备了。

2.爸爸妈妈拿一个带声响的玩具递到宝宝的右手边，待他拿好后，再递一个到他右手边，引导他将原先的玩具换到左手拿着，用右手接新的玩具。待宝宝玩一会儿之后，爸爸妈妈用另一个玩具吸引宝宝，引导宝宝把原先的玩具拿给妈妈，学会与妈妈换手拿物。

3.妈妈与宝宝操作。对宝宝来说，用两手各拿一个玩具已相当困难。你拿第二个玩具给宝宝时，他会将右手拿着的玩具放在左手，右手再去接新的玩具，也会扔下手里的玩具，再接新玩具。这时妈妈不要着急，要反复练习。妈妈可重复表演给宝宝看，引导宝宝进行换手拿物。

爸爸妈妈必读

日常生活中，可随时训练宝宝的这一能力。如吃饼干、玩积木，可以用宝宝最感兴趣的方式训练宝宝。如果宝宝换手自如后，当宝宝两手都拿着东西时，可尝试再给宝宝一个东西，看他怎么处理。

7～9月龄宝宝的发展目标

- 满足亲子依恋、尊重宝宝个性、鼓励宝宝及早步入“同龄小社会”；
- 珍惜、发展宝宝日益旺盛的好奇心；
- 学会熟练爬行，主动做婴儿操；
- 学会拇指和食指对捏取物，训练手眼协调能力；
- 发展对语言的理解能力；
- 创造机会并鼓励宝宝的模仿行为，如“欢迎”“再见”；
- 指认3～4种日常物品、会指身体1～2个部位；
- 扶杯喝水、自食饼干。

和7月龄的宝宝可以这样玩

第一周

第1个活动：**精细动作《斗斗飞》**

活动准备： 钢琴曲《春之歌》。

活动目标：

1.培养宝宝愉快游戏的情绪。

2.锻炼宝宝的手指肌肉。

3.发展宝宝的语言、手眼协调能力。

活动过程：

1.宝宝背靠在妈妈怀里坐着，妈妈用两手分别拿着宝宝的双手，用食指和拇指抓住他的食指，教他把两只食指对着又分开，对着时说："斗斗斗斗"(每念一次食指就对着一次)分开时说："飞。"反复进行，逐渐让宝宝一听到"斗斗飞"，自己就学着对拢、分开食指。

2.爸爸妈妈示范。

3.妈妈陪宝宝玩。

爸爸妈妈必读

宝宝出生7月龄后，手的动作就会变得更加灵活，逐渐学会把大拇指和其他四指分开来拿东西，特别是食指能力有很好的发展。在日常生活中，鼓励宝宝用食指深入洞内钩取小物品，用食指拨动玩具，如拨动转盘(如旧式电话)、拨球(如乒乓球)、按键(如新式电话)都能达到训练食指动作技巧的目的。

第2个活动：奥尔夫音乐《敲敲打打》

活动准备：音乐《隆咚呛》、小鼓、奶粉罐、拨浪鼓等可发出响声的废品或玩具。

活动目标：

1.促进宝宝双手抓握和敲打的动作发展。

2.促进宝宝的手、眼协调能力。

活动过程：

1.让宝宝面向爸爸妈妈。

2.爸爸妈妈敲打小鼓、奶粉罐等物品，发出不同的声音，吸引宝宝的注意。每敲打一件物品，爸爸妈妈用语言逗引宝宝，并示范用小棒敲打物品或用物品、玩具等对敲发出声音。

3.让宝宝自己选择物品敲打，发出声音。妈妈可先握住宝宝的手敲打物品并发出声响，然后渐渐让宝宝自己去敲打或对敲。

爸爸妈妈必读

这个活动是为了促进宝宝双手抓握和敲打的动作发展，并促进宝宝手眼的协调能力，在日常生活中，可选择不同质地和形状的物品让宝宝练习，鼓励他继续敲打或对敲，这样可以培养宝宝手的灵活性，全面开发宝宝手的功能。

第3个活动：音乐欣赏《安抚音乐》

活动准备：音乐《梦之船》。

活动目标：

1.确保宝宝更有精力投入到下面的活动。

2.培养宝宝的候听能力。

活动过程：

1.让宝宝靠坐在妈妈怀里。

2.播放音乐，安抚宝宝的情绪。妈妈根据音乐节奏抱着宝宝轻轻摇动，并用手抚摸宝宝的头，轻轻地在宝宝耳边说妈妈爱宝宝之类的话。

第4个活动：亲子操《卷卷提》

活动准备：浴巾、音乐《春之歌》。

活动目标：

刺激宝宝的皮肤，强化宝宝的视觉。

活动过程：

1.让宝宝躺在毛巾的一端，把头露在毛巾的外面，然后慢慢把毛巾提起卷起来，当毛巾全部卷起来后，再用两手提起毛巾的末端，把毛巾慢慢地抽出来。在整个过程中，使宝宝呈打滚状态。

2.刚做这节操时，要把宝宝的双手放在毛巾外面，卷的时候要慢，注意表情和语言的沟通。提的时候也要慢，当宝宝完全放松后，可把宝宝的手放在毛巾里，卷提速度也可以加快些。

第5个活动：感觉统合训练《毛巾毯》

活动准备：音乐《梦之船》、毛巾毯。

活动目标：

通过毯子的摇晃、转圈及上下移动，让宝宝感知身体向各个方向的运动，训练宝宝的空间知觉及运动知觉。

活动过程：

1.让宝宝仰卧在大浴巾上，爸爸妈妈各提浴巾两角，做前后、左右、上下晃动，晃动幅度慢慢加大，还可转圈。

2.妈妈和爸爸互相合作，带领宝宝做感官训练。

爸爸妈妈必读

通过毯子的摇晃、转圈及上下移动，可以让宝宝感知身体向各个方向的运动，训练宝宝的空间知觉及运动知觉。活动中要注意观察宝宝的状态，如有不适应立即停止，注意宝宝的安全，防止宝宝从毛巾毯中滚落下来。

第二周

第1个活动：**语言活动《小脸蛋》**

活动准备：宝宝头部挂图、儿歌《小脸蛋》。

活动目标：

1.给宝宝创造丰富的语言环境。通过日常生活中的语言交流，给宝宝创造更多发音机会。

2.让宝宝学会用手触摸自己的脸；在妈妈的亲吻中，感受妈妈的爱。

活动过程：

1.爸爸妈妈出示挂图——宝宝的小脸蛋，引导宝宝观察图片，认识小脸蛋，并让宝宝爬到身边来摸摸挂图中宝宝的脸蛋。

2.让宝宝学会用手触摸自己的脸，并导出儿歌《小脸蛋》。

3.爸爸妈妈范读儿歌：小脸蛋，胖嘟嘟，像苹果，红扑扑，亲一口，噗!噗!(边读儿歌边做动作，并强调“噗!噗!”的音)。

4.妈妈和宝宝面对面坐着，妈妈边读儿歌边抓住宝宝的手触摸宝宝自己的脸，当读到“亲一口”时，妈妈亲吻宝宝的脸并发出“噗噗”的音，然后逗引宝宝也发出“噗”的音。

5.妈妈和宝宝一起反复练习。

爸爸妈妈必读

7～9月龄的宝宝能无意识地发出da—da、ma—ma之类的双唇音并能模仿咳嗽声、舌头咔哒声、咂舌声等。在日常生活中，要积极训练宝宝发音，如让宝宝叫“爸爸”“妈妈”，说“拿”“打”等，父母或其他的亲人都多和宝宝说话，多引导宝宝发音，尽量扩大宝宝的词汇量；还要创造条件和宝宝交流、对话，为宝宝创造良好的语言发展环境。在家中也应每天坚持给宝宝播放一些音乐，让宝宝听一些琅琅上口的儿歌，进一步开发宝宝的语言能力。

第2个活动：**奥尔夫音乐《水仙花圆舞曲》**

活动准备：音乐《水仙花圆舞曲》。

活动目标：

1.欣赏音乐，让宝宝感受圆舞曲的节奏。

2.根据音乐节奏，爸爸妈妈与宝宝手拉手跳舞。

活动过程：

1.爸爸妈妈说："现在让我们来活动一下全身，跳跳舞吧。"

2.播放音乐《水仙花圆舞曲》，欣赏音乐，爸爸妈妈和宝宝一起感受音乐的节奏。

3.妈妈带着宝宝选择自己最舒服的姿势，根据音乐节奏一起自由发挥（可手拉手坐着舞动、也可抱着宝宝站起来跳圆舞曲舞步等）。

第3个活动：**大肌肉动作《倒抱》**

活动准备：音乐《春之歌》。

活动目标：

强化宝宝新皮质，促进宝宝五官感觉的发展。

活动过程：

让宝宝趴在地面上，妈妈的双手抓住宝宝的双踝，慢慢地提起，当宝宝情绪稳定后，慢慢地做左右、前后的摆动。

爸爸妈妈必读

该活动最好是在饭前宝宝精神状态好的时候进行，并且宝宝的双手要能支撑身体，刚开始做的时候动作要慢些，时间要短，一般不要超过5秒。当宝宝完全适应后，也要注意，时间不要超过30秒。

第4个活动：**精细动作《拨拨玩玩》**

活动准备：算盘、音乐《献给爱丽丝》。

活动目标：

1.训练宝宝食指的功能。

2.为宝宝以后的精细动作打下基础。

活动过程：

1.播放音乐。爸爸或妈妈拨动算珠，使算盘发出“噼叭叭”的响声，吸引宝宝的注意。

2.妈妈在教宝宝时，要先把宝宝的注意力集中在算盘上，然后反复示范。刚开始时可以手把手地教宝宝拨算珠。

爸爸妈妈必读

在家里爸爸妈妈要多训练宝宝的食指动作技巧，让宝宝的食指得到充分的锻炼。

第5个活动：**亲子游戏《翻身滚》**

活动准备：儿歌《翻身滚》、带声响的玩具、音乐《献给爱丽丝》。

活动目标：

1.发展宝宝的运动能力。

2.通过多种形式让宝宝学习连续翻滚。

活动过程：

1.出示带声响的玩具，把玩具滚到宝宝的身边，吸引宝宝的注意力，并可让宝宝观察滚的动作。

2.让宝宝平卧，用玩具在宝宝的一侧摇响，逗引他去取，当宝宝试图取玩具时，可将其胳膊轻轻推向有玩具的一方，帮助宝宝翻身抓住玩具。在此基础上可以逐步训练宝宝连续翻滚，边做动作时，边念儿歌：滚红薯，滚冬瓜，滚出一个小娃娃，娃娃干嘛地上滚，因为地上有泥巴。

3.让宝宝爬过来拿玩具，与妈妈一起练习翻身滚。

爸爸妈妈必读

翻滚运动是7月龄宝宝大肌肉及大脑发育的重要标志与训练项目。宝宝实现连续翻滚要克服身体的重力，依靠肌肉、关节、韧带、皮肤感觉等多方协调。如果是为了追逐玩具而有意识地移动身体的翻滚，那表明宝宝的手眼协调力、视觉能力都有了发展。同时翻滚运动也是促进全身感觉统合的重要项目。

第三周

第1次活动：大肌肉动作《毛毛虫找食物》

活动准备：小积木、音乐《糖梅仙子》。

活动目标：

1.训练宝宝的爬行能力，增强其手臂俯撑力量。

2.培养宝宝的身体协调能力，让其获得游戏的快乐。

活动过程：

1.把小积木撒在宝宝周边。

2.妈妈带着宝宝一起爬着去找小积木。宝宝找到后，妈妈要亲亲宝宝或鼓掌鼓励宝宝（活动过程中宝宝越用力身体越向后退时，要在宝宝的足底给个向前的推力，宝宝就会向前爬）。

爸爸妈妈必读

本活动主要目的是训练宝宝的爬行能力，增强宝宝手臂俯撑力量。这个时期宝宝实际上是用腹部着地进行爬行。宝宝到七、八月龄时，应该每天都做爬行锻炼。在爬行中宝宝的手不单支撑体重，同时在学习向前交替运动。经常做用体重支撑在一个胳臂上的练习，当宝宝能提起腹部，学会用下肢支撑腹部以下的重量时，可使大肌肉得到很好的发展。爬行中四肢要轮流协调地支撑体重，为发展耐力打下基础。宝宝在向前爬行中身体不向左右手倾倒，要靠前庭系统的平衡及协调。宝宝在运动中往往要用眼看玩具，听响声玩具和大人的指令加之手及皮肤接触玩具，形成至少有视、听、触等联系，整合而完成一项任务。

第2次活动：认知活动《纸里包着什么》

活动准备： 用纸包着各种物品。

活动目标：

1.发展宝宝探索事物以及解决简单问题的能力。

2.培养宝宝的观察能力。

活动过程：

1.把包着的物品散在宝宝周边，让宝宝去拿。

2.找到食物后，用语言吸引宝宝的注意，并示范打开纸包，看看里面包着的是什么物品。

3.让宝宝自己探索，找到并打开纸包。

爸爸妈妈必读

本活动的目的是发展宝宝探索事物以及解决简单问题的能力，培养宝宝的观察能力。

第3次活动：亲子操《拉腕摆》

活动准备： 音乐《春之歌》。

活动目标：

强化宝宝新皮质，促进宝宝五官感觉的发展。

活动过程：

1.妈妈用双手抓住宝宝的双腕，慢慢地提起，在体前微微摆动。当宝宝的能力提高后，可以增加摆动的幅度。

2.在摆动的时候，一定要注意观察宝宝的表情，做丰富多彩的表情沟通。当宝宝非常高兴的时候，则可以增加摆动的幅度。

第4次活动：亲子活动《拉腕转》

活动准备：音乐《春之歌》。

活动目标：

强化宝宝新皮质，促进宝宝五官感觉的发展。

活动过程：

1.妈妈用双手拉住宝宝的双腕，慢慢地提起，再慢慢地转动，速度由慢到快。转动时可先沿顺时针再沿逆时针转。

2.我们在做这个动作的时候，要求宝宝有一定的握力和臂力，旋转的时候要左右转交替进行。

第5次活动：奥尔夫音乐《妈妈》

活动准备：歌曲《妈妈》。

活动目标：

让宝宝感受歌曲的节奏，能模仿妈妈的口型发“妈”的音。

活动过程：

和宝宝面对面，让宝宝看到妈妈的脸，妈妈可自行哼唱歌曲发“ma、ma”的音或者播放录好的歌曲《妈妈》。

爸爸妈妈必读

7月龄左右的孩子，对母亲的依恋越来越强，越来越明显，这在儿童心理学上称为“依恋行为”。

积极的依恋关系对孩子以后健康的心理发展和良好的人际关系建立，有着举足轻重的作用。否则，孩子有可能成长为一个对周围人和环境缺乏信任，性格孤僻，充满内疚感和自卑感的人。在这个时期，我们可以充分利用这一点，教宝宝发“妈妈”的音。加上音乐节奏，使宝宝能够更快地学会发音。

第四周

第1次活动：**语言活动《我的好爸爸》**

活动目标：

1.会发“ba”的音。

2.感受爸爸对宝宝的爱。

活动过程：

1.爸爸与宝宝面对面坐着。引导宝宝观察爸爸的脸，爸爸跟宝宝进行“对话”：当宝宝对着爸爸的脸，发出“哇哇”声，好像要说话时，爸爸应该积极回应，回答宝宝“真的耶!有××呢!”、“爸爸爱宝宝”之类的话。

2.爸爸对着宝宝并拉着宝宝的小手念儿歌《我的好爸爸》。引导宝宝发“ba”的音。如果宝宝回应，要给予宝宝亲吻和拥抱。要把爸爸的爱毫无保留地表现出来，让宝宝有充分的安全感。

爸爸妈妈必读

在孩子的世界里，爸爸的爱是妈妈无法代替的，因此爸爸要抽出时间多和孩子在一起交流。宝宝刚学会发音时就会叫“ba-ba”“ma-ma”等，但这并不是真的会叫“爸爸”“妈妈”了，多同宝宝讲话，引导他称呼大人是这一时期的主要任务。

附：儿歌《我的好爸爸》

我有一个好爸爸，爸爸爱我，我爱他。

第2次活动：**精细动作《抓乒乓球》**

活动准备：音乐《乒乓之恋》、乒乓球、盆。

活动目标：

1.训练宝宝的五指抓握能力。

2.发展宝宝的爬行能力。

活动过程：

1.出示乒乓球，拍打乒乓球，吸引宝宝的注意力。

2.爸爸妈妈示范用五指从盆里抓握乒乓球，然后把球扔出去。

3.爸爸妈妈吸引宝宝爬过来抓球。

4.爸爸妈妈和宝宝一起把扔出去的乒乓球放回盆里。

爸爸妈妈必读

抓握东西，捏响玩具表示孩子懂得用触摸、扑打抓握的方式达到目的，这是有动作目的的活动，在这个运动中孩子使用眼睛来引导手朝向一个东西时，也增强了手眼协调和视觉控制的能力。此项活动使得宝宝的手能去探索、操作并控制各种不同质感、形状、大小及重量的东西，这对将来的发展来说，是个十分重要的技能。

第3次活动：精细动作《拉绳玩具》

活动准备：拉绳玩具、音乐《乒乓之恋》

活动目标：

发展宝宝捏拉的动作。

活动过程：

1.把拉绳玩具的绳子放在宝宝的面前，爸爸妈妈示范用拇指和食指捏拉绳子，以吸引宝宝的注意力，引导宝宝自己用拇指和食指捏拉。

2.指导要点：一开始可扶着宝宝一起拉过来，然后再鼓励宝宝用拇指、食指去捏取拴在拉绳玩具上的线拖拉玩具。

3.活动延伸：在日常生活中，也可用软塑料玩具在孩子面前一捏一叫，鼓励宝宝把玩具捏出叫声，训练宝宝的拇指和食指的小肌肉动作。

第4次活动：社会性发展《谢谢你》

活动准备：欢快的背景音乐、小玩具若干。

活动目标：

帮助宝宝理解语言、发展动作，培养宝宝的初期社交行为。

活动过程：

1.爸爸妈妈和宝宝面对面围坐，先爸爸妈妈互相传递玩具后，语言说谢谢，并伴随动作行为（点头或鞠躬）。

2.爸爸或妈妈传递玩具给宝宝，语言说谢谢，并伴随动作行为（点头或鞠躬），引导宝宝做出相应的动作行为，反复练习。

爸爸妈妈必读

这个活动能帮助宝宝理解语言，并能培养宝宝的文明行为。宝宝一听到“谢谢”就能鞠躬或点头。孩子听到各种指令或受周围熟悉的声音刺激，能用非语言的方法去表达他的理解，自然也能理解大人语言之外的用意。这不仅表明孩子语言理解能力的发展水平，它也是孩子长大以后一辈子都受用的交往技巧。

第5次活动：亲子活动《小钟摆》

活动准备：音乐《春之歌》。

活动目标：

强化宝宝新皮质，促进宝宝五官感觉的发展。

活动过程：

1.妈妈的双手托住宝宝的腋下，在胸前做摆动，根据宝宝的身体状态逐渐增加摆动的幅度和速度。这就是小钟摆。

2.注意事项：在做这节操的时候，宝宝的头部、躯干、腿部始终是一个整体，摆动的时候我们要不断地与宝宝进行语言沟通，比如说：“这样好不好玩呀？”当宝宝发出笑声时，妈妈就可以放心地增加摆动的幅度了。

和8月龄的宝宝可以这样玩

第一周

第1个活动：**认知活动《百宝箱》**

活动准备：彩色小箱、各种色彩斑斓以及样式和质地都不一样的物体。

活动目标：

使宝宝理解语言，认识几种常见的物品，听到物品的名称时会用眼睛注视。

活动过程：

1.爸爸妈妈戴着快乐小猫的头饰说："我是快乐小猫，我今天可快乐了，因为我得到了一个百宝箱，要和快乐宝宝一起来分享。"爸爸妈妈出示色彩鲜艳的百宝箱，吸引宝宝的注意。

2.打开百宝箱，从百宝箱里拿出一件物品，教宝宝认物。

3.逗引宝宝爬到百宝箱旁拿物品，由爸爸妈妈教宝宝认物。

爸爸妈妈必读

爸爸妈妈在教宝宝打开百宝箱认物时，每一次只教给宝宝一种物品的名称，等宝宝听到物品的名称时会用眼睛注视或用手拿起的时候就可以教认另一种物品，像这样以滚雪球的方式教宝宝认物。家里可以准备一个色彩鲜艳的小箱子，放上一些色彩各异，样式、质地各不相同的物体如小镜子、项圈、小彩球等。每天打开小箱子，让宝宝看看箱子里面有些什么，这会增强他的记忆力。

第2个活动：**奥尔夫音乐《快乐宝宝》**

活动准备：音乐《快乐宝宝》、小鼓和鼓槌、各种能打击的道具。

活动目标：

让宝宝感受音乐的节奏，体验快乐的感觉。

活动过程：

1.拿出各种道具，播放音乐，让宝宝自己选择，根据音乐节奏动起来。爸爸妈妈动起来，让宝宝模仿。

2.打击时要按照××××一拍一下的节奏。

爸爸妈妈必读

孩子最初社会情绪的获得是与环境和亲子肌肤接触分不开的。在一系列的亲子活动交往中学习、模仿，建立亲子关系，随着孩子的知觉、认知能力的提升，如高兴、生气等，孩子能获得具体形式的体验。如果没有情绪体验，人的生活则会变得呆板、枯燥乏味，还会带来一系列的生理和心理问题，所以人不能没有情感。不过一个人的情绪反应风格，一是与父母的日常教养方式有关，二是与孩子自身的某些特点有关，这在心理学中称为气质。依据孩子的气质特征进行有针对性地教养，能收到事半功倍的效果。

第3个活动：**精细动作《拾豆子》**

活动准备：豆子、玻璃瓶或玻璃杯、音乐《月光》。

活动目标：

练习二指抓物，训练宝宝的精细动作。

活动过程：

1.出示各种颜色的豆子(黑豆、黄豆、绿豆等)。

2.出示玻璃瓶或玻璃杯，用二指捏住豆子放进杯子里，然后摇动杯子发出响声并让豆子在杯中跳动，以引起宝宝玩的兴趣，再打开盖子，将豆子倒在盘子里，告诉宝宝“这是豆子。”爸爸或妈妈边说边示范把一粒豆子从盘里慢慢地捏起放进杯子里。放进几粒后，让宝宝来摇一摇，若能发出响声，就要给予鼓励。

3.大人和宝宝一起来操作。

爸爸妈妈必读

这个游戏训练宝宝拇指、食指配合捏物的灵活性和手眼协调能力。宝宝出生7个月后，手的动作就会变得更加灵活，逐渐学会大拇指和其他四指分开来拿东西，特别是食指能力有很好的发展。这一时期正好是宝宝探索事物的萌芽期，更是发展拇指和食指对捏动作的关键时期。这个游戏每天可训练数次。但要注意的是：在玩游戏时大人一定要细心观察，防止宝宝吞食豆子。宝宝不小心掉在地上的豆子也要及时拣起来，以免以后宝宝在地上玩时拣起误食。

第4个活动：感觉统合训练《彩虹飞船》

活动准备：音乐《月光》、彩虹伞。

活动目标：

1.刺激宝宝的前庭平衡感觉。

2.让宝宝感受和爸爸妈妈游戏的快乐。

活动过程：

拿出彩虹伞，并打开铺在地上将宝宝放在彩虹伞中央，平躺，头向中心，爸爸妈妈一起拉着伞边，沿同一方向慢慢旋转，速度由慢到快。

第5个活动：亲子游戏《亲亲小宝贝》

活动准备：音乐《亲亲我的宝贝》。

活动目标：

1.爸爸或妈妈与宝宝进行肌肤接触，满足宝宝生理和心理上的需要，促进宝宝大脑潜质的开发。

2.让宝宝感受与爸爸或妈妈的亲密感情。

活动过程:

1.爸爸或妈妈用最舒服、最常用的姿势抱宝宝。

3.播放音乐,爸爸妈妈与宝宝一起听音乐。

爸爸妈妈必读

在前面我们说到这段时期的宝宝对妈妈有“依恋情结”,因此妈妈尤其重要。但在日常生活中,除了和妈妈玩接触游戏外,还要和各种人接触,如爸爸、同年龄的孩子、比他大一点的哥哥姐姐等一起快乐地游戏。这段时期刚好是害怕陌生人的时期,宝宝对经常看到的人或孩子不会觉得陌生,之所以会害怕陌生人是因为对别人产生兴趣的同时也缺乏安全感。只要让他多跟不同的人接触,自然就不会害怕陌生人了。

第二周

第1个活动:大肌肉动作《赶小马》

活动准备:音乐《马跑》。

活动目标:

1.训练宝宝的爬行能力,增强其手部俯撑力量。

2.让宝宝体验与成人合作游戏的快乐。

活动过程:

1.爸爸在地上假装爬行,妈妈假装在后面追赶,逗引宝宝。

2.大人和宝宝一起游戏。

爸爸妈妈必读

本活动主要训练宝宝的爬行能力,增强其手部俯撑力量以及体验与成人合作游戏的快乐。有些宝宝还处在爬行阶段时，腹部还不能离开地面，这时大人可以用一条毛巾放在他的腹下，然后提起宝宝的腹部，确保身体重心落在他的手和膝上，让他开始用手膝爬行。宝宝的小腿肌肉结实，能支撑体重后，就会渐渐变成用手足爬行。

第2个活动：亲子操《爬大树》

活动准备：音乐《春之歌》。

活动目标：

强化宝宝大脑结构，提高宝宝语言、视听觉的敏感度。

活动过程：

1.妈妈托住宝宝的双腋，让宝宝站在两腿上，抓住宝宝的两只手，然后让他慢慢往上爬，爬到肩上时回到原位，再继续爬行。

2.注意事项：在做这节操的时候，妈妈的身体尽量后仰，并不断地提示宝宝向上，当宝宝的腿部力量提高后，妈妈提拉宝宝时双手的力量也要越来越小。

第3个活动：蒙特梭利认知活动《宝宝照镜子》

活动准备：镜子、音乐《月光》。

活动目标：

1.让宝宝学会拍打，捕捉镜中的人影。

2.让宝宝对自己的脸孔有一个初步的印象。

3.引导宝宝对着镜子做各种表情，体验照镜子的乐趣。

活动过程：

1.爸爸或妈妈拿着镜子走到宝宝面前，让宝宝照镜子，引起宝宝的兴趣。

2.引导宝宝爬过来拿镜子，爸爸妈妈和宝宝一起玩。

爸爸妈妈必读

在这个游戏中要让宝宝学会拍打，捕捉镜中的人影。让宝宝对自己的脸有一个初步的印象。还要引导宝宝对镜子做各种表情，体验照镜子的乐趣。在活动中，照镜子时，要让宝宝在镜子中看到妈妈的脸，让宝宝发现怎么妈妈在镜子中，自己旁边还有一个妈妈，经过多次观察让宝宝认识镜子的作用。在宝宝观察自己时，可以教宝宝指认五官。在家里，还可以让宝宝多照照大镜子，让宝宝对整个身体有所了解。

第4个活动：奥尔夫音乐《四小天鹅》

活动准备：《四小天鹅》钢琴曲。

活动目标：

1.进一步培养宝宝对音乐的感受能力及节奏感，陶冶宝宝的情操，让宝宝体验愉快情绪。

2.让宝宝感受世界名曲。

活动过程：

播放音乐，爸爸妈妈与宝宝一起欣赏。

爸爸妈妈必读

这是培养宝宝对音乐的感受能力及节奏感，陶冶宝宝的情操，让其在感受世界名曲魅力的同时体验到愉快的情绪。在育儿的过程中，我们要坚持每天给宝宝多听听音乐，即使在宝宝睡着了的情况下也可以放一些轻音乐、古典音乐等，这样有利于宝宝良好的睡眠。在欣赏《四小天鹅》的同时，还可以让宝宝观看其舞蹈。

第5个活动：亲子游戏《拉大锯》

活动准备：儿歌《拉大锯》。

活动目标：

通过儿歌及动作感受“拉大锯”的快乐，并培养宝宝能配合大人念儿歌时做出相应的动作。

活动过程：

爸爸或妈妈与宝宝面对面坐着，大人的双手握着宝宝的双手，边念儿歌《拉大锯》，边根据儿歌节奏拉着宝宝的双手一屈一伸。

附：儿歌《拉大锯》

拉大锯，拉大锯，拉过来，拉过去，宝宝宝宝，快用力。

第三周

第1个活动：语言活动《洗澡》

活动准备：布娃娃、儿歌《洗澡》。

活动目标：

让宝宝进一步知道自己的名字，建立交往意识，培养宝宝活泼开朗的性格。

活动过程：

1.妈妈有节奏地读儿歌《洗澡》，并随着儿歌拍打布娃娃身体的不同部位。

2.让宝宝躺着，妈妈注视着宝宝，对着宝宝有节奏地读儿歌，并做相应的动作。

爸爸妈妈必读

语言是人际沟通与学习最重要的手段，它虽是人类的一种本能，但需要后天的培养与训练，才能娴熟地运用，离开后天的开发与训练，本能也会因此退化或消失。七八月龄大的宝宝正是牙牙学语的准备期，所以环境的刺激与成人的引导对孩子顺利地学会说话，起着关键性的作用。在日常生活中，每天给宝宝洗澡时可以坚持念这首儿歌给宝宝听。

附：儿歌《洗澡》

宝宝洗澡，水里泡泡，拍拍胸，搓搓脚，
小手打打水，宝宝嘻嘻笑。

第2个活动：大肌肉动作《拉物站起》

活动准备：摇铃、音乐《流转起舞》。

活动目标：

1.训练宝宝能拉物站立。

2.可尝试让宝宝再扶物坐下。

活动过程：

1.让宝宝坐着，出示摇铃并在宝宝的前方举高摇响，吸引宝宝的注意力。

2.在摇铃的同时，另一手伸到宝宝的面前，引导宝宝抓住手，站起来拿摇铃。

3.在宝宝抓住手后，最初爸爸妈妈要用一点力把宝宝拉站起来，站起来后，一定要把摇铃给宝宝玩一下，以满足宝宝，并要用语言鼓励宝宝真能干。经过反复练习之后，爸爸妈妈可渐渐用力小一点，让宝宝自己使劲站起来。

4.爸爸妈妈带着宝宝练习。

爸爸妈妈必读

在日常生活中，要宝宝在学坐和行走时会自己扶物站起，宝宝在7月龄后会双手扶物艰难地站起来，到8月龄时自己扶物轻松地站立。但这时父母要注意不宜让宝宝久站，因为他下肢还未能完全长久负重，只能让他站15～20分钟，到了时间马上扶他坐下或让他再练俯卧。如果宝宝还不会扶物站起，不要着急，可以先练习俯卧打转和俯卧爬行，待下肢有力时再练习扶物站起。在日常生活中，我们可以将宝宝放入有扶栏的床内，先让宝宝自己练习仰卧并会扶着栏杆坐起，然后再练习拉着床栏杆站起。熟练后可训练宝宝拉着栏杆站起来，再主动坐下去。如此反复锻炼，可以增加宝宝腰部和腿部肌肉的力量。

第3个活动：奥尔夫音乐《拍手舞》

活动准备：音乐《拍手舞》。

活动目标：

欣赏音乐，让宝宝感受音乐节奏，认识自己的手。

活动过程：

1.先引导宝宝观察自己的小手，摆弄自己的小手，认识自己的小手。

2.播放音乐，宝宝和爸爸妈妈欣赏音乐。爸爸妈妈根据音乐节奏拍手。

3.爸爸妈妈一起引导宝宝认识自己的手。爸爸妈妈根据音乐节奏手把手地教宝宝拍手。

爸爸妈妈必读

从7月龄开始，要教宝宝认识身体的第一个部位。在家教宝宝认识身体部位时，要和宝宝对坐，先指着自己的手说“手”，然后抓住宝宝的小手摆摆。每天重复一两次。在日常生活中，如让宝宝拿饼干时要叫他“把手伸出来”，宝宝急于拿到食物自然会伸手，这时要重复“这是手，用手拿饼干”。多次重复“手”这个词，如穿衣服时“把手举起来”等。帮助宝宝认识第一个身体部位。如果宝宝喜欢照镜子，还可以抱着宝宝对着镜子，教宝宝认识眼睛、鼻子、耳朵、口等各个部位。我们可按宝宝的兴趣选择他认识的第一个身体部位。

第4个活动：精细动作《好玩的豆豆》

活动准备：豆豆、钢琴曲《献给爱丽丝》。

活动目标：

1.巩固宝宝的抓握能力。

2.训练宝宝的拇指、食指对捏能力。

活动过程：

1.把豆豆抓起来放进碗里，并让豆豆发出响声，吸引宝宝的注意力，然后示范用拇、食指捏取豆豆。

2.吸引宝宝的注意。并指导协助宝宝捏取豆豆。

爸爸妈妈必读

这一环节的目的是继续练习宝宝的抓握能力及训练宝宝的拇

指、食指对捏能力。经过1个多月的训练，宝宝手的动作灵活多了，逐渐学会大拇指和其他四指分开来捏取东西，特别是食指的能力有很好的发展。与此同时，8月龄正是发展拇指食指对捏动作的关键时期。一定要抓住这个时机积极进行训练，从拇指、食指抓取，发展至用拇指和食指相对捏起，每天可训练数次。抓握东西，捏响玩具表示孩子懂得目标性地伸手，并用触摸、扑打、抓握的方式达到目的。此项活动使得手能去探索、操作并控制各种不同质感、形状、大小及重量的东西，对将来的发展来说，这是个十分重要的技能。

第5个活动：**亲子操《纵托转抱》**

活动准备：音乐《春之歌》。

活动目标：

强化宝宝大脑结构，提高宝宝语言、视听觉的敏感度。

活动过程：

1.妈妈用左手托住宝宝的腰，逐渐过渡到两手托住宝宝的腋下，做一般性的转动，当感觉宝宝有足够的控制能力之后，我们再做空中逆转180度的转动。

2.注意事项：在做这节操的时候，妈妈一定要先做不离开手的转动和上下抛接的动作，加强语言沟通，离手后要关注孩子。接孩子的时候，要有一个缓冲的动作。

第四周

第1个活动：**蒙特梭利语言活动《小鸭嘎嘎嘎》**

活动准备：鸭子玩具或挂图、头饰。

活动目标：

1.能够理解语言含义，按成人要求学习与小鸭礼貌交往。

2.让宝宝学小鸭叫“嘎嘎嘎”。

活动过程：

1.出示小鸭子挂图或小鸭子玩具，逗引宝宝，引起宝宝的兴趣。

2.让宝宝认识小鸭子，并学鸭子叫“嘎嘎嘎”。

3.妈妈戴鸭子头饰做鸭妈妈，让宝宝爬过来拿鸭宝宝头饰做鸭宝宝。

4.妈妈念儿歌：“小鸭子，嘎嘎嘎，扇面小脚扁嘴巴。”让宝宝学着张嘴，抓住宝宝的小手，根据儿歌节奏拍手。反复练习，让宝宝学鸭子叫“嘎嘎嘎”。

爸爸妈妈必读

大人在对着宝宝念儿歌时，当宝宝有所反应，“嗯、嗯、啊、啊”地也想跟着念时，说明你的工作没有白费。要经常反复地读给宝宝听，虽然他现在不会说，但是经常练习，你的宝宝肯定会比其他没有这样做的宝宝语言发展要好得多。在日常生活中，我们在宝宝洗澡时，可在浴盆中放一个鸭子玩具，大人可以在宝宝玩鸭子的时候，读这首儿歌给宝宝听。

第2个活动：奥尔夫音乐《来了一群小鸭子》

活动准备：鸭子头饰、音乐《来了一群小鸭子》。

活动目标：

1.培养宝宝听歌曲。

2.让宝宝根据音乐节奏进一步感受鸭子的叫声。

活动过程：

1.播放音乐，边唱边做动作，让宝宝感受音乐节奏。

2.播放音乐，先让妈妈带着宝宝坐着跟着音乐节奏拍手。再次播放音乐时，妈妈可尝试拉着宝宝的双手，让宝宝根据音乐节奏学习走路。

爸爸妈妈必读

整个活动中，爸爸妈妈要大声地唱出来，引起宝宝的兴趣，让宝宝感受到快乐，并能够进一步感受鸭子的叫声。宝宝在学习语言时，大人的声势语言也很重要，有助于提高宝宝的语言能力。在第9月龄，培养宝宝的认物发音能力很重要，我们在日常生活中，要在宝宝的床上放置各种玩具，和宝宝玩认物游戏。如对宝宝说："宝宝把小狗给我。""宝宝把小鸭子给我。"在宝宝情绪愉快的时候，可随时向宝宝提问，教宝宝认识日常生活物品，还可以问问宝宝"爸爸在哪里"等类似的问题，鼓励宝宝用眼光去追寻或用手指。

第3个活动：亲子操《螃蟹抱》

活动准备：音乐《春之歌》。

活动目标：

强化宝宝大脑结构，提高宝宝语言、视听觉的敏感度。

活动过程：

1.妈妈的一只手握住宝宝的手，另一只手握住宝宝的脚踝，慢慢地提起，左右摆动。这时候妈妈要注意宝宝的表情，在没有什么变化的情况下，可以多摆一会儿。当宝宝适应了这种感觉后，可以增大幅度。

2.注意事项：我们在做这节操的时候，最好是在两顿饭之间进行。宝宝情绪好的时候，我们可以多做，多与宝宝进行语言方面的沟通。我们还可以把玩具放在地上，在摆动中提示宝宝拾起地上的玩具。

第4个活动：感觉统合训练《鸭蛋圆又圆》

活动准备：大笼球、音乐《小鸭子》。

活动目标：

通过皮肤接触大笼球，强化宝宝的触觉刺激，稳定宝宝情绪。

活动过程：

让宝宝趴在大笼球上，大人一手托着宝宝，一手使大笼球滚起来。

爸爸妈妈必读

该游戏是通过皮肤接触大笼球，强化宝宝的触觉刺激，以达到稳定情绪的目的。触觉防御是感觉统合训练的一个方面。感觉统合失调不是教育问题，而是大脑功能发育不协调造成的，需尽早发现并及时进行心理矫正训练。感觉统合训练可以从孩子一出生就开始进行，不仅能解决问题、预防障碍，而且还能开发宝宝大脑的潜能，提高其智力和学习能力。爸爸妈妈在宝宝小时候比较注意对其视觉、听觉等的训练，往往忽视了对触觉的训练。

第5个活动：亲子游戏《滚鸭蛋》

活动准备：皮球、《小鸭子》。

活动目标：

1.发展宝宝手部精细动作

2.促进宝宝的快乐感受和人际交往能力。

活动过程：

1.和宝宝一起坐在地上，让宝宝面对着你。

2.首先你把球滚给他，然后拉着他的手，告诉他怎样把球再滚给你。他会觉得很有趣。只要稍加鼓励，他就会很快学会将球滚回来。一旦他开始将东西抛出去，就意味着他已经开始喜欢上这种游戏了。

爸爸妈妈必读

这个游戏的目的是发展宝宝手部精细动作，促进宝宝的快乐感受和交往能力。爸爸妈妈要时常抽出时间与宝宝一起玩游戏。这个时期的宝宝常常会主动与他人搭话。这时爸爸妈妈都应当尽量创造条件和宝宝对话，爸爸妈妈不断地与宝宝对话，为其创造良好的语言发展环境。

和9月龄的宝宝可以这样玩

第一周

第1个活动：**精细动作《身上摘星星》**

活动准备：夹子若干、音乐《闪烁的小星》。

活动目标：

1.增强宝宝手指的灵活性及手的力量。

2.让宝宝体验摘夹子的乐趣。

活动过程：

1.爸爸妈妈在自己身上夹上多个星星夹子，然后一个一个摘下来，引起宝宝的兴趣。

2.大人在宝宝身上夹上夹子，鼓励宝宝在自己身上摘星星。

爸爸妈妈必读

这个游戏的目的是增强宝宝手指的灵活性及手的力量。宝宝在身上摘夹子，就会体验到游戏的快乐。

第2个活动：**亲子操《升降机》**

活动准备：音乐《春之歌》

活动目标：

强化宝宝的智力、体力，有利于宝宝情绪稳定。

活动过程：

1.让宝宝躺在床上或地板上，妈妈双手各抓住宝宝的一只手和一只脚，慢慢地提起，把宝宝提到妈妈的胸前，并让他呈坐在妈妈胸前的姿势，然后再慢慢地把宝宝放下。

2.在做这节操的时候，妈妈提起宝宝的速度一定要快，到腹部时妈妈一定要与宝宝有表情和语言的沟通，下滑的时候要慢一些。

第3个活动：**认知活动《床单上的图案》**

活动准备：各种带图案的床单。

活动目标：

1.引导宝宝注视物体。

2.增深亲子感情。

活动过程：

1.拿出一条床单，引起宝宝的注意，引导宝宝观察，教宝宝认床单上的物体。

2.让宝宝自己爬过来拿床单，跟妈妈一起观察并认物。

爸爸妈妈必读

在教宝宝认识床单上的图案时，认识一种图案后，可从各方面教给宝宝知识，以提高宝宝的语言理解和表达能力。还可以提问，如“宝宝，东西在哪里呀?”引导宝宝注视物体。此游戏可以百玩不厌，平时在家里，可以在睡觉前，教宝宝认识自己家里被子上的各种图案，随着年龄的增长，可以从形状、颜色等方面进行较深入的学习。此阶段应在培养宝宝理解语言方面多下功夫。

第4个活动：**感觉统合训练《床单小船》**

活动准备：音乐《小白船》、床单。

活动目标：

1.刺激宝宝的前庭平衡感觉。

2.让宝宝感受和妈妈游戏的快乐。

活动过程：

1.把床单一边的两个角扎起来，另一边不用扎，把宝宝放在床单里，脚放在扎着的一头。

2.大人用手拉着没有扎的一头，随着音乐节奏拉着宝宝走。让宝宝感受到像坐小船一样。

爸爸妈妈必读

这是刺激宝宝前庭平衡感觉的游戏。前庭感觉是综合判断头部位置和身体变化的综合性感觉，有助于人的头、眼、四肢和身体相互协调做出一系列动作。前庭平衡不良会造成身体控制不良。前庭感觉不良，也会产生无法判断视觉空间的现象，还会使孩子经常遭遇挫折，丧失自信心，更容易养成恐惧、伤心、生气、过度兴奋等情绪问题。因此，爸爸妈妈要多训练宝宝的前庭平衡感觉。

第5个活动：美劳时间《小宝宝的床单》

活动准备： 素描纸、各种颜料、音乐《闪烁的小星》。

活动目标：

1.运用宝宝的食指。

2.让宝宝体验手指触碰颜料的感觉，增强皮肤敏感度。

活动过程：

给宝宝准备一张素描纸及一份颜料。让宝宝在爸爸妈妈的引导和帮助下，伸出食指蘸上颜料，在纸上涂鸦。

爸爸妈妈必读

这个时期的宝宝能够自如地伸出食指，能够很好地运用食指做一些动作：如抠洞等。如果有些宝宝还不会，可以让宝宝多练习用食指抠洞或按按钮的动作。用食指涂鸦，这一活动能让宝宝体验手指触碰颜料的感觉，增强皮肤敏感度；还能让宝宝初步感知各种颜色，培养宝宝的色彩敏感度。

第二周

第1个活动：认知活动《奇妙的口袋》

活动准备：布袋、汤勺、毛刷、塑料杯等日常用品。

活动目标：

1.训练宝宝的注意力、观察力和记忆力，同时促进宝宝的触觉发展。

2.让宝宝认识汤勺、毛刷、塑料杯等用品。

活动过程：

1.拿出一个布口袋，让宝宝看着你将一把汤匙、一个毛刷、塑料杯等物品放进去，然后让宝宝玩弄这个口袋，并鼓励他找出口袋里的东西。

2.教宝宝认识各种物品，让宝宝感知各种物品的特征，并让宝宝听指令拿出或放进各种物品。

爸爸妈妈必读

这个游戏是训练宝宝的注意力、观察力和记忆力，同时促进宝宝的触觉发展。这月龄的宝宝能够记住大人的动作会很快从口袋里取出玩具。多玩几次后，可趁宝宝不注意时把东西放进口袋，看看宝宝能否取出，这回不但要考验宝宝的观察力，还要考验宝宝能否听指令拿出相应东西的推断力。

第2个活动：大肌肉动作《转来转去》

活动准备：桌子、带声响的玩具。

活动目标：

1.让宝宝练习扶物走步。

2.让宝宝愉快地与成人游戏。

活动过程：

让宝宝站在桌子边上，用手扶着桌子，然后大人在边上拿玩具逗引宝宝扶着桌子练习走路。

爸爸妈妈必读

这是让宝宝练习扶物走路的一个方法。如果宝宝还不知道走路，不要着急，可以让宝宝多练习扶物站立，发展宝宝的腿部肌肉的力量，然后再练习扶物走路。在进行这个游戏时，可以先练习扶物站起、蹲下，然后再让宝宝扶着桌子横着走。这个时期要开始发展宝宝扶物走路，到第10月龄要能够独自扶物横着走才算达标。

第3个活动：精细动作《抠洞》

活动准备：纸盒、小玩具。

活动目标：

1.训练宝宝食指的灵活性。

2.开阔宝宝的思维，让宝宝养成用脑筋思考问题的习惯。

活动过程：

1.爸爸妈妈拿出一个纸盒，在纸盒的六面画上图案，并剪出小洞，在盒子里面装一些东西；摇晃盒子，让盒子发出响声，吸引宝宝的注意力，然后用食指伸进小洞去抠。

2.妈妈和宝宝一起玩抠洞游戏，妈妈可以先抠洞给宝宝看，让宝宝模仿，这个时期的宝宝已开始能模仿大人的动作了。

爸爸妈妈必读

这个游戏不但能锻炼宝宝手指的灵活性，还可以开拓宝宝的思维，使其养成动脑筋思考问题的习惯。这个时期宝宝的食指开始活动，喜欢抠洞穴，压按键钮，会探入瓶中，还会转转盘。宝宝喜欢按灯和电视的开关，这些都是训练宝宝食指灵活性的一些方法。在日常生活中，我们要多锻炼宝宝这方面的能力。

第4个活动：亲子操《宝宝飞》

活动准备：音乐《春之歌》

活动目标：

强化宝宝的智力、体力，有利于宝宝情绪稳定。

活动过程：

1.妈妈的左手托在宝宝的胸前，右手握住宝宝的踝关节，平托，再慢慢地摆动。先是起飞，再平飞，再做俯冲飞。

2.注意事项：我们在做这节操的时候，妈妈应该主动与宝宝进行沟通，转移他的注意力，动作由慢到快，摆动的时候要控制好宝宝的身体，以防失控。

第5个活动：奥尔夫音乐《拍手点头》

活动准备：音乐《拍手点头》。

活动目标：

1.培养宝宝的节奏感，喜欢听音乐。

2.让宝宝能跟着音乐的节奏拍手。

活动过程：

1.播放音乐，爸爸妈妈边唱边做动作，以吸引宝宝的注意力。

2.教宝宝做拍手、点头动作。

3.播放音乐，宝宝和爸爸妈妈一起跟着音乐做拍手、点头动作。

爸爸妈妈必读

这项活动可以培养宝宝的节奏感和对音乐的兴趣。宝宝能根据音乐节奏做拍手、点头的动作。宝宝出生9个月后，能够主动模仿大人的动作。在日常生活中，我们可以设计出一套包括拍手、摇头、身体扭动、挥手、踏步、踢腿等在内的许多动作，并配上儿歌给宝宝示范，教宝宝学习，最后将这些动作串在一起，配上儿歌表演，培养宝宝观察和模仿能力。

第三周

第1个活动：认知活动《动物聚会》

活动准备：各种常见动物玩具或图片。

活动目标：

1.让宝宝理解语言，认识几种常见的动物，听到动物的名称时会用眼睛注视或用手指。

2.让宝宝能够听声音拿玩具。

活动过程：

1.爸爸妈妈告诉宝宝今天是动物园动物聚会的日子，来了很多很多的动物。可以先模仿动物的声音，如先模仿小猫“喵喵”叫，然后再把动物玩具拿出来。

2.先让宝宝玩一会儿，反复教宝宝该动物的名称和模仿该动物的叫声引起宝宝的兴趣后，让宝宝听到动物的名称时会用眼睛注视或用手指相应的动物。

3.妈妈带着宝宝选择一种动物玩具去玩，教宝宝认识所选择的动物，并要让宝宝能听声音拿玩具。

爸爸妈妈必读

动物玩具是宝宝喜欢的玩具。有些宝宝喜欢大象，有些喜欢兔子、老虎等，大人要选择宝宝喜欢的动物玩具，先同宝宝玩一会儿，指着动物的特征，如大象鼻子长，兔子耳朵长，老虎身上有花纹等帮助宝宝认物，让宝宝能很快分清玩具，并记住它们的名称。当大人说出玩具名称时宝宝便会动手去取。宝宝听声音拿玩具可使宝宝记住名称，分辨物品，动手去取，可以将记忆、视觉、听觉几种本领综合起来游戏。平时在家里，爸爸妈妈也要经常反复地教宝宝认物。在教宝宝认物时，一次只能教一种，经过反复练习，确定宝宝认识后，再教另一种。

第2个活动：奥尔夫音乐《小动物模仿操》

活动准备：音乐《小动物模仿操》。

活动目标：

1.让宝宝能通过感受音乐的节奏，进一步理解几种动物的叫声。

2.让宝宝能用简单的动作模仿动物。

活动过程：

播放音乐，爸爸妈妈根据音乐内容模仿动物表演，然后让宝宝跟着爸爸妈妈一起表演。

爸爸妈妈必读

宝宝无法一下子做到正确的模仿动作，大人要协助宝宝。此项环节是让宝宝能通过感受音乐的节奏，进一步理解几种动物的叫声；并能用简单的动作模仿各种动物。

第3个活动：大肌肉动作《动物运动会》

活动准备：音乐《快乐小精灵》、各种动物头饰。

活动目标：

1.训练宝宝用手膝爬行。

2.引导宝宝注视球滚的方向并根据球滚的方向练习向左向右向前向后爬行。

活动过程：

1.爸爸妈妈先配合表演动物运动会的爬行比赛，让球向各个方向滚，手膝爬行追球。

2.爸爸妈妈和宝宝一起进行追球爬行的游戏。

爸爸妈妈必读

在进行此游戏时，大人要注意把球往不同的方向滚，使宝宝练习向左向右向前向后爬行。在上月龄宝宝由向后爬行到向前爬行之后，当有一点扶的力量托住宝宝腹部，宝宝就会用手和膝爬行了。学爬的头几天，可用一条毛巾，大人为宝宝吊起腹部学习手膝爬行，几天后宝宝就会自己用力托起腹部用手和膝在地上爬行了。在家练习时，也要用玩具在前面逗引，爬行时引诱的玩具可用不倒翁或在固定地点会摇头的玩具，但进行手膝爬行时需用的是滚动及走得较远的玩具，如追小车。在第9月龄时，宝宝要能够自如地进行手膝爬行才算是达标的，如会手膝爬行后，就要训练宝宝手足爬行了。

第4个活动：亲子游戏《什么动物不见了》

活动准备：各种动物玩具或图片、大盖布。

活动目标：

1.训练宝宝视觉能比较集中地注视物体的能力。

2.初步发展宝宝的瞬时记忆力，并帮助宝宝能用视觉和记忆引导手的动作。

活动过程：

当宝宝听到声音，拿出各种动物玩具时，让宝宝把各种动物玩具放在面前。爸爸、妈妈用大盖布将桌子上的东西盖住，然后可以提问："咦？小猫在哪里？"大人都表现关注盖布的样子以此给宝宝做暗示，引导宝宝注视盖布。用语言鼓励宝宝找一找小猫，并掀开盖布拿出小猫玩具。这时，大人要及时用语言和动作赞扬孩子。

爸爸妈妈必读

认知能力是人的心理过程的重要组成部分，也是适应人类社会必备的条件。它需要后天的教育和培养，才能很好地发展。本次活动让孩子注视物体，以发展视觉和观察力。让孩子记住被遮盖的东西，并且用手找出来，可以利用瞬间记忆力和手眼协调能力进行此项游戏。除了动物以外，还可以是其他物品，平时在家里要注意的是，盖的物品应是孩子熟悉和喜欢的，数量应由少到多。在训练过程中，父母必须用启发性的语言和鼓励的语气引导宝宝，激发宝宝的好奇心和寻求欲望。父母要尽量耐心启发，等待孩子自己寻找、记忆、取拿，不能替代孩子完成。

第5个活动：精细动作《舀豆豆》

活动准备： 碗、勺、豆豆。

活动目标：

1.发展宝宝拿勺的能力。

2.把豆豆舀到碗里，促进其手眼协调。

活动过程：

1.爸爸妈妈端出豆豆，拿出勺子，告诉宝宝把豆豆给动物吃；先示范，然后在宝宝面前放两个小碗和一把小勺，一个碗中装好豆子。

2.爸爸妈妈帮助宝宝用手拿勺子，凹面朝上，引导宝宝把豆子舀到另一个碗里。

爸爸妈妈必读

宝宝在经过训练后，一般在9月龄大时会用小勺盛食物，10月龄大学会用小勺舀物放入嘴里，在15月龄大时，宝宝学习自己独立用勺吃饭。因此从现在开始，就要训练宝宝用勺舀物。平时在家里我们可以在碗里盛上真正的米饭或其他能吃的食品，让宝宝用勺舀食品喂妈妈，妈妈要主动伸嘴接受食物，接受后要表现出高兴吃东西的样子。宝宝开始拿勺子时只是用它来挥动，当他在吃饭时看到勺子插进饭中，他也把手中的勺子插入，他并未分辨勺子的凸面和凹面。宝宝开始学习吃饭时总是会到处洒落，所以大人总是不让宝宝“自己来”，总以喂饭来代替。这样是不行的。从小训练宝宝抓握、钳取、捏取的动作，能提高其手眼协调能力，培养宝宝的独立自主性。在家里要注意的是，宝宝开始不会用勺子，可以让他先练习用手捏取食物喂给妈妈，有喂的意识后也可以手把手地帮助宝宝将小勺送入嘴里后再让宝宝独立练习。

第四周

第1个活动：**认知活动《指五官》**

活动准备：五官图、镜子、动物玩具或娃娃。

活动目标：

1.让宝宝能理解语言，能够认识自己的五官。

2.让宝宝能在爸爸妈妈的帮助下，用手指自己的五官。

活动过程：

1.拿出一张宝宝五官图。

2.认识图片中宝宝的眼睛。可提问："宝宝的眼睛在哪里？"看看宝宝是否知道自己的眼睛在哪里。然后拿出镜子，爸爸妈妈到宝宝面前和宝宝同一方向照镜子，爸爸妈妈指着自己的眼睛说："眼睛、眼睛。"再指宝宝的眼睛说："小眼睛，亮晶晶。"再提问："宝宝你的眼睛呢？"爸爸妈妈再拿出一个动物玩具，问宝宝："小狗的眼睛在哪里？"让宝宝指出来。

3.念儿歌《指五官》。爸爸妈妈拿着一面镜子和一个玩具带着宝宝学习指认五官。

爸爸妈妈必读

父母让宝宝先区分自己和别人。"我是妈妈，妈妈，你是宝宝（大人常称呼宝宝的名字）。"然后进行指认五官练习。当认识一种五官时，可念到相应的一句儿歌。当宝宝会认全部五官后，也就学会了《指五官》这首儿歌。到第9月龄大时，宝宝会认第2个身体部位，经过巩固可以学习第3个部位。由于宝宝的手指有时不太准确，脸上五官又比较近，不容易用手指准确区分鼻子和嘴，宝宝用动作表达也可以。如说眼睛时挤挤眼睛，说嘴时张开嘴等。灵活的办法可使宝宝学得更快更有趣。宝宝不认识身体部位，这不是因为宝宝没有能力，主要因为大人没有进行有效指导。

附：儿歌《指五官》

宝宝指，宝宝认；小眼睛，亮品晶；小鼻子，可真灵；
小耳朵，听声音；小嘴巴，吃饼干。

第2个活动：亲子操《空中飞》

活动准备：音乐《春之歌》。

活动目标：

强化宝宝的智力、体力，促进宝宝情绪稳定。

活动过程：

1.妈妈与爸爸面对面站着，隔着一定的距离，妈妈托住宝宝的腋下，慢慢地摆动，当摆动到一定幅度的时候，将宝宝抛给爸爸。

2.注意事项：在做这节操的时候，要调整好宝宝的情绪。爸爸与妈妈的距离要小，抛接前摆动的次数要多一些。在抛接的过程中要全神贯注，接住时一定要做缓冲的动作。

第3个活动：奥尔夫音乐《小手拍拍》

活动准备：音乐《小手拍拍》。

活动目标：

培养宝宝感受歌曲的节奏感，进一步认识自己的五官，并根据音乐节奏用手指出自己的五官。

活动过程：

1.播放音乐，爸爸妈妈根据音乐节奏和歌词内容，示范动作表演。

2.宝宝和爸爸妈妈一起听音乐，并根据音乐节奏跟做动作。

爸爸妈妈必读

这是培养宝宝感受歌曲的节奏感，进一步认识自己的五官，并根据音乐节奏用手指出自己的五官的能力。

第4个活动：大肌肉动作《拍一拍》

活动准备：能拍响的玩具、桌子。

活动目标：

训练宝宝一手扶物站立一手拍响玩具的能力。

活动过程：

在桌上放一个能拍响的玩具，先爸爸妈妈拍响玩具，引起宝宝的注意，用语言提示，鼓励宝宝爬过来拍玩具。

爸爸妈妈必读

当宝宝爬过来时，可以先站在边上观察，看看宝宝能否自己爬起来扶物站立。大人站在边上保护宝宝的安全，当宝宝不能自己站起来但有自己站起的欲望时，大人要在旁鼓励，拉一下协助宝宝站起来拍响玩具。

第5个活动：亲子游戏《捏拢放开》

活动准备：儿歌《捏拢放开》。

活动目标：

1.在游戏中帮助宝宝进一步认识自己的五官。

2.增进亲子间的情感。

活动过程：

1.根据儿歌《捏拢放开》做动作，让宝 宝进一步认识自己的五官。

2.请大人带着宝宝一起做这项亲子游戏。

附：儿歌《捏拢放开》

捏拢放开，捏拢放开，小手拍一拍。捏放开，捏拢放开，小手放下来。爬呀，爬呀，爬呀，爬呀，爬到头顶上。这是眼睛，这是鼻子，这是小嘴巴。

10～12月龄宝宝的发展目标

- 能对父母表达自己的感情；
- 学会独站及独走几步；
- 学会准确抓起物体并有意放下的技巧；
- 喜欢读“布书”、听儿歌、讲故事、学说话，能理解日常用语；
- 探索简单因果关系、发展思维能力；
- 愿意与别的孩子接近，能用表情、手势和少数词与人交往；
- 会用小勺盛饭，穿衣、盥洗时能配合，便前有表示。

和10月龄的宝宝可以这样玩

第一周

第1个活动：**蒙特梭利感官训练《追寻声源》**

活动准备：各种能发出声音的玩具。

活动目标：

1.刺激宝宝的听觉和锻炼宝宝爬行的能力。

2.帮助宝宝根据声音的远近去寻找玩具。

活动过程：

1.让宝宝平躺在软垫上，爸爸妈妈拿玩具分别在宝宝的前、后、左、右摇动，使玩具发出声音，吸引宝宝寻找玩具。

2.当宝宝找到玩具后，把玩具放在宝宝够不到的地方，吸引宝宝爬过去拿。

3.在较远的地方摇玩具，让宝宝寻声爬过去取玩具。宝宝拿到玩具后，可以让他玩一会儿，使宝宝愉快和满足。

爸爸妈妈必读

在《追寻声源》活动过程中，等宝宝听到声音的来源后，可以问宝宝："宝宝，这是什么声音？"拿到后也要用语言告诉他："这是××。"在做完第（3）个环节后，可以视宝宝的表现再增加难度：把玩具在宝宝的头顶摇响，让宝宝完成由爬到坐再到伸手取物等一系列动作。

第2个活动：**大肌肉动作《蹲下捡物》**

活动准备：能发出声音并带柄的玩具、音乐《欢乐曲》。

活动目标：

1.锻炼宝宝下蹲的能力，加强宝宝的腿部力量，为其行走打下基础。

2.促进宝宝有蹲下捡物的意识。

活动过程：

1.爸爸或妈妈拿着一件能发出声音的玩具，拍拍手，吸引宝宝的注意力，然后故意把玩具丢在地上。

2.爸爸妈妈鼓励宝宝过来捡玩具。在宝宝过来捡玩具时，爸爸妈妈拉着宝宝的手，让宝宝迈步走过来，然后让宝宝自己蹲下捡物。(播放音乐《欢乐曲》)

3.反复训练宝宝蹲下捡物的动作。

爸爸妈妈必读

这个活动的主要目的是让孩子做单手扶站，蹲下捡东西，再扶站好，保持身体平稳的训练，可以增强孩子下肢肌肉和腰背肌肉的力量，同时，帮助宝宝取得保持身体平衡的经验，为下一步学习行走打下基础。如果孩子不敢自己扶物蹲下捡玩具，爸爸妈妈可以牵着他的手或手臂，让他用另一只手去捡物使身体适应蹲下起来的动作，渐渐过渡到扶物蹲下捡物。平时在家训练时需注意的是给宝宝练习取拿的物品分量要轻。

第3个活动：**奥尔夫音乐《拍拍手好朋友》**

活动准备：音乐《拍拍手好朋友》，邀请邻居几个小朋友。

活动目标：

1.通过与小伙伴拍拍手，培养宝宝与其他小朋友之间的交往能力。

2.帮助宝宝在欢快的节奏中感受到快乐。

活动过程：

1.爸爸与宝宝拍拍手，逗宝宝开心，然后让妈妈与宝宝拍拍手，也可以让宝宝与同伴之间互相拍拍手。

2.播放音乐，根据音乐节奏让宝宝与同伴拍拍手，让宝宝在欢快的节奏中感受到快乐，并培养宝宝的交往能力。

爸爸妈妈必读

宝宝在没有学会用语言表达，未认识简单的字词之前，是以手势体态和一些听不懂的喃喃之语来沟通的，这称之为语言前的沟通。是由孩子的声音、体态与环境建立某一种回应关系，呼及认物发音，都是认识和掌握语言文字的重要阶段。

第4个活动：**精细动作《好玩的瓶盖》**

活动准备：带盖的塑料瓶（没有螺纹的，直接盖上的盖子）、玩具、音乐《献给爱丽丝》。

活动目标：

1.锻炼宝宝拇指、食指的灵活性。

2.发展宝宝的语言记忆力。

活动过程：

1.爸爸妈妈拿出一个带盖的塑料瓶，在塑料瓶中放进一个玩具，摇响塑料瓶，引起宝宝的注意，再当着宝宝的面示范打开瓶盖拿出玩具玩一会儿，然后把玩具放进去再合上瓶盖。

2.鼓励宝宝爬过来取塑料瓶。

3.大人先示范动作，请宝宝打开再合上瓶盖。

爸爸妈妈必读

这个动作的目的是锻炼宝宝食指的灵活性。人类灵巧操作性的活动主要依赖于拇指，这是个十分重要的技能。这将为宝宝的手眼协调能力、手与手的协调能力发展打下坚实的基础，为宝宝进一步探索事物，主动认识事物打下基础，我们不能小看宝宝的这项技能。因此要经常用各种游戏去锻炼宝宝手部的灵活性。在活动中，如果宝宝不试着打开瓶盖拿玩具，我们要鼓励宝宝去打开，平时在家里，我们可以给宝宝好几个瓶瓶罐罐，有的盖子是一扣就扣上的，有的盖子是需要旋转的。旋转的瓶盖，如果宝宝用力去拉扯，可以扶着宝宝的手去拧开盖子，并且让宝宝感觉到你手部的旋转，有时大人在旁观察，必要时可口头提醒宝宝该怎么做。不会打开不要紧，"尝试错误"是企图解决问题的初步方法。宝宝经过一再重复的练习，可建立起解决问题的思考方式。

第5个活动：亲子游戏《小马翻车》

活动准备：音乐《铃儿响叮当》。

活动目标：

1.为宝宝提供落差感，提高宝宝的反应能力。

2.增进亲子情感。

活动过程：

爸爸仰躺在地上，弯曲双腿，让宝宝坐在爸爸弯曲的膝盖上。爸爸用双手抓住宝宝的双手以保持平衡。爸爸说"宝宝骑小马了"。在宝宝高兴时，突然将弯曲的双腿伸直，并说"小马翻车了"。（在整个过程中，播放音乐。）

爸爸妈妈必读

这个游戏的主要目的是为宝宝提供落差感，并提高宝宝的反应能力。

第二周

亲子主题：摇摇摆摆

第1个活动：蒙特梭利语言活动《摇摆舞》

活动准备：儿歌《摇摆舞》。

活动目标：

1.让宝宝感受语言的节奏。

2.宝宝能随节奏左右摇晃身体。

活动过程：

1.妈妈拿出布娃娃，对布娃娃说："布娃娃，你真乖，我们一起来跳舞吧。"然后边示范边念儿歌《摇摆舞》：摇一摇，摇一摇，宝宝也会把舞跳。并根据儿歌节奏，使布娃娃的身体左右摇晃。

2.妈妈与宝宝面对面坐着，进行蒙特梭利语言训练。

爸爸妈妈必读

9月龄以后，不同国籍、不同语言的孩子开始学习和发出不同的母语声，父母宜在宝宝11～12月龄时加强和宝宝的对话，帮助和支持宝宝学习语言。协助孩子从没有意义的发音变为有意义的词句，面对孩子，让其模仿成人发音方法，当然最后别忘表扬。平时在家要选择一些简单易学的儿歌，包括许多信息，可以让宝宝在听儿歌的过程中获得丰富的词语信息。妈妈可以多选用那些带有各种动作的儿歌，这种动作性儿歌传递给宝宝的不仅是语言的韵律与节奏的信息，还能让宝宝理解像"飞""拍"等动作的意思，了解各种动物不同的运动、生活方式，并让宝宝在学儿歌的过程中学习动作与声音的对应关系，逐渐领会数字等含义，让宝宝对语言产生浓厚的兴趣。

第2个活动：**奥尔夫音乐《随我摇摆》**

活动准备：音乐《随我摇摆》。

活动目标：

1.锻炼宝宝站立的能力，随着音乐节奏，爸爸妈妈与宝宝手拉手摇摇摆摆。

2.进一步巩固儿歌《随我摇摆》。

活动过程：

爸爸或妈妈播放歌曲，让宝宝坐在地上，用手扶着宝宝的两只胳膊让宝宝左右摇身摆动。多次重复后，逐渐让宝宝自己随着音乐左右摆动；还可将宝宝扶住使之站立，待宝宝站稳后，大人松开手，如果宝宝只能独自站立几秒钟，在他往一边倒时，马上轻轻地碰他一下，然后大人拉着宝宝的手随着音乐摇摆起来。如果宝宝能独自站立20秒以上，大人就可以让宝宝自己随着音乐的节奏左右摇摆了。

爸爸妈妈必读

10月龄的宝宝，能站立了。视野扩大了，与人接触多了，对周围的事物都会产生好奇心。如宝宝的接受能力强，可以让宝宝自己站立，妈妈站在宝宝前面，面对面地摇摆，让宝宝模仿。经常做这个活动，可以训练宝宝的大动作与平衡能力，培养节奏感，但在做活动时运动幅度不要过大。

第3个活动：大肌肉训练《越过障碍》

活动准备：音乐《葡萄牙舞曲》。

活动目标：

1.训练宝宝的手脚协调运动能力，发展大肌肉运动。

2.培养宝宝乐意参与游戏活动，并能越过障碍。

活动过程：

在地上放上一些障碍物（物体不超过5厘米），爸爸妈妈示范跨过障碍物。大人拉着宝宝的双手练习走路，然后鼓励宝宝在大人扶持下模仿大人跨过障碍物。

爸爸妈妈必读

这个动作的主要目的是训练宝宝的手脚协调运动能力，增强大肌肉的力量。宝宝到了第10月龄，要开始走路。10月龄的宝宝要一手牵着能走或双手牵着能走。到了11月龄时，宝宝能在两人之间放手走1～2步或扶家具来回走。这样才是达标的。让宝宝越过障碍，能够更好地培养宝宝的走路能力。

第4个活动：亲子游戏《不倒翁》

活动准备：钢琴曲《献给爱丽丝》。

活动目标：

1.宝宝能很好地配合妈妈的动作。

2.让宝宝体验左右前后倾倒的感觉。

活动过程：

1.妈妈示范不倒翁的动作状态。

2.大人与宝宝面对面站立，拉着宝宝的双手，边念儿歌《不倒翁》边把宝宝向前后左右方向倾倒，让宝宝有不倒翁的感觉。

爸爸妈妈必读

在做不倒翁的游戏中，大人的动作要轻柔、缓慢。别让宝宝受到惊吓，幅度要由小到大。

第5个活动：感觉统合训练《摇啊摇》

活动准备：横抱筒、音乐《加沃特舞曲》。

活动目标：

1.刺激宝宝的前庭平衡感觉。

2.让宝宝能感受到和妈妈游戏的快乐。

活动过程：

1.爸爸妈妈将宝宝俯卧在横抱筒上，并让宝宝用双手双脚抱住圆筒，爸爸扶住宝宝的腰，妈妈做前后、左右的摇晃，发展宝宝的平衡能力。

2.爸爸妈妈协助宝宝做摇晃动作。

爸爸妈妈必读

摇晃时动作要缓慢、幅度要由小变大。在游戏中要及时表扬宝宝。这个环节主要是预防和治疗多动症、身体协调不良、触觉不敏感的孩子，尝试高度收缩的肌肉运动，促进前庭固有感觉体系的活化，并增加触觉刺激和本体感觉刺激，在摇晃中可改善运动能力。

第三周

亲子主题：小手小脚

第1个活动：蒙特梭利感官训练《看看小人书》

活动准备：小人书若干。

活动目标：

1.促进宝宝感官系统的发展，让宝宝逐步学会听觉和视觉并用。

2.在成人的帮助下，让宝宝学习打开和合拢图书的动作。

活动过程：

给宝宝一本图书，妈妈当着宝宝的面打开封面说："把书打开来。"按图意讲解图书给宝宝听，再当着宝宝的面合拢图书说："好看极了，合拢书。"帮助宝宝打开书，妈妈讲述图书，再帮助宝宝合拢图书，再让宝宝用相同的方法再看书。

爸爸妈妈必读

在《看看小人书》活动中，可能宝宝没有看书的感觉，表现出不会打开书，只会用手拿图书转来转去，或是不愿看书，把书扔掉等现象。父母不必责怪宝宝，而是要设法耐心吸引宝宝，并示范给他看，书是怎样打开、翻页、合拢等，并生动地讲述书里的内容给宝宝听，引起宝宝对图书的兴趣。在讲解时，讲述图书内容不能太深，只能讲角色是谁，在干什么等，讲到宝宝能初步听懂意思的程度，能注意看图画书，摆弄新玩具，表明他对事物观察的兴趣及注意能力的提升，同时思维能力也在一步步提高。10月龄左右的孩子对事物的认知处在感知运动阶段，动作和感知是结伴产生的，也有人称之为动作思维阶段，婴儿的动作和兴趣之间，通过动作和结果相互影响，形成了循环反应，对智力系统的建立有了更新的意义。

第2个活动：**大肌肉动作《扶物行走》**

活动准备：小围栏、玩具、音乐《朋友舞》。

活动目标：

1.逐步减少宝宝行走的依靠物体，增强宝宝的独立性。

2.帮助宝宝建立重心感。

活动过程：

准备一个小围栏，或者是能够代替小围栏的两根长木棒，在长木棒的一头挂些玩具或串些木珠，把宝宝放在另一头，爸爸妈妈在玩具的一头拿着玩具吸引宝宝扶物走到玩具这一头。

爸爸妈妈必读

在《扶物行走》训练中，宝宝要穿上布底鞋和轻便的衣服。10月龄的宝宝能够扶着围栏横着走。现在我们就要训练宝宝扶物能左右自如地转动身子，并用脚移动身体去够到玩具。在宝宝满11月龄时，要能够达到这一目标。在游戏过程中，如果宝宝不小心跌倒在地，大人不要一副惊慌的样子，马上去扶抱宝宝，而应当用亲切的语言鼓励他自己爬起来继续练习，这是最初的意志磨炼。刚开始进行此项活动每天要练习2次，每次练习约1～2分钟，以后逐渐增加时间，练习的次数也可逐渐增多。

第3个活动：**奥尔夫音乐《小手小脚》**

活动准备：音乐《小手小脚》、拨浪鼓。

活动目标：

1.帮助宝宝感知自身部位“手和脚”。

2.根据乐曲特点让宝宝“手舞”“足蹈”起来。

活动过程：

帮助宝宝认识自己的手和脚，爸爸妈妈做“转手腕”“蹬脚”等动作，吸引宝宝模仿。学转手腕时，如果宝宝没有主动模仿爸爸妈妈的动作，爸爸妈妈可拿一个拨浪鼓用手腕去转动，这时把拨浪鼓递给宝宝，让他也学着转手腕；也可让妈妈手把手地教宝宝转手腕、蹬脚的动作。然后播放音乐《小手小脚》，爸爸妈妈根据音乐节奏转手腕、蹬脚，让宝宝也“手舞”“足蹈”起来。

爸爸妈妈必读

本月龄的宝宝要继续认识新的身体部位。本环节是认识宝宝的手和脚，在家里我们可以让宝宝认识其他的身体部位。宝宝从小就喜欢听音乐，音乐既可催眠，也可以使宝宝快乐，当大人边听音乐边打拍子时，宝宝也会自主地跟着大人活动一下。当宝宝学会摇响拨浪鼓时，大人用拍手来随音乐节奏活动，宝宝也会用摇响拨浪鼓来回应。逐渐让宝宝学会转手腕、蹬脚等动作。

第4个活动：感觉统合训练《脚底按摩器》

活动准备：平衡触觉板、音乐《加沃特舞曲》。

活动目标：

1.增强宝宝的触觉防御能力。

2.让宝宝感受各种地面带来的不同刺激。

活动过程：

脱掉宝宝的鞋子，让宝宝站在按摩器上。大人扶着宝宝的腋下，将宝宝的身体向前倾，使宝宝向前迈步。

爸爸妈妈必读

感觉统合训练《脚底按摩器》主要是对孩子平衡、触觉方面进行锻炼。按摩器可以摆成不同形状的图形，让宝宝在上面走，使脚底得到按摩，促进血液循环。

第5个活动：亲子游戏《绕拳》

活动准备：音乐《土耳其进行曲》。

活动目标：

1.让宝宝学习“握拳”的小肌肉动作。

2.让宝宝感知快慢绕拳。

活动过程：

1.爸爸妈妈握拳，让宝宝模仿

2.爸爸妈妈念儿歌《绕拳》，根据词意做动作，让宝宝学习握拳，并让宝宝感知快、慢。

附：儿歌《绕拳》

小拳头，绕啊绕，骑车上街逛一逛。慢慢转，再加速，绕、绕、绕。

第四周

亲子主题：快乐的小虫子

第1个活动：大肌肉动作《虫儿走一走》

活动准备：小虫子头饰、音乐《跟我走》。

活动目标：

训练宝宝独站片刻，并在爸爸妈妈的协助下迈步走。

活动过程：

爸爸或妈妈拿出小虫子头饰，让宝宝做小虫子，自己做虫妈妈或虫爸爸，带着虫宝宝出去玩。爸爸或妈妈先让宝宝站好，然后爸爸或妈妈与宝宝面对面站着，双手握住宝宝的小手一步一步往后退，让宝宝慢慢迈步向前走，学习迈步。

第2个活动：认知活动《认识虫》

活动准备：各种虫子的图片（要有毛毛虫和蝴蝶图片）、毛毛虫和蝴蝶实物或模型。

活动目标：

1.通过图片、实物让宝宝认识动物“虫”。

2.培养宝宝听从指令拿物件的意识。

活动过程：

1.妈妈拿出毛毛虫模型，让宝宝观察，吸引宝宝的注意力，并教宝宝认识毛毛虫。接着拿出毛毛虫的图片，结合实物给宝宝看，妈妈反复指着毛毛虫实物和图片说名称："这是毛毛虫，毛毛虫。"然后让宝宝从各种图片中拿出毛毛虫的图片给妈妈。

2.给宝宝另一张图片，妈妈按刚才的方法教宝宝认识另一种虫"蝴蝶"。

爸爸妈妈必读

在宝宝认识具体形象的真实实物的基础上，再训练宝宝认识代表实物的平面图片，是宝宝认识能力的进步和发展。一般宝宝在10月龄时就能认3张图片。在日常生活中，教宝宝认识实物的过程应该是实物对照图片与图片对照实物的过程。在认识图片的基础上，我们还可以让孩子看着图片听父母念儿歌、唱歌曲、讲简短的小故事等。

第3个活动：奥尔夫音乐《飞虫爬虫》

活动准备：手鼓。

活动目标：

1.让宝宝感知手鼓，并能模仿大人用手鼓打击节奏。

2.学会用动作表示"飞"及练习爬。

活动过程：

1.爸爸出示事先写好的节奏，拿出手鼓，根据节奏打击，并念歌词。妈妈握着宝宝的双手，根据爸爸所打击的节奏拍拍手(打手鼓时，当打到"飞飞飞"时要重一点，"爬爬爬"时要轻一点)。

2.创编动作。爸爸妈妈根据歌词做动作，让宝宝模仿，使其能用动作表示"飞"及练习爬。

附：奥尔夫音乐《飞虫、爬虫》

飞虫、爬虫

××　×|××|× －|××　×|××|× －‖

飞的虫　飞飞　飞　　爬的虫　爬爬　爬

第4个活动：**感觉统合训练《虫虫爬》**

活动准备：阳光隧道。

活动目标：

预防矫治触觉障碍和促进宝宝视觉统合。

活动过程：

1.爸爸妈妈学毛毛虫爬，让宝宝模仿爸爸妈妈的动作，进一步巩固练习爬行。

2.爸爸妈妈出示阳光隧道，引导宝宝从阳光隧道里爬过来。在宝宝完全适应了爬行后，爸爸妈妈可在宝宝爬行过程中，将隧道轻轻转动。

爸爸妈妈必读

让宝宝在爬行中练习手、肘、肩、膝关节的固有感觉输入，加强前庭体系的刺激和调整，此时头部的转动对眼肌的成熟也有帮助，转动过程中要尽量和宝宝说话，当宝宝有不舒服的感觉时，应马上停止，协助宝宝从隧道里爬出来。

第5个活动：**亲子游戏《虫儿倒飞》**

活动准备：音乐《小鸟飞》。

活动目标：

练习宝宝的平衡感，并让宝宝感受速度，锻炼宝宝的胆量。

活动过程：

1.双臂凌空托起宝宝，仰面朝天，或俯身朝下。前后、左右来回晃动宝宝。边晃边说："虫儿飞得高高，虫儿飞得低低！"然后说："虫儿倒飞了！"双手抓住宝宝的脚踝，让宝宝倒栽。宝宝习惯后，大人还可以提着他慢慢地上下摆动，宝宝会觉得很刺激！

2.爸爸妈妈带着宝宝反复做《虫儿倒飞》游戏。

爸爸妈妈必读

做倒栽动作时，要循序渐进，确保安全。这项活动的目的是培养宝宝的平衡感，并让宝宝感受速度，锻炼宝宝的胆量。摇晃感、速度感和倒立感都有助于培养走路时所需要的平衡感。让宝宝多倒立，有助于血液循环到脑部，因人体是站立的，脑部的供血不是很充分。

和11月龄的宝宝可以这样玩

第一周

亲子主题：快乐飞球

第1个活动：认知活动《飞球》

活动准备：气球若干。

活动目标：

1.锻炼宝宝的观察能力。

2.让宝宝感知吹气、放气带来的不同变化。

活动过程：

1.爸爸妈妈吹气球，让宝宝观察。接着爸爸妈妈把吹好的气球松开手，让宝宝观察放气。

2.爸爸妈妈带着宝宝一起吹气球和放气球，最后让宝宝单独放气球并在这个过程中感受快乐。

爸爸妈妈必读

宝宝在第11月龄时，要让宝宝学会观察。在日常生活中，经常带宝宝到动物园或者户外观察动植物的特点，如小白兔的耳朵长，大象的个子大，小松鼠的耳朵毛茸茸等。需注意的是，大人一定要以宝宝为主体，从他感兴趣的事物入手，选择他情绪比较好的时候鼓励宝宝学会观察，而且每次时间不宜过长，1～2分钟就足够。

第2个活动：**奥尔夫音乐节奏练习《滚皮球》**

活动准备：大皮球、大鼓、儿歌《滚皮球》。

活动目标：

1.倾听儿歌，提高宝宝的语言节奏感。

2.让宝宝能根据大鼓的节奏，做滚球的动作。

活动过程：

1.爸爸妈妈出示大皮球，告诉宝宝："这是大皮球。皮球可好玩了。"然后拿着皮球在左右手来回滚，边滚边念儿歌："大皮球，圆又圆，滚呀滚过来。"当念完儿歌时，可以将大皮球滚给宝宝。然后用语言让宝宝把球滚给爸爸妈妈，爸爸妈妈再把球滚给宝宝，边滚边让宝宝学习朗诵儿歌《滚皮球》。

2.爸爸妈妈出示大鼓，引导宝宝认识大鼓并听一听大鼓的声音，然后爸爸妈妈用大鼓为儿歌伴奏，宝宝和爸爸妈妈听着鼓声滚大皮球，边滚边朗诵儿歌。

第3个活动：**大肌肉动作《送球回家》**

活动准备：棒子、音乐《巡逻兵进行曲》。

活动目标：

1.让宝宝练习扶物走路。

2.让宝宝能按大人的指令进行游戏。

活动过程：

把球送到事先准备好的一个大盒子里，让宝宝观察。然后大人一只手抓住木棒的上端，另一只手抓住木棒的下端，让宝宝一只手抓住棒子的中间部位，另一只手拿着球。大人一步步后退，让宝宝练习迈步向前走，大人边退边用语言激励宝宝说："宝宝走得真好。"

爸爸妈妈必读

做《送球回家》游戏时不但可以直线走，也可以拐弯走，此游戏可以训练宝宝扶物走路的能力。在家里可以让宝宝推童车慢慢向前走，成人在一边保护。

第4个活动：美劳时间《快乐飞球》

活动准备：纸、彩色笔、音乐《鞋匠之舞》。

活动目标：

1.促进宝宝对空间的感知。

2.培养宝宝的动手能力。

活动过程：

妈妈给宝宝发一张白纸和一支彩色笔，并示范画一个圆圈，告诉宝宝“这是球”然后请宝宝模仿涂鸦。

爸爸妈妈必读

宝宝作画时，先训练其用手掌握住画笔在纸上“作画”。不管宝宝画得怎么样，大人都要好好鼓励。当宝宝不愿模仿你画的球，他想另外画一种东西时，我们不要硬性地去阻止他，让他自己去创造，这样有助于宝宝作画兴趣的提高。

第5个活动：感觉统合训练《大笼球》

活动准备：大笼球、音乐《巡逻兵进行曲》。

活动目标：

1.强化宝宝各部位触觉和大脑的协调能力。

2.强化宝宝大脑处理来自身体不同部位的刺激，激活大脑神经网状系统，促进感觉统合。

活动过程：

1.爸爸妈妈帮助宝宝俯卧或仰躺在地毯上，将大笼球放在宝宝身上，由轻到重做前后左右滚动，然后在正中间做轻轻挤压。

2.爸爸妈妈拿着大笼球，多次对宝宝做同样的训练。

爸爸妈妈必读

通过大笼球在宝宝身体上滚动产生压力，挤压宝宝、身体的各个不同部位，可以强化宝宝各部位触觉和大脑的协调能力，在大笼球的不断转动或挤压时，压力与身体的接触部位的不断变化，可以强化其大脑处理来自身体不同部位的刺激，激活大脑神经网状系统，促进感觉统合。

第二周

亲子主题： 碰一碰

第1个活动：**蒙特梭利语言活动《儿歌：甜嘴巴》**

活动准备： 儿歌《甜嘴巴》、布娃娃。

活动目标：

1.引导宝宝发“ba”“ma”的音，使宝宝积累简单的词汇。

2.让宝宝喜欢听儿歌，培养宝宝说话的欲望。

活动过程：

1.提问：“宝宝的嘴巴在哪里呀？”看看宝宝能不能正确指出自己的嘴巴。如不能，教宝宝认识嘴巴。拿出一个玩具娃娃，对宝宝说：“这个娃娃的嘴巴可甜了，能够叫爸爸、妈妈，还有奶奶呢。”然后爸爸妈妈对着娃娃，要他叫爸爸。这时配合宝宝一起叫爸爸。读儿歌《甜嘴巴》。

2.爸爸妈妈宝宝一起反复读儿歌《甜嘴巴》，做些动作吸引宝宝的注意，并引导宝宝发“ba”“ma”的音。

3.大人念儿歌时，念到每句的尾字前，要故意停顿，让宝宝和大人一起发出字尾的音。

爸爸妈妈必读

让宝宝倾听大人朗读儿歌，跟随发音，是训练宝宝听觉，练习发音，感受语言意义的有效方法。本次活动利用儿歌《甜嘴巴》，进一步培养宝宝听的习惯，喜欢听大人朗读儿歌，在感知语意的基础上，跟随大人发“a”的音。在活动中，如果宝宝不愿跟读发音，父母不要强求。让孩子倾听大人朗读儿歌，也是一种学习和训练。等孩子有兴趣了，自然会跟随发音。

附：儿歌《甜嘴巴》

小娃娃，甜嘴巴，叫爸爸。

叫妈妈，叫得奶奶笑哈哈。

第2个活动：大肌肉动作《爬高》

活动准备：登高台、音乐《红梅花开》。

活动目标：

1.协助宝宝学习爬上登高台。

2.引导宝宝在爬的基础上，学习从低往高处爬。

活动过程：

拿出登高台，在登高台下放一张软垫，爸爸妈妈先用玩具逗引宝宝："宝宝，爬上来！"爸爸妈妈用手拍软垫，用语言鼓励宝宝爬上软垫。当宝宝爬上软垫后，要把玩具给宝宝玩一会儿，并用语言、动作表示赞许。然后用同样的方法，鼓励宝宝爬上登高台。爬上后，可用小奖品和语言、动作表示赞许，再引导宝宝从低往高处爬。反复练习几次(要注意对宝宝的保护，不要摔伤)。

爸爸妈妈必读

爬行是宝宝大动作发展的重要内容，需要多次训练，因为1岁以内宝宝的发展重点是基本动作的发展，训练的动作时间相对比较多。这个时期，宝宝有攀高行为，最初可能只有七八厘米，到12月龄时，大概能爬到15厘米左右高的物体。本次活动是在宝宝会爬的前提下，再练习从低往高处爬，可以进一步发展宝宝的爬行能力、运动协调能力。平时练习的时候，可用爬台阶代替登高台，如果户外有带草坪的小山坡，可以让宝宝练习爬天然的小山坡，还可以在棉被子上练习。练习的活动量应该根据宝宝实际情况而决定，不要让宝宝太疲劳。

第3个活动：亲子游戏《发音游戏》

活动目标：

1.促进宝宝的音乐感受力，使其保持愉快的心情。

2.增进亲子间的感情，给宝宝肌肤的刺激。

活动过程：

1.爸爸妈妈大声发“a”的音，长短不一，语调各异，引导宝宝跟着发音。爸爸妈妈发长音时，宝宝也要发长音，爸爸妈妈发短音时，宝宝也发短音。

2.教宝宝发“o”或“咿”“呀”等各种音。

3.爸爸妈妈带着宝宝一起练习发音，爸爸妈妈可以发任何音，长短不一、语调各异。

爸爸妈妈必读

让宝宝发长短音，有助于促进宝宝的音乐感受力和感知音的长短的能力。爸爸妈妈要经常与宝宝一起做游戏，让宝宝通过游戏来达到学习的目的。他们的游戏是自发的，充满实验性和趣味性，在宝宝出生后的头一年里，他们游戏的方式是操纵周围世界的事物。在宝宝的身体和大脑发育的同时，他的游戏能力和学习能力也在提高。在做游戏时，我们要让宝宝多看、多听、多触摸，让他保持高昂的兴致，适时地为他更换游戏的内容，不要等他已经厌倦了才更换。

第4个活动：精细动作《拿拿放放》

活动准备：积木、篮子、玩具、音乐《献给爱丽丝》。

活动目标：

1.宝宝能拿起东西后放下，再去拿另一样东西。

2.宝宝能把篮子外的积木，捡到篮子里。

3.灵活手指小肌肉，手眼协调，发展精细动作。

活动过程：

1.爸爸妈妈给宝宝一块小积木，让他抓握在手中，然后再将一个玩具轻轻碰碰宝宝的手背，引导宝宝放下积木取拿玩具（在这个环节中，如果宝宝放下积木不能自己用手来抓握玩具时，就要将玩具放到宝宝的手心上，如能自己拿玩具，就不必将玩具放到宝宝的手心上。应用语言鼓励宝宝放下积木取拿玩具）。

2.拿来篮子，用语言引导宝宝把积木送回家。先让宝宝模仿把篮子外的积木捡到篮子里，捡完后再“哗啦啦”把玩具倒在地上，说：“让积木出来玩。”

3.爸爸妈妈带着宝宝一起玩，反复倒倒、拿拿、放放。

爸爸妈妈必读

科学研究证明，手的活动可以促进大脑的发育。手指的活动越多、越精细，就越能刺激大脑中相应区域的活动，从而使思维活跃。同时，大脑在接受刺激后，反过来使手的动作的灵巧性得以发展和提高，对宝宝来说，手的动作发展很重要，因此手的动作出现在语言之前，它比语言更早地反映心灵世界。手是宝宝感知事物的器官，它能反映宝宝心灵极其微妙的变化。

第5个活动：奥尔夫音乐《碰一碰》

活动目标：

1.让宝宝感知“碰”的动作。

2.协助宝宝随音乐的节奏而拍手舞动。

3.增强宝宝对五官的认识。

活动过程：

1.爸爸妈妈说明活动名称，边指导边和宝宝做动作：先念歌词，根据歌词做动作，当说到鼻子碰鼻子时，爸爸妈妈带着宝宝一起碰鼻子（小手碰小手等等各种身体部位都可以）。

2.播放音乐，带宝宝跟着音乐一起来做动作。

第三周

亲子主题：敲鼓

第1个活动：大肌肉动作《走过来敲一敲》

活动准备：大鼓、毛巾、塑料凳、音乐《红梅花开》。

活动目标：

1.让宝宝借助成人的帮助，迈步行走。

2.让宝宝体验独立行走的快乐，萌发自信心，并协调各个部位，保持身体平稳。

活动过程：

1.爸爸妈妈在宝宝2米前敲鼓，引起宝宝的兴趣。拿出毛巾，将毛巾从宝宝的胸前绕过，再从两腋下穿到背后牵住宝宝站好，然后轻轻提起毛巾，鼓励宝宝迈步。待宝宝走到大鼓前，让宝宝拿着鼓槌敲敲鼓。

2.爸爸妈妈带着宝宝走回原地，让宝宝扶着塑料凳，用语言引导他依靠塑料凳向前走过来敲鼓。

3.反复练习。

爸爸妈妈必读

这个年龄段的宝宝，大多数能依靠下肢肌肉和腰部肌肉的力量，独立站立一会儿，能扶物站立和蹲下捡东西，发展好的还能扶着栏杆迈步。但是，宝宝学走路，是遵循一定发展规律逐步学会的。例如，宝宝一般是先靠成人的帮助和物体的扶持，再到不依靠帮助、扶持，逐步发展到独自站立。父母的帮助起先要多点，逐步地减少辅助帮助，直至不帮助。宝宝先是被动迈步，到依靠移动的小车(或学步车)半自动迈步，再到独立自动迈步。还有就是成人的帮助也是先由双手搀扶宝宝迈步，到单手搀扶宝宝迈步，再到宝宝不扶物体自己独立站立，依靠移动的小车迈步，最后自己独立迈步。这是一个循序渐进的过程。爸爸妈妈应按照这样的发展规律，帮助宝宝迈步行走。

第2个活动：蒙特梭利语言活动《咚咚锵》

活动准备：小鼓、铜锣、儿歌《咚咚锵》。

活动目标：

1.培养宝宝倾听语言的能力及模仿小鼓咚咚声。

2.提供丰富的语言环境和刺激。

活动过程：

1.爸爸妈妈敲鼓，发出咚咚声，并用语言说出："我敲小鼓咚咚。"爸爸妈妈反复说出咚咚声，引导宝宝模仿小鼓咚咚声，然后用同样的方法敲铜锣。接着朗诵儿歌《咚咚锵》，并根据儿歌表演敲小鼓和敲铜锣。

2.妈妈和宝宝一起表演儿歌，当读到咚咚、锵锵和最后一句时，用敲鼓和铜锣来表示。

爸爸妈妈必读

运用各种道具，可以提高宝宝学习语言的兴趣和丰富宝宝的语言环境。在宝宝出生的第一年，我们要让宝宝处于大量变化多端的声音中，如这个环节中听鼓、铜锣声，这样会刺激他们的大脑形成各种各样不同的"声音链接"，为他们在以后的生活中扩展声音指令系统铺平道路。

附：儿歌《咚咚锵》

咚咚锵

我敲小鼓咚咚，我敲铜锣锵锵。

我们两个一起敲，咚锵咚锵咚咚锵。

第3个活动：感觉统合训练《开飞机》

活动准备：音乐欣赏《三只小熊》。

活动目标：

1.促进宝宝视觉的统合。

2.提升宝宝对方位的认知，有利于本体感觉的发展。

活动过程：

1.爸爸仰面平躺，向上伸出双臂，双手顶住宝宝的前肩，并弯曲双腿用脚托住宝宝的腹部，宝宝则颈部抬高，双臂张开，双腿并拢伸平，做成飞机模样。这时，可做前后左右摇动。

2.宝宝和爸爸妈妈一起反复做。

爸爸妈妈必读

在开飞机时，让宝宝的双脚并拢并直起，不耷拉下来。

第4个活动：奥尔夫音乐《敲鼓》

活动准备：鼓、铜锣。

活动目标：

1.促进宝宝五指的精细动作，“抓握”和“敲”。

2.让宝宝认识声音的起因，感知节奏。

活动过程：

1.爸爸妈妈有节奏地敲鼓：××××× 然后把鼓给宝宝，让宝宝模仿敲鼓，并引导宝宝有节奏地敲鼓。

2.爸爸妈妈指导宝宝用鼓打节奏。

3.用同样的方法教宝宝敲铜锣。

第5个活动：亲子游戏《转一转》

活动准备：大鼓、音乐《音乐的瞬间》。

活动目标：

1.促进亲子情感。

2.训练宝宝的平衡能力。

活动过程：

宝宝坐在大鼓上，然后爸爸妈妈推着大鼓转来转去（先顺时针转再逆时针转），以训练宝宝的平衡能力。

第四周

亲子主题：彩带摇一摇

第1个活动：精细动作《撕彩带》

活动准备：各色皱纹纸、音乐《献给爱丽丝》。

活动目标：

1.锻炼宝宝的手指协调能力。

2.丰富宝宝的感官刺激。

活动过程：

1.爸爸妈妈拿出事先撕好的彩带摇一摇，吸引宝宝的注意，然后拿出皱纹纸，示范撕彩带。

2.爸爸妈妈让宝宝爬过来拿皱纹纸和妈妈一起撕彩带。在撕的过程中，爸爸妈妈要反复说："撕彩带。"并随机指导。

第2个活动：大肌肉动作《沿彩条走过去》

活动准备：音乐《献给爱丽丝》。

活动目标：

1.让宝宝能对前方的物体产生兴趣，有走过去捡的意识。

2.在不断反复的捡物过程中，锻炼宝宝的行走能力。

活动过程：

1.爸爸或妈妈在地上放一根彩条，摆成直线或弯线。

2.在宝宝的前方摆着玩具，用语言鼓励宝宝沿着直线或弯线走过来取玩具。

3.请爸爸或妈妈牵着宝宝的一只手让他慢慢沿着直线或弯线走过去，最后拿到他喜欢的玩具。

爸爸妈妈必读

这个游戏的目的是让宝宝能对前方的物体产生兴趣，有走过去捡的意识。在不断反复的捡物过程中，锻炼宝宝的行走能力。摆成不同的形状让宝宝走，对宝宝的训练目的也不同。它主要训练宝宝的平衡、前庭、触觉、重力、专注力以及身体协调等。

第3个活动：**奥尔夫音乐《宝宝摇，妈妈摇》**

活动目标：

1.让宝宝根据音乐节奏发出“摇摇”的声音。

2.让宝宝在音乐中感受摇一摇的节奏。

活动过程：

1.爸爸妈妈先朗诵儿歌《彩带摇一摇》，宝宝欣赏。

2.爸爸妈妈根据儿歌做动作，并带着宝宝一起表演

3.播放音乐，爸爸妈妈抱着宝宝盘腿坐在地上，根据音乐节奏摇一摇，并用手抚摸宝宝。

爸爸妈妈必读

研究表明，在宝宝学习语言中加入曲调和节奏会有益于激发宝宝的创造力，提高他对你试图传达的信息的兴趣，使其大脑的左半球(艺术、音乐)和右半球(分析、语言)都活跃起来，使左右脑的发展平衡。音乐潜能开发，会给宝宝的想象力、创造力及记忆力插上一双翱翔的翅膀，使宝宝的智能发展更卓越。

附：儿歌《彩带摇一摇》

长长的彩带，摇一摇，像彩虹，飘一飘。

宝宝摇，妈妈摇。臀部揉揉长肉肉。

第4个活动：**亲子背部抚触操**

活动准备：音乐(儿童)童雅路演唱《天之大》歌曲。

活动目标：

1.让宝宝体验亲子游戏的快乐。

2.发展宝宝的感知运动能力。

活动过程：

1.爸爸妈妈交代活动名称，今天做背部抚触操，让宝宝趴在床上。

2.爸爸或妈妈，边唱歌曲边根据歌词做背部抚触操。做完后爸爸妈妈带着宝宝一起做游戏。

爸爸妈妈必读

爱抚对宝宝来说是一种触觉的体验和一种无声的语言。事实上，大量研究表明，爱抚你的宝宝，抱着他、亲吻他或者轻抚他，能够加深你和宝宝之间的情感联系，同时，爱抚对宝宝的生理发展也有益。研究结果显示，那些被爱抚的孩子免疫系统和功能增强，肌肉组织得到发展，并且激素的分泌量增加。大量证据表明，新生儿先天适应于触摸、抚爱。通过爱抚而受到刺激的神经系统部分能够得到更好的发展。此外，爱抚常常会使一个不快乐的宝宝感到很舒服。

附：儿歌《背部抚触操》

妈妈帮你顺顺背，宝宝干啥都不累，

四指并拢打圈圈，从上到下走中间，

拇指从脊柱向两边推推，八字交叉揉一揉，

宝宝干啥都不愁，捏捏脊，顺顺气，

第5个活动：感觉统合训练《彩虹隧道》

活动准备：彩虹隧道、音乐《红梅花开》。

活动目标：

练习爬行能力，训练宝宝的本体感，提高宝宝的动作反应速度。给宝宝丰富的色彩刺激。

活动过程：

1.出示彩虹隧道，吸引宝宝的注意力。

2.让宝宝爬行，爸爸妈妈在另一头用响铃吸引宝宝。

爸爸妈妈必读

《彩虹隧道》是为训练宝宝的本体感而设计的感觉统合教具，目的是提高宝宝的动作反应速度，还能够让宝宝练习爬行，并给其丰富的色彩刺激。本体感是指人对自己身体的感觉。例如，对大小肌肉的控制，手眼协调，手耳协调，身体与脑协调，动作灵活和灵巧等。爸爸妈妈要注意的是，本体感不是天生就具备的，需要后天的训练。如婴儿期的翻身、滚翻、爬行训练等都是对孩子本体感的发育具有非常重要的作用。

和12月龄的宝宝可以这样玩

第一周

亲子主题：亲亲小宝贝

第1个活动：大肌肉动作《追易拉罐》

活动准备：装有豆子的易拉罐、音乐《朋友舞》。

活动目标：

1.培养宝宝行走的能力。

2.让宝宝能单手扶着站好，蹲下捡东西，再扶起站好，保持身体平衡。

活动过程：

1.爸爸妈妈拿出易拉罐并事先在易拉罐里放入豆子，然后踢易拉罐，使易拉罐滚动发出响声，吸引宝宝的注意力。

2.妈妈单手牵着宝宝，让宝宝踢易拉罐，然后用语言让宝宝把易拉罐捡起来。

爸爸妈妈必读

这个活动的目的是培养宝宝的行走能力和单手扶站，蹲下捡东西，再扶站好的能力，并保持身体平衡。在训练中，要注意的是，学步的宝宝如果摔跤太狠，会让他害怕而不敢学走，然而几乎没有一个孩子会走而不摔跟头的。爸爸带宝宝学步效果比妈妈更好，因为爸爸比较放手而且胆子大，会激励宝宝勇敢地学走。当宝宝摔跤时大人要保持镇静，有时孩子并未摔痛，只是看到妈妈的表情和喊叫才被吓哭的。宝宝能蹲下捡物，可以增强宝宝下肢肌肉和腰背肌肉的力量，同时帮助宝宝获得保持身体平衡的经验，为下一步学习行走打下基础。

第2个活动：奥尔夫音乐《亲亲宝贝》

活动准备：撞钟乐器。

活动目标：

1.培养宝宝热爱爸爸妈妈的情感，并能有节奏地朗读儿歌。

2.让宝宝能感知撞钟的音色，并打击节奏。

活动过程：

1.爸爸妈妈对宝宝说爱宝宝之类的话，亲一亲宝宝并示范朗读儿歌《我有一个幸福的家》。

2.爸爸或妈妈朗读儿歌给宝宝听，并与宝宝做亲密的动作，如抱一抱、亲一亲都可以。

3.爸爸妈妈出示撞钟，引导宝宝认识它的名称，听一听撞钟的声音。

4.爸爸妈妈协助宝宝用撞钟伴奏，朗读儿歌。

爸爸妈妈必读

听觉的灵敏性和节奏感是学习音乐的条件之一，应该从小培养和熏陶。本次活动让宝宝接触敲打乐器，在父母的帮助下，尝试随节奏敲打，初步感知音乐的节奏，让宝宝喜欢听音乐，培养听觉灵敏性和对节奏的最初感觉，激发宝宝对音乐的兴趣。

附：儿歌《我有一个幸福的家》

我有一个幸福的家，

我爱我的爸爸，

我爱我的妈妈，

爸爸妈妈都爱我，

我有一个幸福的家。

第3个活动：蒙特梭利感官训练《找一找》

活动准备：能发出声音的玩具。

活动目标：

1.培养宝宝的观察能力。

2.通过游戏加强宝宝的专注力。

活动过程：

1.爸爸或妈妈拿着玩具，引起宝宝的注意，然后把玩具藏在背后并摇响，问宝宝："玩具在哪儿？"让宝宝找出来。

2.爸爸妈妈轮流和宝宝玩此游戏。

爸爸妈妈必读

宝宝找玩具的过程就是他观察、记忆、推理后才行动的过程。这种即使物体不在眼前，也可以在头脑中保持其形象的能力是发展心理学中的"物体恒存性"。这种"世界上的事物和人具有恒存性"的概念对于宝宝的情感发展很重要。寻找声音的来源也锻炼了宝宝的听力及辨别方向的能力。

第4个活动：亲子游戏《亲亲小宝贝》

活动准备：儿歌《亲亲小宝贝》。

活动目标：

通过爸爸妈妈与宝宝的肌肤接触，满足宝宝生理和心理上的需要，促进宝宝大脑潜质的开发。

活动过程：

1.爸爸妈妈边朗读儿歌《亲亲小宝贝》，边让宝宝来跟爸爸妈妈配合做动作。

2.爸爸妈妈带着宝宝一起做游戏。

附：儿歌《亲亲小宝贝》

一开花，二开花，三开亲亲小鼻子。

四开花，五开花，六开亲亲小额头。

七开花，八开花，九开亲亲小下巴。

奥尔夫音乐：

《亲亲宝贝》

××　××|××|××　××|××|××　××|××　××|　×

爸爸　爸爸　爱我　妈妈　妈妈　爱我，　爸爸　妈妈　亲亲　我呀，我

×××|××|×　×||

要亲亲　爸爸　妈　妈。

第5个活动：精细动作《做汤圆》

活动准备：音乐《鞋匠之舞》。

活动目标：

1.增强宝宝的触觉敏感度。通过爸爸妈妈与宝宝的肌肤接触，满足宝宝生理和心理上的需要，促进宝宝大脑潜质的开发。

2.训练宝宝“捏”的动作。

活动过程：

1.爸爸妈妈拿出一张废纸，把废纸捏成团，对宝宝说：“做汤圆了。”

2.给宝宝一张废纸，让宝宝和爸爸妈妈一起做“汤圆”。

爸爸妈妈必读

《做汤圆》是训练宝宝“捏”的动作和增强宝宝的触觉敏感度，从而让宝宝获得一个新的经验。有关大脑的研究表明，孩子在一生中的最初几年所获得的经验丰富与否，在很大程度上影响着他大脑的发育。早期的经验越丰富，大脑的效率便越高。孩子获得的每一次经验，都会强化大脑内的神经细胞连接，而每一个被强化的神经细胞连接，都将成为孩子大脑的永久构成部分。因此，要尽可能地为孩子提供获得丰富经验的机会。

第二周

亲子主题：沙锤小乐队

第1个活动：大肌肉动作《站起来，走一走》

活动准备：响铃。

活动目标：

1.发展宝宝由坐到站再到走的动作。

2.锻炼宝宝的身体协调能力。

活动过程：

爸爸妈妈拿着响铃，让宝宝坐在2米外的地方逗引宝宝，用语言鼓励宝宝站起来，并在旁协助宝宝走过来拿响铃。

爸爸妈妈必读

《站一站，走一走》活动的目的是发展宝宝由坐到站再到走的动作。锻炼宝宝的身体协调能力。这个时期是宝宝学习走路的关键期，在日常生活中，我们要多运用游戏让宝宝学习走路。现在大部分爸爸妈妈运用学步车、学步带让宝宝练习走路，但我们不能完全依赖于学步车、学步带，这样反而会不利于宝宝的走路。我们可以单手牵着宝宝学走路，要记住无论是什么方法，都要运用游戏来让宝宝学习走路。

第2个活动：奥尔夫音乐《沙锤打击乐》

活动准备：沙锤、音乐《音乐的瞬间》。

活动过程：

1.爸爸拿出沙锤，摇响沙锤，吸引宝宝的注意，妈妈可以拉着宝宝走过来拿沙袋。

2.播放钢琴曲，爸爸妈妈和宝宝一起欣赏。

3.播放音乐，用沙锤伴奏。

4.播放音乐，根据音乐节奏，妈妈协助宝宝摇沙锤。

第3个活动：**蒙特梭利感官训练《看看图书》**

活动准备：若干图书、音乐《献给爱丽丝》。

活动目标：

1.通过摸、看、翻调动宝宝的感官。

2.培养宝宝"倾听"故事的能力及专注力。

活动过程：

妈妈发书给宝宝，带着宝宝一起看图书。妈妈要让宝宝摸、看、翻书，刺激宝宝的感官，并绘声绘色地讲故事给宝宝听。

爸爸妈妈必读

和宝宝一起看书，不仅有利于加强大人与孩子之间的亲情，还可以加强宝宝识字前能力的培养，包括喜欢阅读等习惯，提高社交能力；还可以通过摸、看、翻刺激宝宝的感官。在日常生活中，我们要多与宝宝一起看看图书，让读书成为宝宝日常生活中的一部分。

第4个活动：**感觉统合训练《羊角球》**

活动准备：音乐《欢乐蹦蹦跳》。

活动目标：

1.大人协助宝宝，使其连续蹲跳，引起上下反弹的"蹦跳"。

2.训练宝宝的触觉，稳定宝宝的情绪。

活动过程：

妈妈让宝宝坐在羊角球上，双手抓住两个角，然后妈妈一手扶着宝宝，一手抓住羊角球，根据音乐节奏，使球蹦跳起来。

爸爸妈妈必读

羊角球是为训练宝宝的触觉而设计的教具。作用是通过大人的协助，使其连续蹲跳，引起上下反弹的"蹦跳"达到稳定宝宝情绪，增强宝宝勇气和自信心的目的。触觉失调即触觉过分敏感的宝宝通常表现为紧张、孤僻、不合群、爱惹别人、偏食或暴饮暴食、脾气暴躁、害怕陌生环境、吃手、咬指甲、爱哭、爱玩弄生殖器等。多运用羊角球进行训练，可以预防宝宝的触觉失调。

第5个活动：亲子游戏《拉绳玩具》

活动准备：拉绳玩具、音乐《阿瓦日古丽》。

活动目标：

1.开发宝宝的思维能力，激发宝宝的探索欲望。

2.引导宝宝拉绳走步。

活动过程：

1.爸爸或妈妈出示拉绳玩具（如小鸭子拉绳玩具），边拖拉着边说："小鸭子，跟我走，我带你去大门口。"

2.妈妈让宝宝自取一件玩具，爸爸妈妈带着宝宝去玩拖拉玩具。

爸爸妈妈必读

游戏《拉绳玩具》是为了让宝宝练习走，促进行走更加熟练。在日常生活中，反复几次后，可增设一些大积木为障碍物，鼓励宝宝绕过障碍物走，以便增加兴趣与难度，逐步锻炼独立行走的能力。

第三周

亲子主题：捉迷藏

第1个活动：大肌肉动作《藏猫猫》

活动准备：桌子、浴巾等。

活动目标：

1.培养宝宝的记忆能力。

2.培养宝宝的观察能力。

3.通过寻找，进一步训练宝宝的行走能力。

活动过程：

1.将你的部分身体藏起来，然后让宝宝找你。可以用你的身体或宝宝的玩具同他玩这种游戏，在必要时可以叫他的名字。

2.妈妈先将宝宝放在地上，然后让宝宝看着躲在他能看见的地方，最后叫他快点找妈妈。当宝宝爬几步能看见妈妈时，要表扬鼓励他。

3.尝试让宝宝走过去找妈妈。但要注意把周围收拾好，使宝宝能无障碍地行走。

爸爸妈妈必读

这个环节，是利用游戏来达到宝宝行走的目的和培养宝宝的记忆能力、观察能力。一岁左右是孩子学走路的重要时期，因为走路一要依靠腿部大肌肉发展，二要依靠神经系统的平衡和运用移动性支撑能力的发展。如果孩子这时还不能独自走几步，可以让他推着小车扶着车把学走，千万不要再利用学步车了。因为车子把孩子围住使他身体有依靠而不必自己站稳，影响了保持身体站稳的练习。

第2个活动：奥尔夫音乐欣赏《雪人不见了》

活动准备：音乐《雪人不见了》、碰铃、铜铃铛、五铃手铃、皮草牛铃、腕铃、串铃、打铃等。

活动目标：

1.培养宝宝倾听音乐和表现音乐的能力。

2.帮助宝宝学习运用奥尔夫乐器，并能跟着音乐节奏打击乐器。

活动过程：

1.爸爸妈妈播放音乐，让宝宝欣赏。

2.爸爸或妈妈出示碰铃等铃类奥尔夫乐器，并逐一示范各种乐器怎么使用，以吸引宝宝的注意力。

3.让宝宝自己选择一种乐器，跟着音乐打击乐器。

爸爸妈妈必读

让宝宝运用碰铃等铃类奥尔夫乐器来自由表现音乐，有利于提高宝宝对音乐的倾听能力和表现能力。通过倾听音乐，刺激宝宝的听觉神经。在日常生活中，我们要让宝宝倾听各种不同的声音和音乐，这有利于宝宝语言能力及创造力的发展。

第3个活动：蒙特梭利教具操作《取形块》

活动准备：几何图形嵌板、音乐《阿瓦日古丽》。

活动目标：

训练宝宝手的协调能力和数学启蒙。

活动过程：

1.妈妈出示几何图形嵌板，伸出食指，指向形块的边缘，用“慢动作”将形块一一抠出，再一一对应放回去。

2.妈妈让宝宝试着抠和放，爸爸在旁协助。

爸爸妈妈必读

《取形块》游戏可锻炼宝宝识别图形的能力，并通过观察推断出形块与洞穴配合的关系。在日常生活中，我们可以用硬纸板做成几何图形嵌板。开始时，一个形板上有一个图形即可，在玩形板时，要告诉宝宝这是什么图形，当宝宝已认识这个图形并能熟练地取出它时，再增加图形，可以一个形板上有两个或三个图形。

第4个活动：社会性发展《玩娃娃》

活动准备：布娃娃、小碗、小勺、音乐《摇篮曲》。

活动目标：

培养宝宝的社会情感，学会关心他人。

活动过程：

妈妈给宝宝一个布娃娃和一块手帕，告诉宝宝："娃娃困了，要睡觉了。"播放《摇篮曲》，引导宝宝把被子（手帕）盖在娃娃身上拍一拍。过一会儿告诉宝宝，娃娃该起床吃饭了，然后给宝宝拿着小碗和小勺，引导宝宝把娃娃抱起来坐着，用小勺喂娃娃"吃饭"。

爸爸妈妈必读

宝宝的早期发展中，最重要的一个方面就是社交能力的发展。让宝宝玩布娃娃，做一些简单的、关于情绪的角色扮演游戏，有利于培养宝宝的社会情感，学会关心他人。哄娃娃、盖被子让娃娃睡觉，在这个时期要能做这三种动作。我们还可以选择有配套衣服的，有拉链、纽扣和领带的布娃娃。大人要同宝宝一起让他学习照料娃娃，为娃娃准备用品，同娃娃玩等，这才能使他学会照料别人。

第5个活动：美劳时间《涂涂画画》

活动准备：纸、油画棒、音乐《鞋匠之舞》。

活动目标：

培养宝宝写字、画画的兴趣。

活动过程：

给宝宝几支油画棒，让他在纸上随意画。不一定要会握笔，只要拿住画就行，也不要管他画成什么，只要画出来就赞扬他。

爸爸妈妈必读

1岁左右孩子的涂鸦，并不是画画，而是手的运动，这时宝宝手中的蜡笔是"道具"，用它往纸上涂画或者在纸上运动，出现笔的痕迹，宝宝会产生变化的乐趣，这种乐趣就可能成为他热爱绘画的原动力。

第四周

亲子主题：看样学样

第1个活动：蒙特梭利日常训练《看样学样》

活动准备：宝宝熟悉的日用品。

活动目标：

让宝宝模仿成人生活，学习交往能力，发展良好的情感。

活动过程：

1.让宝宝和爸爸妈妈面对面坐着

2.爸爸开心地做拍手、摇头、努嘴、插腰、鬼脸等动作，边说边动，让宝宝开心地模仿。

3.妈妈拿梳子假装梳头，同时说"梳头了"。此外，还可以做刷牙、洗脸、给布娃娃把尿、洗澡、穿衣等模仿游戏。如果宝宝能跟着大人模仿，一定要表扬他。平时，可用同样的方法让宝宝模仿"再见""谢谢"等基本礼仪。

爸爸妈妈必读

梳头、洗脸、捧杯喝水，配合穿衣等是孩子自理能力的一个部分，这让孩子在日常生活的适应上又进了一步，同时学会了在经常性活动中运用大肌肉和小肌肉的有自主性的动作技能。这个时期的宝宝模仿能力极强，我们要运用宝宝的这一特点，培养宝宝的自理能力。

第2个活动：**大肌肉动作《我和妈妈牵手走》**

活动准备：玩具、音乐《春天天气真好》。

活动目标：

锻炼宝宝的腿部力量和行走能力。

活动过程：

妈妈在前面用玩具逗引宝宝，伸出食指，让宝宝抓着食指去拿玩具。

第3个活动：**奥尔夫音乐《看样学样》**

活动准备：歌曲《看样学样》。

活动目标：

发展宝宝的模仿能力、创造能力。

活动过程：

1.播放歌曲《看样学样》，爸爸妈妈根据歌词内容做拍手、点头等动作。

2.爸爸妈妈朗读歌词，并教宝宝做拍手、点头等动作。

3.请宝宝和爸爸妈妈面对面坐着，学做拍手、点头等动作。

4.弹奏歌曲，爸爸妈妈和宝宝一起唱歌，并做动作。

爸爸妈妈必读

语言和音乐作为两个以相同方式发展的平行系统，具有许多相同的特性。在出生后的第一年里，宝宝牙牙学语和自发哼唱的前兆是很难区分的。他们通过聆听、模仿家长的非言语动作提示，开始开口发声，就像理解语言那样逐渐理解音乐。

第4个活动：亲子游戏《走来走去》

活动准备：音乐《春天天气真好》。

活动目标：

1.促进亲子亲情。

2.训练宝宝的平衡感，减少宝宝学习走路时摔跤的概率。

活动过程：

爸爸和宝宝面对面坐着，爸爸让宝宝转过身并向前走，爸爸扶着宝宝的两腋，并对宝宝说："快到妈妈那里去。"并松开手。妈妈在没等宝宝坐下的时候就赶紧接住。再让他面向爸爸，向爸爸走去。反复试着做几次这个动作。

第5个活动：美劳时间《我跟妈妈学画画》

活动准备：油画棒、纸、音乐《鞋匠之舞》。

活动目标：

1.增强宝宝的动手能力。

2.培养宝宝画画的兴趣。

活动过程：

妈妈在纸上画简单的线条或涂涂画画，让宝宝模仿。

13～18月龄宝宝的发展目标

- 行走平稳，能牵着大人的手上台阶；
- 初学跑步；
- 能从瓶中倒出小丸，用手捡起；
- 能说出10个左右字音；
- 能听懂简单指令；
- 会用表情和手势表达自己的愿望；
- 对周围环境的探究兴趣。

和13月龄的宝宝可以这样玩

第一周

亲子主题:《小猫，喵 喵》

第1个活动: **蒙特梭利数学活动《认红色》**

活动准备: 色板、红色物品若干、小猫玩偶。

活动目标:

1.宝宝开始学习抽象概念。

2.教宝宝认识红色，并能从两种颜色中选出红色。

活动过程:

1.妈妈拿出小猫玩偶说:“我是猫妈妈，今天由我来跟宝宝做游戏了。欢迎宝宝(鼓掌)。”

2.“猫妈妈”拿着红色的衣服教宝宝认识红色。

3.出示其他红色的物品，继续教认红色。

4.出示蒙特梭利教具色板，请宝宝拿出红色的色板。

爸爸妈妈必读

教宝宝认识红色，并能从多种颜色中区分出红色，这是宝宝认知的一部分，让宝宝有认识红色的能力及有目的地挑选和分类的能力。让宝宝通过观察、比较、分析等方法建立共同特性的概念，这些都是认知学习的重要内容。

第2个活动：**奥尔夫音乐《小猫喵喵》**

活动准备：手指玩偶小花猫。

活动目标：

1.让宝宝学会应答，培养宝宝礼貌意识。

2.让宝宝感知音乐，丰富宝宝的节奏经验。

活动过程：

1.爸爸妈妈出示手偶小花猫，有节奏地叫："小花猫、小花猫。"然后捏动玩具，发出声音"喵，喵"，引导宝宝学学小猫的叫声。

2.爸爸妈妈有节奏地叫小花猫，让宝宝回应"喵喵"，吸引宝宝观察模仿。

3.妈妈做猫妈妈，有节奏地叫小花猫，宝宝做小猫，和妈妈的小花猫手偶一起发出声音回应"喵，喵"。

爸爸妈妈必读

游戏《小猫喵喵》的目的是让宝宝学会应答，培养宝宝的礼貌意识。还有一个目的是让宝宝学会小猫的叫声。平时父母要常常同孩子对歌，拿出图片让宝宝发出图中动物的叫声，使宝宝既学认动物也学会它们的叫声。

附：奥尔夫音乐《小猫喵喵》

× × × –| × × × –| × — | × —‖

小花猫，　小花猫，　喵　　喵

第3个活动：**大肌肉动作《捡小鱼》**

活动准备：小鱼卡片(或者其他小物品代替)、小菜篮、音乐《小鱼游》。

活动目标：

训练宝宝的行走、弯腰、下蹲、双手协调及空间知觉等能力的发展。

活动过程：

1.妈妈把小鱼卡片散落在各个地方，然后扮演"猫妈妈"说："哎哟，我的肚子饿了，我们去找食物吃吧。啊！看，那里有好多小鱼呢。"

2.妈妈弯腰、蹲下去捡小鱼，引导宝宝也去捡小鱼。

爸爸妈妈必读

宝宝可能是一手提篮一手捡小鱼，也可能捡一条小鱼走到篮子旁放一条鱼，这时候爸爸妈妈不要急于去帮忙，这能锻炼宝宝感知空间等各种能力，让宝宝自己调整，逐步做出正确判断。

第4个活动：亲子游戏《小猫捉老鼠》

活动准备：小老鼠玩具(系有一根长绳)、音乐《小猫》。

活动目标：

练习听音乐爬的动作，并培养宝宝的游戏兴趣。

活动过程：

爸爸妈妈手牵着小老鼠玩具往后退。宝宝做小花猫，听音乐在地上爬，爸爸妈妈用语言引导宝宝用小手去捉小老鼠。爸爸妈妈要拉动小老鼠不被宝宝捉住，当音乐停止时，爸爸妈妈马上停止拉动小老鼠玩具，让它被“小花猫”捉住。

爸爸妈妈必读

前面我们说过：爬行对宝宝身体的发育、身体的活动和姿势，以及全身各关节的运动都起着重要的作用。因此，可以说爬能活动全身，也能锻炼全身的骨骼、关节和肌肉，以及协调运动能力；爬还可以密切大、小脑之间神经的联系，增强平衡功能。

第5个活动：美劳时间《画鱼眼》

活动准备：油画棒、颜料、音乐《小鱼游》。

活动目标：

1.通过用彩笔画“圈”和“点”锻炼宝宝手指的肌肉。

2.让宝宝体验和妈妈作画的乐趣。

活动过程：

1.妈妈画好一条鱼，然后着重示范画上鱼眼。

2.妈妈再画一条鱼，边画边告诉宝宝："这是鱼，可是鱼没有眼睛。宝宝来画上鱼眼吧。"

3.让宝宝用手指蘸上颜料，点上鱼眼。

第二周

亲子主题：铃儿响叮当

第1个活动：认知活动《找宝藏》

活动准备：包装漂亮的纸盒、铃铛、其他不同质地的物品。

活动目标：

让宝宝认识物品与行动之间的因果关系，用这种思考游戏开发宝宝的智能。

活动过程：

1.爸爸妈妈在包装漂亮的纸盒里放个铃铛，说："我找到了一件宝藏。"摇一摇，然后让宝宝猜："有铃——铃——的声音，是什么呢？宝宝，你看，那里还有更多的宝藏，快点过来拿吧。"鼓励宝宝爬行或走过来拿纸盒，爸爸妈妈协助，并在宝宝找到宝藏后引导他打开盒子，把里面的铃铛拿出来，当宝宝拿出宝藏后，要跟他说："噢，原来是铃铛呀。"并再摇一次。

2.爸爸或妈妈把铃铛与其他各种不同质地的物品放在盒子里，然后对宝宝说："宝宝，从盒子里把铃铛拿给我。"

爸爸妈妈必读

这个游戏的目的是让宝宝认识物品与行动之间的因果关系。这个时期的宝宝探索欲望很强，解开包装，拿出物品，都是使用手去探索，操作并触摸各种不同质感、形状、大小及重量的东西，这是一项以手为中心的刺激学习，这两种精细动作，都必须使用拇指、食指或中指参与，不能再满手抓，并且只能使用这些手指的末端指尖，这充分展示出抓握技能的控制与技巧。这对将来的活动而言是十分重要的技能，比方说握蜡笔、着色、拿笔写字等。

第2个活动：大肌肉动作《铃儿响叮当》

活动准备：用一根长绳夹上若干个铃铛、音乐《铃儿响叮当》。

活动目标：

练习伸手取物，练习手臂动作及促进宝宝身体平衡能力的发展。

活动过程：

1.爸爸妈妈事先准备好长绳并牵好，然后用手拍响铃铛以引起宝宝的注意。

2.妈妈带着宝宝走到1米外的地方，让宝宝走过来伸手拍铃铛。拉绳的爸爸要注意绳子的高度，要让宝宝稍微用力就能够得着的高度为最佳。大一点的宝宝可以高一点，引导宝宝伸手或踮脚拍铃铛。

爸爸妈妈必读

游戏《铃儿响叮当》是训练宝宝伸手取物，练习宝宝的手臂动作及促进身体平衡能力的发展。在日常生活中，我们可以托住宝宝，让宝宝用手臂去碰碰吊灯、门框等，但必须注意安全。

第3个活动：奥尔夫音乐《小铃铛不见了》

活动准备：串铃、音乐《小铃铛不见了》。

活动目标：

让宝宝学习有节奏地朗读儿歌，提高用乐器伴奏的能力。

活动过程：

1.爸爸妈妈说："刚刚宝宝玩铃铛玩得可好了，小花狗说也要和你一起玩儿呢。他说要和你玩'藏铃铛'的游戏。"

2.朗诵儿歌《小铃铛不见了》。

3.爸爸妈妈引导宝宝边朗读边表演：小花狗累了（双手搭在头上，五指张开，模仿小狗耳朵），小花狗睡了（双手并放在左侧脸下，模仿小狗睡了），把它铃铛藏起来（把小铃铛握在手里背在身后），看它知道不知道（左右摇头四次）。

4.爸爸妈妈用串铃伴奏，朗读儿歌。

爸爸妈妈必读

听觉的灵敏性和节奏感是学习音乐的条件之一，应该从小培养和熏陶。本次活动让宝宝接触敲打乐器，在父母的帮助下，尝试随节奏敲打，初步感知音乐的节奏，让宝宝喜欢听音乐，培养听觉灵敏性和对节奏的最初感觉，激发宝宝对音乐的兴趣。

附：奥尔夫音乐《小铃铛不见了》

×× × | × × | ××× | × × | ×× ×× | ×× × | ×× ×× |

小花狗 累了，小花狗 睡了，把它 铃铛 藏起 来，看它 知道

× × | × – ‖

不 知 道。

第4个活动：蒙特梭利感官训练《小铃铛在哪里》

活动准备：小铃铛。

活动目标：

训练宝宝依据声音辨别方向，提高倾听、辨别的能力。

活动过程：

爸爸妈妈每人手拿一个小铃铛背在身后，分别站在家里的任意一个地方，其中爸爸或妈妈摇动小铃铛，让宝宝听一听、猜一猜是谁的小铃铛在响，即跑到谁的前面。

爸爸妈妈必读

训练宝宝依据声音辨别方向，提高倾听、辨别的能力，在10～12月龄的亲子课上，有一个环节是《找一找》：听声音寻物，目的是让宝宝强化“物体恒存性”，这次我们增加了难度，进一步刺激宝宝的听觉能力。

第5个活动：亲子游戏《套手铃》

活动准备：手铃若干、套环木棒、音乐《铃儿响叮当》。

活动目标：

1.带宝宝学习把小手铃套在木棒上面的动作。

2.让宝宝初步感知3以内的数数。

活动过程：

1.爸爸或妈妈用一只小手铃套在宝宝的手臂上说：“哦，手铃套住宝宝的手臂了。”再将手铃拿出，套在爸爸或妈妈的手臂上，然后取下，并鼓励宝宝用手铃套爸爸或妈妈的手臂，爸爸妈妈可以有意识地将手臂凑近宝宝，让他套住，使孩子感到成功的喜悦，对练习有兴趣。

2.用手铃套住玩具套环上的木棒，鼓励宝宝模仿。并说“套住一个小环了”，问宝宝：“宝宝套住几个？”让宝宝伸出食指表示“1”。

3.让宝宝用2～3个小手铃练习，爸爸妈妈在旁数“1、2、3”。

爸爸妈妈必读

宝宝学会套手铃这是手眼协调的能力，从套手铃中学会数1个、2个、3个，这是数数能力。当宝宝在点数时手口不符，说1则套上2个时，这是正常的，这时爸爸妈妈不要要求太高。如果宝宝不会套手环，一般是因为从来没有机会玩此类游戏，还有宝宝如果暂不会用语言表达1、2、3时，先让他用指头表示，因为许多宝宝说话还很吃力，先会用手指来表示数也是不错的。

第三周

亲子主题：小小鸡

第1个活动：**蒙特梭利语言活动《小鸡家的演唱会》**

活动准备：头饰、虫子玩具（或能代替虫子的物品）。

活动目标：

训练宝宝发j、g的音及培养宝宝倾听故事的能力。

活动过程：

爸爸妈妈给宝宝讲故事：有一天，鸡妈妈、鸡爸爸和小鸡一家三口开家庭演唱会，请来鸭子做观众。小鸡第一个开口唱："叽叽叽。"（爸爸妈妈对宝宝说："宝宝，你学一学小鸡怎么唱。"）鸭子听了说："小鸡你唱得太好了，我也唱一曲。"于是它"嘎嘎嘎，嘎嘎嘎"地唱起来。（爸爸妈妈问宝宝："宝宝，你会学鸭子唱吗？"）

爸爸妈妈必读

1岁前后的宝宝最喜欢听大人讲故事。他们听故事的特点是重复听同一个故事，我们要抓住宝宝这一敏感期常讲故事给宝宝听。

第2个活动：**大肌肉动作《小鸡捉虫》**

活动准备：小鸡头饰、音乐《小鸡走》。

活动目标：

1.让宝宝练习走、蹲、点头等动作。

2.培养宝宝的模仿能力。

活动过程：

妈妈戴一个鸡妈妈的头饰，给宝宝戴上小鸡的头饰。"鸡妈妈"带着"小鸡"走来走去找虫吃，并"叽叽"地叫着，口里念着"小鸡小鸡，叽叽叽，青草地里找虫吃”的儿歌，走着走着“鸡妈妈”蹲下去，头一点一点吃虫，让宝宝蹲下模仿。可反复几次。

爸爸妈妈必读

《小鸡捉虫》游戏目的是训练宝宝的走、蹲、点头等一系列连贯动作。这个时期的宝宝能走稳10步，走时身体不摇晃，双手自由取物，说明宝宝真正学会走了。但是刚会走容易摔跤，在日常生活中，要经常通过游戏培养宝宝走得更加自如的能力，比如叫宝宝在室内取物放在这里，放到那里。

第3个活动：奥尔夫音乐《小小鸡》

活动准备：小鸡头饰、沙锤。

活动目标：

让宝宝学习配合身体动作，有节奏地朗诵儿歌，提高语言节奏感和表现力。

活动过程：

1.爸爸妈妈导入：“小鸡吃了这么多的虫子，可高兴了，它念起了儿歌。”爸爸妈妈朗诵儿歌《小小鸡》，并让宝宝一起读。

2.爸爸妈妈协助宝宝戴上小鸡头饰扮小鸡。爸爸妈妈引导宝宝边拍翅膀边朗诵儿歌。

3.每人一个沙锤，爸爸妈妈引导宝宝边敲沙锤边朗诵儿歌。

爸爸妈妈必读

《小小鸡》是让宝宝配合身体动作，有节奏地朗诵儿歌，提高语言节奏感和表现力的游戏。通过运用沙锤，让宝宝提高对打击乐器的认识和运用能力。在日常生活中，我们可以用小瓶子装入米、豆子或沙子，自己制作一个沙锤，引导宝宝边摇动边练习朗诵这首儿歌。

附：奥尔夫音乐《小小鸡》

× × × × | × × × | × × × × | × × × | × × × × | × × × × |
我 是 小 鸡 叽 叽 叽，跟 着 妈妈 做 游 戏，小 鸡 小 鸡 叽叽 叽叽
× 0 ‖
叽。

第4个活动：感觉统合训练《小鸡出壳》

活动准备： 音乐《小鸡出壳》、彩虹毯。

活动目标：

刺激宝宝的前庭感觉和训练宝宝的空间感。

活动过程：

爸爸妈妈带着宝宝一起蹲在彩虹毯里面，播放《小鸡出壳》的音乐，爸爸妈妈带着宝宝一起用手慢慢地往上顶，等音乐停下来，很快把彩虹毯掀开。

爸爸妈妈必读

《小鸡出壳》是刺激宝宝的前庭感觉和训练宝宝空间感的游戏，平时可以在床上运用被子来玩这个游戏。

第5个活动：亲子游戏《老鹰抓小鸡》

活动准备： 音乐《小鸡走》、母鸡和小鸡头饰、老鹰头饰、鸡房子。

活动目标：

1. 引导宝宝仔细听音乐，发展宝宝迅速反应的能力。

2. 让宝宝感受与爸爸妈妈一起参与音乐活动的快乐。

活动过程：

1. 爸爸戴上老鹰头饰扮老鹰，妈妈和宝宝分别戴上母鸡、小鸡头饰扮鸡妈妈和小鸡。

2. “鸡妈妈”带领“小鸡”到草地上游戏，听着音乐模仿小鸡捉虫的动作。

3. 当音乐发生变化时，“老鹰”出现，“鸡妈妈”对“小鸡”说：“小鸡快跑！”“小鸡”在妈妈的引导下马上跑回“家”里去，趴在地上不动；“老鹰”四处巡视。当音乐再次发生变化时，“老鹰”离去，“小鸡”再出来游戏。

第四周

亲子主题：能干的小手

第1个活动：大肌肉动作《能干的小手》

活动准备：钢琴曲《四季之六月》。

活动目标：

1.通过手部操，让宝宝的手更加灵活。

2.提高宝宝手的控制能力。

活动过程：

1.边念儿歌边做动作。

2.爸爸妈妈跟宝宝一起做手部操。

附：儿歌《能干的小手》

打开、关上、打开、关上，小手拍一拍（打开：手掌打开；关上：双手手掌合拢做拍手状）。

打开、关上、打开、关上，小手抱一抱（打开：手臂张开；关上：双手交叉在胸前）。

打开、关上、打开、关上，小手搓一搓（打开：双手掌摊开；关上：双手掌并拢）。

打开、关上、打开、关上，小手抓一抓（打开：双手掌五指张开；关上：双手五指握拳）。

打开、关上、打开、关上，小手藏起来（打开：手臂张开；关上：双手藏在背后）。

第2个活动：奥尔夫音乐《我有一双小小手》

活动准备：手铃、音乐《我有一双小小手》。

活动目标：

1.让宝宝感受节奏并尝试打节奏。

2.提高宝宝的模仿能力。

活动过程：

1.爸爸妈妈教宝宝朗读儿歌，并用手铃击打节奏。

2.播放音乐，爸爸妈妈带着宝宝根据音乐用手铃击打节奏。

3.教宝宝根据歌词大意做动作，初步感知左手和右手。

4.爸爸妈妈带着宝宝根据音乐做动作。

附：奥尔夫音乐《我有一双小小手》

1 1 3 3 | 5 5 5 | 6 6 5 3 | 2 2 2 | 3 2 1 | 3 4 5 |

我有一双 小小手，一只 左来 一只 右 小小 手 小小 手

5 6 5 3 | 2 3 2 | 1 - ||

一共十个 手 指 头。

第3个活动：**蒙特梭利教具操作《搭积木》**

活动准备：方块积木、音乐《四季之六月》。

活动目标：

1.发展宝宝自身的协调性。

2.发展宝宝控制物品的平衡能力。

活动过程：

1.先用积木搭一幢漂亮的房子，引起宝宝的注意。

2.给宝宝一份积木，爸爸妈妈先示范，然后鼓励宝宝自己搭。一开始宝宝可能总是搭不起来，不要着急，经过多次训练，这个阶段的宝宝可以搭到3块而不碰倒积木。

爸爸妈妈必读

宝宝1岁左右时要让他学习搭积木，要把积木放正，边角对正才能搭得稳放得高。宝宝学会将积木收入盒中最早为10月龄，在1岁时几乎全会将积木放入盒内，但不会码放整齐。还要进一步教他将积木放入盒内排好，盖上盒盖。宝宝还不会搭积木的主要原因是没有玩过积木。我们还可以用各种盒子代替积木。搭积

木能培养宝宝手眼协调能力，懂得放稳即重心平衡。积木可以搭出各种花样，还可以发展宝宝的想象力和创造力。

第4个活动：社会性发展《拉勾勾》

活动准备：音乐《好朋友》，约邻居几个小朋友。

活动目标：

发展宝宝的社会交往能力，愿意和其他宝宝交朋友。

活动过程：

爸爸妈妈请邻居的几个小朋友围成一个圈，爸爸妈妈先站在圆圈中间，开始播放音乐，先根据音乐拍拍手。等音乐停止后，爸爸妈妈就找宝宝拉拉勾，然后请这个小宝宝站到中间，等音乐停止后，宝宝在妈妈的协助下也找宝宝拉拉勾，如此反复进行。

爸爸妈妈必读

社交能力对宝宝的重要性是可想而知的。怎样去“教授”宝宝的社交技能呢？这需要爸爸妈妈长期、坚持不懈的努力。首先要了解宝宝的个性，因为您的孩子是世上独一无二的。孩子在社交场合举止如何，这在很大程度上取决于孩子的个性。了解个性有助于您去了解他的行为。还有就是要培养宝宝的自信心。鼓励宝宝去和其他孩子玩、交朋友和以孩子感到安全、舒适的方式去接触不同的人群、不同的环境，这是现在我们每位爸爸妈妈要做的事情。

第5个活动：精细动作《端、倒》

活动准备：杯子、水、钢琴曲《四季之六月》。

活动目标：

1.训练宝宝双手的控制能力，提高宝宝的生活自理能力。

2.培养宝宝做事耐心、认真的良好品质。

活动过程：

1.爸爸妈妈端着水杯，然后把水倒进杯子里。

2. 宝宝在爸爸妈妈的帮助下训练端、倒的动作。

爸爸妈妈必读

鼓励宝宝自己拿杯子喝水是自理能力和独立性培养的一个重要方面。这个环节我们是要训练宝宝双手的控制能力，提高其生活自理能力；还有培养宝宝做事耐心、认真的良好品质。但要注意的是，训练时要在大人视线范围内，一是保障宝宝的安全，二是增强宝宝的安全感。

和14月龄的宝宝可以这样玩

第一周

亲子主题：摇一摇

第1个活动：**蒙特梭利感官训练《摇摇响瓶》**

活动准备：可乐瓶若干，每个可乐瓶里装有不同的物质（沙子、豆子等）。

活动目标：

1.通过摇响瓶，让宝宝感知快慢节奏和不同的音质。

2.促使宝宝对空间的感知和刺激宝宝的听觉。

活动过程：

1.爸爸妈妈出示各种装有不同物质的可乐瓶，逐一摇响响瓶，引起宝宝的注意，并让宝宝听一听，感受不同的声音。

2.爸爸妈妈用不同的节奏摇响响瓶。

3.爸爸妈妈拿着响瓶子，让宝宝摇响瓶，摇不同的节奏，并让宝宝模仿爸爸妈妈摇快摇慢。

第2个活动：**大肌肉动作《踢响瓶》**

活动准备：响瓶。

活动目标：

1.促进宝宝大肌肉运动的发展。

2.引导宝宝练习“踢”的大肌肉动作。

活动过程：

1.爸爸妈妈拿着响瓶踢一踢，引起宝宝的兴趣。

2. 让宝宝走过来拿响瓶，并踢响瓶。

3. 爸爸妈妈让宝宝按照指定的路线踢响瓶。

爸爸妈妈必读

这个游戏的目的是锻炼宝宝腿部大肌肉，使腿部大肌肉能跟脚协调一致活动，准确地踢动响瓶，让响瓶沿着一定的路线滚动，发展宝宝活动的有意性和控制性。

第3个活动：**奥尔夫音乐《摇一摇》**

活动准备：串铃。

活动目标：

引导宝宝感受儿歌的节奏韵律，增强韵律感。

活动过程：

爸爸妈妈与宝宝面对面坐好，一起朗诵儿歌《摇一摇》，并有节奏地摇动小手、头等部位，同时用串铃为歌伴奏。

附：奥尔夫音乐《摇一摇》

××　××｜×　×｜××　×｜×××‖

摇摇　小手，摇一摇，　宝宝　摇，　妈妈　摇；

摇摇　头儿，摇一摇，　宝宝　摇，　妈妈　摇；

摇摇　屁股，摇一摇，　宝宝　摇，　妈妈　摇。

第4个活动：**精细动作《装小球》**

活动准备：小球若干、瓶口比球大一点的瓶子或杯子、钢琴曲《四季之六月》。

活动目标：

1. 发展宝宝的精细动作，使其会用拇指和食指拿稳小球。

2. 训练宝宝手眼的协调能力。

活动过程：

1. 妈妈说："宝宝看我能不能把小球放进瓶子里去。"然后，用拇指和食指拿着小球，拿到瓶口时放下，让小球落入瓶中。

2.妈妈指导宝宝用拇指和食指拿稳小球，让小球落入瓶中。放好了，及时表扬宝宝，反复练习。

爸爸妈妈必读

14月龄的宝宝能在1分钟内投入5～6个小东西到瓶中，说明宝宝的手眼协调又有了进步。当宝宝学会了以后，可进一步学习用两个手指拿起钱币投入存钱罐内，存钱罐的缝隙窄小，可使协调能力更加准确。

第5个活动：亲子游戏《小船摇摇》

活动准备：音乐《划小船》。

活动目标：

1.培养宝宝的注意力，安静听音乐的习惯，感知摇摆的韵律。

2.促进宝宝用动作表达内心感受及审美能力的发展。

活动过程：

1.爸爸妈妈与宝宝面对面跪坐在地上，手拉手扮成一只小船，爸爸妈妈播放《划小船》的音乐，与宝宝手拉手一前一后地随音乐摇摆身体。

2.爸爸妈妈与宝宝面对面坐在地上，双腿伸直，腿抵在一起，双臂侧平举，随着《划小船》的音乐先左手着地抬高右臂，再右手着地抬高左臂，轮流撑地左右摇摆身体。

第二周

亲子主题：火车

第1个活动：蒙特梭利语言活动《“呜”开火车》

活动准备：儿歌《开火车》、小火车玩具、下载《火车过站音效》录音（素材）。

活动目标：

1.让宝宝知道火车开动时会发出“呜”的声音。

2.增强宝宝的语言表达能力。

活动过程：

1.爸爸妈妈出示小火车玩具，教宝宝认识火车然后开动小火车，引导宝宝观察。

2.播放火车过站音效，让宝宝注意听火车的声音。

3.爸爸妈妈朗诵儿歌《开火车》，再带着宝宝一起朗读。

4.爸爸妈妈提问：“火车怎么叫？”引导宝宝回答，发出“呜”的声音。

爸爸妈妈必读

模仿火车等交通工具的叫声，跟学习动物叫声的方法是相同的。在日常生活中，我们要运用游戏和儿歌的形式让宝宝认识各种交通工具和各种交通工具的叫声。

附：儿歌《开火车》

小火车，开动了，说起话来“呜、呜、呜”。

第2个活动：奥尔夫音乐《火车快飞》

活动准备：歌曲《火车快飞》，将小椅子摆成一排似一列火车。

活动目标：

1.带宝宝学习演唱歌曲，感受火车运行的节奏。

2.跟随音乐节奏，让宝宝学习跺脚。

活动过程：

1.播放音乐《火车快飞》，爸爸妈妈和宝宝一起欣赏。

2.爸爸妈妈协助宝宝坐在摆好的小椅子上，双手扶住前面的椅子背，双脚踏地，边模仿开火车边一起学唱歌曲。

3.根据歌词内容，唱到咔嚓咔嚓时，可以跺跺脚。

第3个活动：精细动作《排车箱》

活动准备：方块积木、钢琴曲《四季之六月》。

活动目标：

提高宝宝的手眼协调能力及专注力。

活动过程：

教宝宝用积木排成一排，做成火车。

爸爸妈妈必读

游戏《排车箱》目的是锻炼宝宝的小肌肉，提高手眼协调能力及专注力。这个时期的宝宝要能够排成火车4块，并且排得较整齐才算是达标的。

第4个活动：社会性发展《火车司机》

活动准备：音乐《小火车》、塑料圈。

活动目标：

带领宝宝练习多人协作动作，提高合作能力。

活动过程：

1.爸爸妈妈将塑料圈放在地上摆成一竖排，然后引导宝宝坐进塑料圈中，爸爸妈妈坐在塑料圈外宝宝的身边。大家听音乐，双手曲臂在身旁，做绕环运动，模仿火车车轮。

2.听着音乐，爸爸妈妈将塑料圈套在宝宝腰间，并和爸爸妈妈依次拉住前面一个人的腰间的塑料圈，搭成一列火车，练习小碎步行进。

第5个活动：美劳时间《涂车箱》

活动准备：彩笔、纸、钢琴曲《四季之六月》。

活动目标：

1.提高宝宝手的控制能力。

2.让宝宝体验和爸爸妈妈一起作画的成就感。

活动过程：

1.画一节一节的车箱（方形），然后涂颜色。

2.爸爸妈妈画车箱，然后请宝宝涂车箱颜色。

第三周

亲子主题：数数歌

第1个活动：蒙特梭利语言活动《数数歌》

活动准备：儿歌《数数歌》。

活动目标：

1.通过儿歌，让宝宝进一步感知数字

2.宝宝根据儿歌的内容能够做动作，并能够接上儿歌。

活动过程：

1.爸爸妈妈朗诵儿歌，并根据儿歌做动作。

2.宝宝跟着爸爸妈妈朗读儿歌并做动作。

爸爸妈妈必读

研究证明：缺少手势动作预示着语言能力发展的滞缓。当宝宝缺少手势动作，尤其是在言语生成时出现缺少手势动作的现象，必须时刻加以重视。不能只盯着语言，动作也是与语言能力发展的滞缓有联系的。因此，我们在教宝宝读儿歌时，一定要做动作。这样不但可以增强宝宝学习的兴趣，还有利于宝宝语言能力的发展。

附：儿歌《数数歌》

一二三，爬上山，四五六，点点头，七八九，手拉手。

第2个活动：大肌肉动作《上数字楼梯》

活动准备：在玩具的五层楼梯上贴上1～5的数字。

活动目标：

1.锻炼宝宝四肢，促进手脚和全身动作的协调。

2.让宝宝进一步感知数字。

活动过程：

1.上数字楼梯，上一层就说“1”，上两层就说“2”，让宝宝跟爸爸妈妈一起数，以引起宝宝的注意。

2.让宝宝爬楼梯，爸爸妈妈在边上保护，并随着宝宝上楼梯的层数来数数。

爸爸妈妈必读

上楼梯，除了能锻炼宝宝肌肉的力量外，还能检测宝宝的平衡能力和动作协调能力。平衡能力对于人体的运动是非常重要的，我们在任何姿势下，只要我们重心有所改变，平衡的反应就会出现，这种反应的主要机制是来自大脑的前庭系统，如果前庭系统发育不良也会对视觉造成影响，包括眼球运动以及视觉的认知发展。在爬楼梯时，加上数数，意义就更大了，还可以教宝宝学习数数。

第3个活动：奥尔夫音乐《学数数》

活动准备：小鼓、三角铁。

活动目标：

1.宝宝能感受奥尔夫音乐的快慢节奏。

2.宝宝能听辨奥尔夫乐器的不同特质。

活动过程：

1.朗读儿歌《学数数》，当读到敲小鼓时，读到就根据节奏敲小鼓；敲三角铁时，就敲三角铁。然后放慢速度数一、二、三、四、五。

2.爸爸妈妈念儿歌，让宝宝敲小鼓或三角铁，爸爸妈妈在旁指导。数数时爸爸妈妈让宝宝一起数。

爸爸妈妈必读

宝宝会背数到5以上，很快可以让宝宝再背到10。这个环节，我们是运用儿歌、音乐节奏等形式来让宝宝背数。刚开始学习背数时，不让宝宝去点数手指或点数东西。因为宝宝的手还比不上口快，让点数就会使学习难度增大。

附：奥尔夫音乐《学数数》

一二三四五，我来敲小鼓，咚咚咚咚咚，一二三四五。

一二三四五，还有三角铁，叮——叮——叮——叮——叮，

一—— 二——三——四——五。

第4个活动：**精细动作《拨算珠》**

活动准备：蒙特梭利教具：算盘、音乐《月神》。

活动目标：

1.通过拨算珠，活动宝宝的食指。

2.发展宝宝的手部动作。

活动过程：

1.出示算盘，爸爸妈妈先示范用食指拨上拨下。

2.给宝宝发放一个算盘，让宝宝拨算珠。

第5个活动：**亲子游戏《听口令：一、二、三》**

活动准备：各色皮球。

活动目标：

训练宝宝学习慢慢按口令动作，听数数的顺序，为以后学数数做准备。

活动过程：

1.爸爸妈妈与宝宝面对面站好，爸爸或妈妈抱球："宝宝，我要把球抛给你，你要接住。听好，一、二、三，就给你球了！"

2."一、二、三，宝宝接住。"

3."宝宝，你把球抛给我，一、二、三，把球给我。"反复练习，强调一、二、

三，不断鼓励宝宝按口令去做动作。

爸爸妈妈必读

这个游戏是训练宝宝慢慢按口令做动作，听数数的顺序，为学数数做准备。在日常生活中，可以用很多游戏来训练宝宝此项能力。如上楼梯、搭积木、一起比赛去拿玩具等都可以出现一、二、三的数数口令。

第四周

亲子主题： 逛超市

第1个活动：认知活动《逛超市》

活动准备： 准备鞋、帽、碗、杯等日常用品，并用桌子摆放好。

活动目标：

宝宝能认识日常用品，用手指着并说出物品的名称。

活动过程：

1.爸爸妈妈先拿出各种日常用品，教宝宝认识各种物品的名称。

2.宝宝跟着爸爸妈妈一起“逛超市”，爸爸妈妈先教宝宝再认一遍各种物品，然后提问：“鞋子在哪里？”让宝宝用手指出来。

第2个活动：蒙特梭利日常训练《学妈妈戴帽子》

活动准备： 鸭舌帽（或草帽）和布帽（或毛线帽）、镜子。

活动目标：

1.宝宝能模仿成人，把质地较硬的鸭舌帽（或草帽）比较稳定地放在自己头顶上，学会脱帽子，使手的动作得到训练。

2.在成人的帮助下，宝宝能把帽子戴正，可尝试将软质地的帽子展开后，戴在头上。

活动过程：

1.爸爸妈妈指着陈列的各种帽子对宝宝说：“啊，超市里还有许多漂亮的帽子，多好看呀，这样美丽的帽子给宝宝戴起来一定很可爱。”引导宝宝欣赏陈列的各种帽子，让宝宝寻找自己的帽子。

2.在镜子面前，爸爸妈妈先示范戴帽子，吸引宝宝模仿。鼓励宝宝用质地较硬的鸭舌帽（或草帽）往自己头顶上戴。戴不稳，可以多练习。

3.宝宝能戴稳帽子后，让他对着镜子照一照是否戴正？爸爸妈妈可以示范如何拉正帽子，再鼓励宝宝自己用手拉住帽沿戴正帽子。

4.爸爸妈妈拿出软质地的帽子，然后协助宝宝尝试将软质地的帽子戴上。

爸爸妈妈必读

这个游戏的目的是培养宝宝的自主性和训练其生活自理能力，我们平时训练时，要注意从比较容易戴的质地较硬的鸭舌帽和草帽开始，在大人的帮助下，再让宝宝尝试戴质地较软的布帽。从自己把帽子戴稳在头上开始，到戴稳后能拉正帽子，使孩子的独立性和自信心进一步增强。

第3个活动：奥尔夫音乐《照相》

活动准备：音乐《音乐的瞬间》、玩具照相机。

活动目标：

培养宝宝听音乐合拍做动作的能力，提高其感知音乐的能力和对身体的控制能力。

活动过程：

1.爸爸或妈妈出示玩具照相机引起宝宝的兴趣，并对宝宝说：“宝宝戴着帽子可漂亮了，我这里有一台照相机，宝宝摆一个好看的动作，给宝宝照相。”爸爸妈妈引导宝宝摆一个动作，用玩具照相机给宝宝“照相”。

2.播放音乐《音乐的瞬间》，爸爸妈妈引导宝宝按节奏做优美的动作。爸爸妈妈随时停止音乐，并协助宝宝摆出一个好看的动作停止不动，然后爸爸妈妈用玩具照相机给宝宝照相。音乐再响起时继续动作。

爸爸妈妈必读

当宝宝13月龄大时，听到欢快活泼、节奏鲜明的歌曲，能自发地手舞足蹈。因此，我们时常要放一些不同节奏的音乐，让宝宝即兴创作。这样有助于培养宝宝听音乐节奏做动作的能力，提高其感知音乐的能力和对身体的控制能力。

第4个活动：**感官训练《滚圆筒》**

活动准备：圆筒、纽扣、木珠等物品。

活动目标：

宝宝学习辨认常见物体。

活动过程：

取一只圆筒，放进一些纽扣、木珠、玻璃球、积塑片、小积木等物品，盖好放倒。大人一边用手拨动铁筒，使其滚来滚去发出声响，一边对宝宝说："咦，这是什么声音?""哪来的声音?""里面是什么?"当宝宝想看时，就打开圆筒，把东西一样一样地倒出来，倒出一样讲一样，"噢，是纽扣"等，让宝宝一一辨认。

爸爸妈妈必读

《滚圆筒》训练目的是让宝宝学习辨认和认识常见物体以及发展宝宝的听觉，培养宝宝注意听声音的能力。这个时期的宝宝，我们要多和他玩一些认物游戏。可用实物和图片来认，还可以利用宝宝的探索欲望和好奇心来设计各种游戏，比如这个环节我们是运用让宝宝先闻其声，再认其物的办法来调动宝宝的积极性。因此，爸爸妈妈在日常生活中，教宝宝时要用心去设计各种游戏环节，这样就会事半功倍。

第5个活动：美劳时间《玩橡皮泥》

活动准备：橡皮泥若干、音乐《月神》。

活动目标：

培养宝宝的想象力和创造力。

活动过程：

1.爸爸妈妈对宝宝说："刚才我们在超市里看到了好多好多的东西，现在我要开始变魔术了。我要变一个我刚才看到的帽子。"爸爸妈妈说完用橡皮泥捏一顶帽子。引起宝宝的兴趣。

2.爸爸妈妈和宝宝一起捏橡皮泥，可以做小鱼、麻花等

和15月龄的宝宝可以这样玩

第一周

第1个活动：**蒙特梭利数学活动《谁大谁小》**

活动准备：袋鼠图片（大小区分明显）、其他大小差异明显的物品。

活动目标：

1.增强宝宝的逻辑思维能力。

2.让宝宝有“大”“小”概念的意识存在。

活动过程：

1.爸爸妈妈用袋鼠图片，教宝宝认识大与小，并教宝宝用语言表达“大”和“小”。

2.爸爸妈妈出示各种相同但大小不一的物品，和宝宝一起区分大小。区分时，要先告诉宝宝哪个大哪个小，再让他亲手摸一摸，比一比，然后可让他把小的或大的给大人，观察他是否拿对。

爸爸妈妈必读

15月龄阶段的宝宝要开始学习分清“大”“小”，平时我们可以时时处处培养宝宝“大”“小”的概念，如吃苹果，爸爸妈妈还可以配合念些儿歌，帮助宝宝增强记忆和发展思维能力，通过游戏培养宝宝的观察力和比较能力。如“排排坐，分果果，大的给妈妈，小的留给我”等。

第2个活动：大肌肉运动《袋鼠玩棍子》

活动准备：袋鼠头饰、棍子、大小不同的物品。

活动目标：

1.进一步提高宝宝分清大小的能力。

2.锻炼宝宝手眼协调能力和发展宝宝手部肌肉。

活动过程：

1.妈妈戴上袋鼠头饰，把大小不同的物品抛向远方，说："我是袋鼠妈妈，我要把这些东西拿过来，可是我拿不到，怎么办呢?"想一想，然后拿出棍子，用棍子够取物品。够取物品时，可说"我先拿一个大的娃娃"等语言让宝宝进一步区分大小。

2.请宝宝戴上头饰，模仿用棍子够取物品，妈妈发号指令：拿大的还是小的。

爸爸妈妈必读

这个年龄阶段的宝宝大多都很喜欢棍子，特别是男孩子，常喜欢舞动棍子当刀枪玩。这时我们可以利用这一点，教宝宝用棍子够取远处的玩具，这种经验是从模仿中学到的。最早能学会为11个半月，宝宝会用球拍、苍蝇拍、尺子等够到玩具。今天我们进一步让宝宝用棍子够取大小不同的玩具，使宝宝更加灵巧。刚开始时宝宝可能不会用棍子够取，常用棍子把东西推得更远。经过反复练习后就能够学会。其实棍子还有另外的用途，平时我们可用棍子在土地上划线让宝宝理解"长"和"直"的意义，还可以涂鸦等。

第3个活动：奥尔夫音乐《小袋鼠》

活动准备：袋鼠头饰。

活动目标：

1.培养宝宝的节奏感和与人合作的精神。

2.初步感知"跳"的动作和发展宝宝腿部肌肉。

活动过程：

1.爸爸妈妈戴着袋鼠头饰，说："我是小袋鼠，走起路来蹦蹦跳。"然后爸爸妈妈做蹦蹦跳的动作。

2.爸爸妈妈弹奏歌曲，并示范唱，边唱边做动作，让宝宝和爸爸妈妈一起倾听音乐。

3.让宝宝跟着爸爸妈妈一起学唱歌曲并做动作。当唱到最后一句时，爸爸妈妈和宝宝手拉手，然后协助宝宝跳一跳。

爸爸妈妈必读

这个时期的宝宝还不能够跳跃，设计这个游戏目的是让宝宝初步感知跳的动作和发展宝宝的腿部肌肉，最主要的是培养宝宝的节奏感和与人合作的精神。当宝宝与爸爸妈妈手拉手听音乐跳动的时候，宝宝的情绪是非常高涨，非常愉快的。

第4个活动：亲子游戏《袋鼠亲子赛》

活动准备：布袋、音乐《袋鼠妈妈》。

活动目标：

1.继续锻炼宝宝跳的动作。

2.增进亲子间的感情。

活动过程：

把宝宝放在布袋里站好，爸爸妈妈拉着布袋预备站好，播放音乐，当听到爸爸妈妈的指令时，宝宝就会向前跳，跳到终点为止。

第5个活动：美劳时间《画袋子》

活动准备：纸、彩色笔、音乐《四季之六月》。

活动目标：

1.培养宝宝的手眼协调能力。

2.培养宝宝的专注力及兴趣。

活动过程：

请爸爸妈妈画好袋子，或手把手地教宝宝画袋子。然后请宝宝挑选自己喜欢的颜色，为袋子添上漂亮的花纹。

第二周

第1个活动：认知活动《动物运动会》

活动准备：关于动物运动会的书。

活动目标：

1.倾听故事，让宝宝了解几种体育项目。

2.学会翻页，训练宝宝手指的小肌肉，增强灵活性。

活动过程：

1.爸爸妈妈拿一本介绍体育项目的书，绘声绘色地讲故事给宝宝听，让宝宝了解几种体育项目，如赛跑、游泳、跳远等。

2.爸爸妈妈在给宝宝看书时，可有意识地让宝宝自己翻面，刚开始宝宝总是五个指头一齐上，一叠一叠地翻，爸爸妈妈要反复地给他示范，让他慢慢学会用一个至两个手指一次翻一页，最后一页一页地翻。

爸爸妈妈必读

翻书是检测孩子食指和拇指联合运作的能力。1岁前后的宝宝最喜欢听大人讲故事，平时最好用一本有图的故事书同宝宝一起边看图边讲故事。当大人照着书上的文字讲时，宝宝则会一边听一边看图认物，还一边背诵大人讲的每一句话。刚开始宝宝翻页时手不是很灵巧，但每天坚持，很快宝宝就会懂得正着看书不把图倒着看，而且懂得从头翻页。书页有厚页和薄页之分，在周岁前后宝宝看的书常为厚页书，宝宝能逐页翻开；当宝宝拿着薄页书，有时一下翻两三页时，他看出图与大人讲的不同，知道翻错了也会更正。

第2个活动：大肌肉动作《宝宝棍操》

活动准备：音乐《宝宝棍操》、小木棍。

活动目标：

1.借助棍子的支持，在大人的协助下完成动作，促进宝宝身体和智能的协调发展。

2.培养宝宝的模仿能力。

活动过程：

宝宝跟爸爸妈妈一起学做棍操，培养宝宝的模仿力，爸爸妈妈协助宝宝完成动作。

爸爸妈妈必读

这个游戏环节是借助棍子的支持，在大人的协助下完成动作，促进宝宝身体和智能的协调发展和培养宝宝的模仿能力。刚开始时，宝宝没有做操的意识，爸爸妈妈可以自己拿着小棍来做操，给宝宝以示范，培养宝宝做操的意识和习惯，不用多久，只要宝宝看见棍子就会主动跟着爸爸妈妈来做操了。

附：《宝宝棍操》

小小棍，长又长，我和妈妈来做操，举一举，举一举，蹲一蹲，

蹲一蹲，弯弯腰，弯弯腰，蹦蹦跳，蹦蹦跳，多做棍操身体好。

第3个活动：奥尔夫音乐《宝宝真能干》

活动准备：铃鼓。

活动目标：

通过多种形式让宝宝感受语言的节奏，知道运动对身体有益。

活动过程：

1.爸爸妈妈面对宝宝做扭头、扭腰、拍手、踏脚的动作，并提问："刚才都有哪些地方在动？"引导宝宝说一说。

2.爸爸妈妈朗诵儿歌《宝宝真能干》，让宝宝和爸爸妈妈一起朗读。

3.宝宝和爸爸妈妈边学习朗诵儿歌边按儿歌做动作。

4.爸爸妈妈出示铃鼓，用铃鼓为宝宝朗诵伴奏，宝宝做动作。

附：奥尔夫音乐《宝宝真能干》

×× ××| ×× ×-|×× ××| ×× ×| ×× ××|×× ×|

动起 头来，动动 脚，扭扭 屁股，扭扭 腰，小手 小脚 问声 好

×× ××|×× ×‖

小脚 高兴 到处 跑。

第4个活动：**精细动作《串珠》**

活动准备：绳子、珠子、音乐《月神》。

活动目标：

训练宝宝手的动作的准确性和手眼协调能力。

活动过程：

1.用细塑料绳穿珠子。

2.爸爸妈妈带着宝宝一起穿珠子，让宝宝注意安全。

第5个活动：**亲子游戏《健康宝宝》**

活动准备：歌曲《健康歌》。

活动目标：

1.按节奏扭扭，提高宝宝的创编能力。

2.感受和爸爸妈妈一起做游戏的快乐。

3.进一步认识身体各部位。

活动过程：

1.宝宝和爸爸妈妈一起听《健康歌》，让宝宝模仿爸爸妈妈按节奏做各种扭动身体的动作。

2.让宝宝和爸爸妈妈面对面站着，一起做动作，并试一试还可以扭动身体的哪些部位。

爸爸妈妈必读

游戏《健康宝宝》目的是训练宝宝按节奏扭一扭，提高其创编能力和进一步认识身体各部位。

第三周

第1个活动：蒙特梭利语言活动《三只小熊》

活动准备： 铃鼓、儿歌《三只小熊》。

活动目标：

1. 宝宝能跟着成人学习念儿歌，促进语言发展。
2. 宝宝能运用动作、乐器来表演儿歌，提高儿歌节奏感。

活动过程：

1. 宝宝和爸爸妈妈一起朗诵儿歌《三只小熊》，并根据歌词大意做动作。
2. 宝宝和爸爸、妈妈边朗诵儿歌边用铃鼓伴奏。

爸爸妈妈必读

"听儿歌，做动作"可以了解孩子对语言接收能力和学会用动作表达出理解能力。这个时期的宝宝，他们所能理解的词语要多于他们所能表达的。他们往往能用动作做出来，却在用语言表达出来上有一定的难度。这时即使宝宝不会说，爸爸妈妈要做的就是"对牛弹琴"，坚持不懈地把你做的每一件事告诉宝宝。有一天，你会突然发现，宝宝会说这个词，可是你却觉得你没有教过他。

第2个活动：亲子游戏《熊妈妈和宝宝》

活动准备： 熊头饰、音乐《三只小熊》、铃鼓。

活动目标：

1. 宝宝能感受并表现音乐的重拍。
2. 宝宝能感知不同乐器的音色。

活动过程：

宝宝和爸爸妈妈各戴一个熊头饰，面对面手拉手，听着音乐唱到哪个角色就哪个角色上前做表演动作。

第3个活动：大肌肉动作《小熊过桥》

活动准备：平衡木、音乐《三只小熊》。

活动目标：

1.培养宝宝的行走能力。

2.锻炼宝宝的胆量。

活动过程：

1.在平地上摆好平衡木，爸爸或妈妈先示范在平衡木上走。

2.爸爸或妈妈在一边，引导宝宝走平衡木，做好必要的防护和协助。

3.宝宝在爸爸妈妈的鼓励下“过桥”。

第4个活动：奥尔夫音乐《洋娃娃和小熊跳舞》

活动准备：音乐《洋娃娃和小熊跳舞》。

活动目标：

学唱新歌，并培养宝宝根据音乐节奏创编动作的能力。

活动过程：

1.宝宝和爸爸妈妈一起欣赏音乐《洋娃娃和小熊跳舞》。爸爸用电子琴伴奏，妈妈演唱歌曲《洋娃娃和小熊跳舞》，并根据音乐节奏跳舞。

2.爸爸妈妈和宝宝一起学习歌曲。

3.让宝宝手握小熊玩偶与爸爸妈妈边唱边表演。

4.爸爸妈妈和宝宝一起手拉手围成一个圆圈，播放音乐，一起跳圆圈舞。

第5个活动：感觉统合训练《滑梯》

活动准备：户外直滑式滑梯、音乐《月神》。

活动目标：

1.训练宝宝的本体感。

2.塑造宝宝的身体形象和提高宝宝维持高度的平衡感。

活动过程：

1.坐着滑行。

2.趴着滑行。

第四周

第1个活动：蒙特梭利数学活动《找朋友》

活动准备：各种形状的卡片各两张。

活动目标：

1.让宝宝在各种形状中找出圆形，以促进宝宝对圆形的进一步认识。

2.宝宝初步学习形状配对。

活动过程：

1.爸爸妈妈拿出一张圆形卡片说："宝宝，这个圆形宝宝想出去做游戏，可是一个人太没意思，它想找一个好朋友一起去玩。我们一起来帮圆形宝宝找朋友吧，它的好朋友是跟它长得一样的，也是圆圆的。"让宝宝找出另一个圆形。

2.爸爸妈妈拿出一份形状卡片，和宝宝一起玩《找朋友》的游戏。

爸爸妈妈必读

《找朋友》是一个配对游戏。宝宝能配上4对，说明宝宝不但视觉分辨能力良好，手眼配合也良好，这样才能在众多图形中找出完全相同的图来。这个年龄可让宝宝玩物名配对的游戏，也可做几个数字或汉字，让宝宝在同一种物体内作细微部分的配对。如果宝宝还不会配对，可以先让宝宝学认图说出一种物名，然后按物名去找相同的图。让宝宝有目的地拿着手中要配的图去找出相同的图。

和16月龄的宝宝可以这样玩

第一周

亲子主题：红绿灯

第1个活动：**蒙特梭利数学活动《红绿灯》**

活动准备：红绿灯挂图、红卡片和绿卡片若干。

活动目标：

1.宝宝认知绿色，进一步巩固并认识红色。

2.训练宝宝的分类能力。

活动过程：

1.爸爸妈妈教宝宝认红色、绿色。

2.爸爸妈妈拿一套颜色卡（红、绿颜色若干），和宝宝一起进行颜色分类：红色一类、绿色一类。

第2个活动：**奥尔夫音乐《小汽车》**

活动准备：音乐《小汽车》、塑料圆圈、红色和绿色两个大圆。

活动目标：

1.宝宝能发出“滴滴滴滴”的声音。

2.练习小跑步，提高宝宝身体动作协调性。

3.感受音乐旋律轻松、欢快的特点，提高宝宝对音乐的感知能力。

活动过程：

1.爸爸或妈妈让宝宝双手握住方向盘（塑料圆圈）扮小司机，自己在宝宝身后双手搭住他的肩扮乘客，然后爸爸或妈妈开始念儿歌，并且有节奏地左右摇摆方向盘，让宝宝感知旋律和歌词。

2. 爸爸妈妈唱歌，带着宝宝一起跟着音乐左右摇摆，自由地在场内开汽车，唱到“红灯停”时，在原地站立，宝宝如果做得好要及时表扬。跟着音乐反复做几遍。

第3个活动：蒙特梭利感官训练《开车、倒车》

活动准备：塑料圆圈、音乐《小汽车》。

活动目标：

1. 宝宝能慢慢倒退走。

2. 增强宝宝的预测能力和感觉。

活动过程：

大人跟宝宝说开车，宝宝则手拿圆圈向前小跑步；说倒车，宝宝则慢慢倒退走。刚开始练习倒退走时，爸爸或妈妈在宝宝后面保护，用声音引导宝宝向后退几步。当宝宝能退后一步时就说：“好！再退一步。”逐渐增加次数。

爸爸妈妈必读

倒退走是靠身体自身的本体感觉，不用眼睛作指导。倒退走时，手、足和身体都在小心地共同维持自身平衡，宝宝会倒退走，说明宝宝有良好的本体感觉。倒退走能很好地练习本体感觉，平时还可以让宝宝在夜间不开灯走到另一间房里去，凭他记住的房间的方位，用手和身体的触觉作指导到达目的地。也可以练习本体感觉。人所学习的熟练技巧都要靠本体感觉，如弹琴的人眼看谱手能触到正确的琴键，打字员不必看键也能打得快，这些都是本体感觉起的作用。

第4个活动：美劳时间《玩颜色》

活动准备：玩具小汽车、红绿颜色、白纸、抹布。

活动目标：

让宝宝通过亲身感受红色和绿色，能分辨。

活动过程：

1.“宝宝看，这里有什么呀?”这里有好多小汽车，还有红色、绿色的颜料。爸爸妈妈边讲边出示相应的美术用品向宝宝介绍。

2.爸爸妈妈拿着小汽车的车轮在红色颜料里蘸一蘸，放在纸上开一开，让宝宝看，开出一条红色路来。然后用抹布把车轮擦干净，再在绿色颜料里蘸一蘸，又开出一条绿色路来。

3.让宝宝也来“开”彩色路。爸爸妈妈给宝宝一份操作材料，宝宝操作，爸爸妈妈指导。

第二周

亲子主题：圆形

第1个活动：蒙特梭利数学活动《认识圆》

活动准备：各种圆形实物（圆脸盆等）、蒙特梭利教具（圆形）。

活动目标：

让宝宝感知、认识圆形，理解圆形是指形状，而不是指某一物品，训练宝宝手的感觉能力。

活动过程：

1.爸爸妈妈出示各种圆形日常物品，先让宝宝指认物品，然后要强调：“圆圆的脸盆。”指认完所有物品后，再告诉宝宝：“这些东西的形状都是圆形的。”

2.妈妈出示蒙特梭利教具——圆形，请宝宝用手摸一摸圆形，感受圆的形状。然后给宝宝一份，让宝宝和妈妈一起认识圆形。

爸爸妈妈必读

当宝宝对圆形有了初步的认识后，爸爸妈妈可以告诉宝宝，有许多东西都是圆形的，引导宝宝在家里找一找，看一看，如表是圆形的、茶杯口是圆形的等，让宝宝在认知圆形的过程中也培养其观察细节的能力。爸爸妈妈在让宝宝寻找家中的圆形时，应给宝宝指定一个观察的范围，注意范围不要太大，否则会过分分散宝宝的注意力。

第2个活动：**亲子游戏《大泡泡小泡泡》**

活动准备：音乐《少女的祈祷》。

活动目标：

1.增进宝宝和爸爸妈妈之间的亲子感情。

2.体验游戏的快乐，并进一步感知大和小。

活动过程：

1.爸爸妈妈对宝宝说："圆形宝宝说，大家帮它找到了好朋友，邀请我们和它一起做游戏。"

2.爸爸妈妈和宝宝一起手拉手，围成一个圆圈，爸爸妈妈说大泡泡时，所有的人把手臂伸直，围成一个大圆；说小泡泡时，所有的人都往中间挤，围成一个小圆圈；说泡泡吹炸了，所有的人都松开手，向四周散开。

第3个活动：**大肌肉动作《送圆回家》**

活动准备：独木桥等一些障碍物、圆形卡片、音乐《少女的祈祷》。

活动目标：

1.促进宝宝的行走能力及对圆的认知。

2.发展宝宝的平衡力。

活动过程：

给宝宝一个圆形卡片，挂在宝宝脖子上，说："圆形宝宝在外面玩，玩着玩着迷路了，不知道怎么回家，让我们帮帮它吧。"让宝宝走过独木桥，爬过"小山"等，把圆形送回家里去。

第4个活动：**美劳时间《粘贴画：圆》**

活动准备：事先剪好的各种颜色的圆形卡片、卡纸、音乐《少女的祈祷》。

活动目标：

1.提高宝宝粘的能力，促进宝宝手指的分化，并认识圆的美。

2.培养宝宝的专注力及对美工的兴趣。

活动过程:

1.爸爸妈妈把事先剪好的圆形卡片让宝宝粘在卡纸上。

2.宝宝和爸爸妈妈一起粘贴圆形卡片。

第三周

第1个活动:**大肌肉动作《摘树叶》**

活动准备:树叶、绳子(把树叶夹在绳子上)、平衡木、音乐《小草的春天》。

活动目标:

1.通过一定的障碍物,进一步提高宝宝的行走能力。

2.通过伸手摘物,促使宝宝手臂肌肉得到有效的锻炼,并发展其踮脚及跳跃能力,提高宝宝的身体平衡能力。

活动过程:

爸爸妈妈把树叶条拉好,让宝宝走过“小桥”(平衡木),然后跳起来摘树叶(根据宝宝的情况来定是跳起来还是踮脚来摘树叶)。

爸爸妈妈必读

通过伸手摘物,促使宝宝手臂肌肉得到有效的锻炼,并发展其踮脚及跳跃能力,提高宝宝的身体平衡能力。

第2个活动:**奥尔夫音乐《树叶舞》**

活动准备:树叶、音乐《春野》。

活动目标:

培养宝宝倾听音乐,并运用道具跳舞的能力。

活动过程:

爸爸妈妈播放音乐,拿着小树叶开始跳舞,引导宝宝手拿树叶也跟着跳起来、扭起来。

第3个活动：**精细动作《捡与倒》**

活动准备：树叶若干、篮子、音乐《小草的春天》。

活动目标：

学习“倒”与“捡”的动作，锻炼宝宝手部的灵活性。

活动过程：

爸爸妈妈把树叶散落在地上说：“秋天到了，树叶落了，宝宝，我们一起捡落叶吧。”让宝宝模仿捡树叶，把树叶捡到篮子里，然后把篮子里的树叶都倒到一个大筐里。

爸爸妈妈必读

《捡与倒》游戏是让宝宝学习“捡”与“倒”的动作。在活动过程中，目的通过下蹲、起立锻炼宝宝的身体平衡能力，还锻炼了宝宝的手部灵活性。

第4个活动：**美劳时间《手印大树》**

活动准备：画有大树干的纸一张、绿色颜料一盘、音乐《小草的春天》。

活动目标：

学习用手掌印画，感知手印画的奇妙，培养宝宝对美术活动的兴趣。

活动过程：

1.“宝宝的小手不但会玩玩具、找宝物，还会印大树呢。看看是怎样用手来印大树的。”爸爸妈妈边说边协助宝宝用手在绿色颜料里蘸一蘸（在盘边刮一刮），然后在树干上印一印。

2.宝宝在爸爸妈妈的指导下印大树。

第5个活动：**感觉统合训练《推大笼球》**

活动准备：大笼球。

活动目标：

发展宝宝腿部力量，训练宝宝手眼的协调能力。

活动过程：

1.爸爸妈妈出示大笼球，和宝宝一起来推大笼球。爸爸或妈妈双手扶住宝宝的双手，一起左右换手向前推球走，当宝宝熟悉玩法后，爸爸妈妈可与宝宝一起推球走。

2.给宝宝一个大笼球，爸爸妈妈和宝宝一起玩推球，如果宝宝很快掌握，爸爸妈妈还可以让宝宝试着倒退着走。

第四周

第1个活动：蒙特梭利语言活动《我有一个幸福的家》

活动准备：儿歌《我有一个幸福的家》、《全家福》照片一张。

活动目标：

培养宝宝热爱家人的情感，并有节奏地朗读儿歌。

活动过程：

1.爸爸妈妈让宝宝拿出全家福，指着上面的人挨个问，引导宝宝说出照片上面人的称呼(爸爸、妈妈、爷爷、奶奶等)，还有自己的名字。在宝宝回答后，要反复强调“宝宝有一个幸福的家”。

2.爸爸妈妈朗诵儿歌《我有一个幸福的家》。重复几遍后，可空出押韵的词让宝宝说。

3.宝宝边跟着学习朗诵儿歌边与爸爸妈妈做亲密的动作，如抱一抱、亲一亲。(可用铃鼓为宝宝伴奏)

爸爸妈妈必读

这个时期的宝宝如果会说出儿歌中押韵的字，说明宝宝语言发育较快。爸爸妈妈不要忙于教宝宝整首儿歌，让宝宝先学背一句。我们要先从宝宝背押韵字开始，然后再背押韵词成为过渡，再让宝宝学会一两句，直至会背整首儿歌。学会背诵儿歌的孩子对学习记忆发展较好，无论学背儿歌或背数都较快学会，预示将来入学后学习成绩较优秀。

附：儿歌《我有一个幸福的家》

我爱我的爸爸，我爱我的妈妈，

爸爸妈妈都爱我呀，我有一个幸福的家。

第2个活动：社会性发展《我学爸爸妈妈做家务》

活动准备：小围裙、音乐《劳动最光荣》。

活动目标：

培养宝宝的生活自理能力和模仿能力

活动过程：

1.爸爸妈妈引导宝宝说出妈妈常做的家务事。

2.爸爸妈妈为宝宝系上围裙，然后播放音乐，让宝宝模仿爸爸妈妈的动作，如切菜、洗衣服、梳头等。这时爸爸妈妈可以对宝宝说："宝宝，帮我拿××过来，好吗?"

爸爸妈妈必读

《我学爸爸妈妈做家务》活动是培养宝宝的生活自理能力和模仿能力。这个时期的宝宝有为人服务的意识。在日常生活中，要经常让宝宝帮大人拿东西，如当爸爸回家时宝宝会把爸爸的拖鞋拿来让爸爸换上，等等。这样能促进宝宝更仔细地观察，并记住东西放的地方，而且养成用品放在固定位置的习惯。要注意的是东西用完后一定要让宝宝再放回原处，看看他是否送到拿东西的地方。

第3个活动：奥尔夫音乐《我有一个幸福的家》

活动准备：电子琴、大三角铁、小三角铁、木鱼及各类铃。

活动目标：

引导宝宝学习跟唱歌曲，培养宝宝用打击乐器伴奏的能力。

活动过程：

1.爸爸或妈妈弹奏电子琴，演唱歌曲《我有一个幸福的家》，让宝宝欣赏。

2.让宝宝跟爸爸妈妈学习演唱歌曲。爸爸妈妈引导宝宝自己选择一种打击乐器伴奏，演唱歌曲。

第4个活动：蒙特梭利感官训练《做饮料》

活动准备：味觉筒，盐水、糖水、醋等各种味道的水，杯子，音乐《幸福的花朵》。

活动目标：

1.提高宝宝的味觉、嗅觉及进一步训练宝宝端、倒等动作。

2.引导宝宝关心家人。

活动过程：

1.爸爸妈妈对宝宝说："平时爷爷、奶奶在家辛苦了，今天我们来做饮料给他们喝吧。"然后引导宝宝先闻一闻再尝一尝各种原材料。

2.爸爸或妈妈选择几种原材料倒在一个空杯子里，让宝宝模仿，爸爸妈妈协助宝宝。

爸爸妈妈必读

玩水是宝宝的天性，尤其是这个年龄段的宝宝，对水更是情有独钟。这个《做饮料》游戏就是利用宝宝这一天性来设计的。既让宝宝玩了水，又可以提高宝宝的味觉、嗅觉及进一步训练了宝宝端、倒等动作；还能够引导宝宝关心自己的家人。在日常生活中，我们要刺激宝宝的嗅觉和味觉。可以在家里洒点香水，让宝宝对气味的辨别变得越来越灵敏；而味觉只能辨识四种基本味道，在进餐时是训练味觉的最佳时机。

第5个活动：**亲子游戏《找妈妈（爸爸）》**

活动准备：帘子、音乐《幸福的花朵》。

活动目标：

培养宝宝的听力和辨别能力。

活动过程：

宝宝和妈妈（爸爸或其他家人）分别站在一个帘子的两边，妈妈说："宝宝，妈妈在这里。"宝宝就赶快去找。

和17月龄的宝宝可以这样玩

第一周

第1个活动：**蒙特梭利语言活动《拔萝卜》**

活动准备：挂图、图书。

活动目标：

通过倾听故事培养宝宝的语言表达能力。

活动过程：

1.爸爸妈妈利用挂图，讲述故事，让宝宝认真倾听故事。

2.爸爸妈妈协助宝宝看图书，并再次复述故事，然后根据图画给宝宝提一些简单的问题。

爸爸妈妈必读

这个时期的宝宝大多数刚开始时愿意让爸爸妈妈讲解书中图画的内容，而不喜欢爸爸妈妈念书中的文字。随着年龄的增长，宝宝会对一边看着图画，一边听故事感兴趣。讲故事时要注意，讲完后要对宝宝提一些问题，也可以让宝宝自己翻书。

第2个活动：**大肌肉动作《拔萝卜》**

活动准备：砖块、萝卜、音乐《安娜波尔卡》。

活动目标：

1.发展宝宝的腿部力量和平衡能力。

2.有目的地拿物放物。

活动过程：

1.爸爸妈妈说："宝宝看，那边地上有许多萝卜，我们过去拔萝卜吧。"

2.爸爸妈妈引导宝宝踩在砖块上走过去。每块砖块的距离间隔10厘米左右或视宝宝步子大小设置，宝宝熟练后再摆放合适的距离。

3.爸爸妈妈做拔萝卜的动作，吸引宝宝模仿。

4.用语言让宝宝把拔好的萝卜沿着来路从砖块上面返回，放到指定的地方。

爸爸妈妈必读

《拔萝卜》活动是让宝宝在砖块上走，主要是训练宝宝的平衡能力和有目的地拿物放物。

第3个活动：奥尔夫音乐《拔萝卜》

活动准备：音乐《拔萝卜》、歌曲中各种角色的头饰。

活动目标：

1.增强宝宝的节奏感。

2.让宝宝能与妈妈一起参加音乐活动。

活动过程：

1.妈妈给宝宝发一个动物头饰，妈妈教宝宝认识自己的头饰是什么角色。

2.播放音乐，妈妈让宝宝认真听。

3.角色表演《拔萝卜》，当音乐唱到什么角色时，妈妈引导宝宝过去拔萝卜。

第4个活动：精细动作《摘萝卜叶》

活动准备：萝卜叶、音乐《拔萝卜》。

活动目标：

1.初步感受"摘"的动作，锻炼宝宝手部的灵活性。

2.培养宝宝的手眼协调能力及专注力。

活动过程：

1.爸爸或妈妈拿出萝卜叶，让宝宝观察，告诉宝宝这是"萝卜叶"。

2.爸爸妈妈和宝宝一起摘萝卜叶。

3.爸爸妈妈让宝宝过来领萝卜叶，并和爸爸妈妈一起摘萝卜叶。

第5个活动：社会性发展《照顾娃娃》

活动准备：兔子娃娃，杯子、勺、毛巾等日常用品，音乐《幸福的花朵》。

活动目标：

1.通过兔子娃娃哭了、冷了、饿了等情绪，培养宝宝的情商。

2.让宝宝懂得关心和体贴家人。

活动过程：

1.爸爸妈妈播放娃娃哭的声音，然后爸爸妈妈假装四周看看，从旁边拿出一只兔子娃娃对宝宝说："是娃娃在哭呢，它为什么哭啊？哦，兔子娃娃说它又饿又冷，宝宝，我们来帮帮它吧。"爸爸妈妈鼓励宝宝上来抱娃娃。

2.爸爸妈妈把娃娃、物品一一递给宝宝，并引导宝宝照顾好兔子娃娃：哭了拿毛巾擦眼泪和哄娃娃，饿了拿出碗和勺喂饭，等等。

爸爸妈妈必读

17个月大的宝宝会哄娃娃，会拍它不哭、给它喂食、盖被让它睡觉。宝宝常模仿大人照料自己的方法去照料比自己小的娃娃，这是学习关怀别人的良好行为。在日常生活中，我们可以给宝宝一些日常用品，让宝宝去关心娃娃。

第二周

第1个活动：认知活动《我的身体》

活动准备：一个布娃娃。

活动目标：

让宝宝认识自己的身体各部位，加强宝宝的认知水平及记忆能力。

活动过程：

1.爸爸妈妈通过布娃娃，让宝宝认识身体各部位，重点认识头发、肩膀、膝盖、脚。

2.爸爸妈妈带着宝宝进一步认识自己的身体。

爸爸妈妈必读

这个阶段的宝宝不仅会指五官，还喜欢指认一些细小部位。宝宝喜欢说“膝盖”“肩膀”“脖子”等，如果学会认每个手指，会认的部位就不少了。宝宝会指5个部位以上，说明宝宝认知能力和记忆能力良好，可以再进一步学习，因为在本年龄组内有些宝宝能认9 ~ 10处。如果宝宝还没达到标准，爸爸妈妈可抓紧同宝宝做游戏去练习。练习的次数增加，宝宝就能学会。这个年龄宝宝认识的事物越多对语言发展越有好处。

第2个活动：奥尔夫音乐《头发肩膀膝盖脚》

活动准备：音乐《头发肩膀膝盖脚》。

活动目标：

宝宝能理解歌词内容，随歌词内容做相应的模仿动作，并根据指令迅速地指认身体各部位。

活动过程：

1.爸爸妈妈提问头发、肩膀、膝盖、脚各在什么地方，让宝宝用手指出来。

2.播放音乐，爸爸妈妈和宝宝一起倾听。

3.爸爸妈妈和宝宝一起学唱歌曲，并做动作。

第3个活动：大肌肉动作《踢球》

活动准备：椅子、球、音乐《安娜波尔卡》。

活动目标：

发展宝宝肌肉动作控制方向的能力。

活动过程：

1.爸爸妈妈用脚踢球，让宝宝知道脚能踢球。

2.在房屋中间放一把椅子，把椅子底下的空档作为球门，爸爸妈妈引导宝宝在椅子的两边踢球，看谁踢进球门的次数多。当宝宝重心还不稳时，可让爸爸或妈妈扶着宝宝的手让宝宝踢球。

爸爸妈妈必读

宝宝能不扶物不扶人自己踢球，说明宝宝能把身体重心落在只个脚上。初学时往往扶人或扶物才能腾起一只脚去踢球，玩熟练之后就可以完全不必扶东西自己踢球了。

第4个活动：亲子游戏《请你跟我这样做》

活动目标：

培养宝宝的模仿能力和体验亲子游戏的快乐。

活动过程：

爸爸或妈妈说："请你跟我这样做：梳头发。"爸爸或妈妈则用手做梳头发状，让宝宝模仿爸爸或妈妈梳头发。依次表演拍拍肩、叉叉腰、跺跺脚等动作。

第5个活动：美劳时间《拼一拼》

活动准备：身体各部位的卡片、音乐《幸福的花朵》。

活动目标：

1.把单个的身体各部位完整拼贴起来，培养宝宝的拼贴能力，促进宝宝对图形知觉的发展，培养注意力。

2.巩固所学的身体各部位，以提高记忆能力。

活动过程：

1.爸爸妈妈出示身体各部位卡片，让宝宝说出名称或用手指认。

2.爸爸妈妈和宝宝一起拼一拼，把身体各部位完整拼贴起来。

爸爸妈妈必读

本节《拼一拼》游戏的主要目的是巩固宝宝所学的身体各部位，同时提高宝宝的记忆能力，对人的身体各部位的正确位置有一个正确的认识。

第三周

第1个活动：**认知活动《哪个水果宝宝不见了》**

活动准备：各种水果模型。

活动目标：

1.让宝宝认识几种常见的水果。

2.加强宝宝的观察力以及记忆力。

活动过程：

1.出示常见的苹果、香蕉让宝宝回答是什么水果。

2.把苹果藏起来，问宝宝："什么不见了？"让宝宝回答。

3.爸爸妈妈再拿出另外几种水果，教宝宝认识。

4.爸爸妈妈和宝宝玩《什么不见了》的游戏。

第2个活动：**奥尔夫音乐《大苹果》**

活动准备：苹果图片1张、实物苹果1个、音乐《大苹果》。

活动目标：

通过唱歌，让宝宝练习正确发音，感知旋律和节奏，给宝宝带来欢乐。

活动过程：

1.爸爸妈妈出示苹果图片，引起宝宝的兴趣。

2.让宝宝看看说说：这是苹果，圆圆的。

3.爸爸妈妈和宝宝一起倾听歌曲《大苹果》。

4.听完后问宝宝，歌里唱了什么，让宝宝更好地了解歌词内容，爸爸妈妈引导宝宝回答。

5.让宝宝跟着爸爸妈妈一起唱（让宝宝跟着一起唱两遍，目的是让宝宝能够开口，有兴趣跟唱就行。若能做到吐词清楚，说明宝宝的语言发育得比较好。）。

第3个活动：**蒙特梭利日常生活《切一切》**

活动准备：安全水果刀、案板、香蕉等软质地的水果、音乐《少女的祈祷》。

活动目标：

1.进一步学习“切”的动作，锻炼宝宝手部的灵活性。

2.培养宝宝的手眼协调能力及专注力。

活动过程：

1.爸爸妈妈剥香蕉，引导宝宝观察，并能够跟着学剥香蕉。

2.爸爸妈妈切香蕉，并带领宝宝切一切。

第4个活动：**蒙特梭利感官训练《尝一尝》**

活动准备：自己切好的水果、调料、音乐《苹果送给老师尝》。

活动目标：

通过品尝水果及制作水果拼盘的调料，感知酸甜苦辣，刺激宝宝的味觉。

活动过程：

尝一尝自己切好的水果和各种调料，爸爸妈妈引导宝宝说出是酸的、甜的、辣的或苦的。

第5个活动：**美劳时间《制作水果拼盘》**

活动准备：盘子、音乐《苹果送给老师尝》。

活动目标：

通过父母的帮助，培养宝宝的创造力及想象力，以提高宝宝对生活艺术性的感知能力。

活动过程：

1.把切好的水果摆放在盘子里，引导宝宝摆出漂亮的造型。然后加上调料，一盘色香味俱全的水果拼盘做好了。

2.和父母、伙伴们分享自己的杰作。

第四周

第1个活动：精细动作《米瓶制作》

活动准备：小勺、矿泉水瓶、米、音乐《少女的祈祷》。

活动目标：

1.让宝宝体验自制玩具的快乐。

2.提高宝宝用勺舀物的能力，促进宝宝手部小肌肉动作的发展及手眼协调能力。

活动过程：

1.爸爸或妈妈拿出已经制作好的一个米瓶，摇一摇，踢一踢，吸引宝宝的注意力，引导宝宝观察瓶子里面装的是米。

2.爸爸或妈妈说："这么好玩的玩具怎么做呢？让我来教你吧。"制作米瓶，让宝宝观察。

3.爸爸或妈妈拿出材料，和宝宝一起制作米瓶。

爸爸妈妈必读

《米瓶制作》活动的主要目的是发展宝宝的手部精细动作，提高宝宝用勺舀物的能力和手眼协调能力，并让宝宝体验自制玩具的乐趣。

第2个活动：奥尔夫音乐《高和低》

活动准备：制作好的米瓶、音乐《高和低》。

活动目标：

1.提高宝宝感知歌曲旋律的能力。

2.运用米瓶做道具，培养宝宝的节奏感。

活动过程：

1.爸爸妈妈让宝宝把制作好的米瓶摇一摇。

2.播放音乐，根据音乐节奏摇米瓶。在每句前两拍把米瓶举高摇，后两拍把米瓶放低摇。

3.爸爸妈妈和宝宝一起摇米瓶。

第3个活动：大肌肉动作《丢米瓶》

活动准备：米瓶、音乐《安娜波尔卡》。

活动目标：

1.训练宝宝的手臂力量及发展宝宝“抛”的动作。

2.让宝宝获得与同伴游戏的快乐。

活动过程：

1.爸爸妈妈说：“这个米瓶真好玩。你看，我可以用这个米瓶做另外一个游戏。”抛米瓶：双手握着米瓶，举手过头抛米瓶。

2.爸爸妈妈和宝宝一起抛米瓶。爸爸或妈妈站在宝宝对面说：“宝宝把米瓶抛给爸爸（妈妈）。”反复练习，不断鼓励宝宝把米瓶抛出，爸爸或妈妈接米瓶。

爸爸妈妈必读

这个《丢米瓶》游戏的主要目的是训练宝宝的手臂力量及发展宝宝“抛”的动作。16月龄的宝宝要能够举手过头抛物，方向能基本向前；到了18月龄时，就要能双手过肩举物，能抛1米以外，这样才是达标的。

第4个活动：蒙特梭利语言活动《悯农》

活动准备：板书唐诗《悯农》、挂图《悯农》。

活动目标：

1.初步学习唐诗《悯农》，宝宝能接说每句的最后一个字，以提高其语言表达能力。

2.培养宝宝节约粮食、不浪费的好习惯。

活动过程：

1.爸爸妈妈出示挂图，看图讲述图意。

2.爸爸妈妈有感情地朗诵唐诗《悯农》。

3.妈妈带着宝宝一起看图，让宝宝听妈妈讲并跟妈妈一起朗诵唐诗《悯农》。同时告诉宝宝吃饭不能浪费。

附：唐诗《悯农》

锄禾日当午，汗滴禾下土。

谁知盘中餐，粒粒皆辛苦。

译文：农民们在地里给禾苗锄草松土，到了中午，那滚滚的汗珠像雨水一样滴进禾苗下的泥土里。可有谁知道人们盘中的饭食，每一粒都凝结着农民的辛苦啊！

第5个活动：**美劳时间《瓜子壳贴画》**

活动准备：瓜子壳、卡纸。

活动目标：

1.培养宝宝的动手能力及提高宝宝的审美能力。

2.发展和提高宝宝的手眼协调能力。

活动过程：

1.爸爸妈妈出示一幅已经做好的瓜子壳贴画，让宝宝和爸爸妈妈一起欣赏。

2.爸爸妈妈在卡纸上画一幅画，在画上涂上胶水。

3.爸爸妈妈引导宝宝把瓜子壳贴在涂胶水处。

和18月龄的宝宝可以这样玩

第一周

第1个活动：**蒙特梭利语言活动《大兜、小兜》**

活动准备：板书儿歌、一大一小两个兜。

活动目标：

1.让宝宝感受儿歌的压韵，并能模仿成人的口型读儿歌。

2.增强亲子间的情感。

活动过程：

1.爸爸妈妈拿出两个兜，告诉宝宝这是“兜”，让宝宝比较哪个大，哪个小。

2.爸爸妈妈朗读儿歌，并让宝宝挂一个兜，表演儿歌。

3.爸爸妈妈教宝宝朗读儿歌，并和宝宝一起表演。

爸爸妈妈必读

宝宝到了这个阶段，已能够模仿成人的口型，开始朗读儿歌了，已不仅限于接押韵的字了。宝宝在17月龄能背诵儿歌中的两句才是达标的。

附：儿歌《大兜、小兜》

大兜小兜，大兜小兜，真可爱，真可爱。

两个兜兜碰一碰，两个兜兜碰一碰，真好玩，真好玩。

第2个活动：**大肌肉动作《送信》**

活动准备：信件、音乐《安娜波尔卡》。

活动目标：

1.宝宝练习走、跑的动作，训练宝宝的敏捷性。

2.培养宝宝合作的意识。

活动过程：

1.爸爸在兜里放上一封信，告诉宝宝这里有一封信，要把信送给它的主人，信的主人在好远的地方，可是这封信又很急，请宝宝和爸爸一起去帮帮它吧。

2.爸爸给宝宝的兜里放上一封信，然后播放音乐。爸爸在前面让宝宝在后面跟着音乐节奏走、跑，指导宝宝练习走和跑的动作。

3.爸爸说前面有一条河，要手拉手一起过去才安全，并和宝宝一起手拉手走。

4.音乐停时，爸爸引导宝宝把信件送给自己，这时要说："谢谢宝宝。"爸爸引导宝宝说："不用谢。"

爸爸妈妈必读

这个年龄段的宝宝能跑步会扶停，较好的是会自己放慢速度自己停止。有家具或栏杆的地方可以让宝宝扶停，或者大人在宝宝前面退后跑，当宝宝要停时可扶住大人。大人可用口令让宝宝先快后慢，然后学习自己停止，最早学会扶停为16月龄，多数在18月龄时会扶人扶物停止，此时部分宝宝已会自己减速后停止。在日常生活中，如果宝宝不敢跑步，大人要在宝宝前面退后跑而不是牵着跑，一边用口令告知"慢一点"和"抬起头，挺起胸，站住!"。这样可以帮助宝宝由扶停变成自己停。

第3个活动：**奥尔夫音乐《邮递马车》**

活动准备：音乐《邮递马车》。

活动目标：

1.让宝宝对邮递员送信的方式有所了解。

2.提高宝宝感知歌曲旋律的能力，能感受歌曲的欢快。

活动过程：

1.爸爸妈妈播放音乐《邮递马车》，让宝宝一起欣赏。

2.爸爸妈妈引导宝宝根据音乐节奏做拍拍手、扭一扭、跳一跳的动作。

3.爸爸妈妈带领宝宝一起做骑马的动作，并根据音乐节奏跑一跑。

第4个活动：亲子游戏《小马翻车》

活动准备：歌谣《小马翻车》。

活动目标：

1.通过爸爸或妈妈膝盖的颠动，让宝宝体验上下伏动的感觉。

2.让宝宝体验突然的落差感。

活动过程：

宝宝坐在爸爸或妈妈的膝盖上，爸爸或妈妈朗诵歌谣："小马跑、小马跑、嘀嘀哒、嘀嘀哒，跑着跑着，扑通翻车了！"爸爸或妈妈根据儿歌节奏大腿11路的，当念到"扑通"时，双腿突然伸直。让宝宝体验突然的落差感。

第5个活动：美劳时间《漂亮的信封》

活动准备：纸、彩笔、音乐《少女的祈祷》。

活动目标：

1.培养宝宝的创造力及"涂色"的能力。

2.培养宝宝的美术兴趣。

活动过程：

1.拿出做好的信封，在信封上涂色。

2.让宝宝选择自己喜欢的颜色，和爸爸妈妈一起涂色。

爸爸妈妈必读

宝宝到了17月龄，要能够用笔涂鸦，并稍有连续性，在18月龄时要能够拿蜡笔画长线，会画圆才是达标的。这个环节我们是培养宝宝的创造力及"涂色"能力。爸爸妈妈可稍作提示，让宝宝自己发挥。

第二周

第1个活动：**蒙特梭利语言活动《小星星》**

活动准备：挂图《满天星》、儿歌《小星星》。

活动目标：

让宝宝初步感受儿歌的压韵，并能模仿成人的口型。

活动过程：

1.出示挂图《满天星》，引导宝宝观察欣赏图画，引导宝宝认识星星，并用语言表达。

2.爸爸妈妈朗诵儿歌《小星星》，请宝宝和爸爸妈妈一起拍手为伴奏。

3.让宝宝跟着爸爸妈妈学念儿歌。

爸爸妈妈必读

《小星星》是一首朗朗上口的押韵儿歌。方法还是一样，先教宝宝接押韵词，再慢慢让宝宝一句一句地读。

附：儿歌《小星星》

一闪一闪亮晶晶，满天都是小星星，挂在天上放光明，好像许多小眼睛。

第2个活动：**精细动作《摘星星》**

活动准备：用夹子夹上纸制小星星、音乐《闪烁的小星》。

活动目标：

训练宝宝摘的动作，发展宝宝手部动作的灵活性。

活动过程：

爸爸妈妈用夹子夹上纸制的小星星若干个，并夹到一块布上，让宝宝过来用手摘星星。

第3个活动：奥尔夫音乐《小星星》

活动准备：小号铜碰钟、小星星玩具、音乐《小星星》。

活动目标：

鼓励宝宝表达自己的感受，培养宝宝的节奏感。

活动过程：

1.爸爸妈妈让宝宝站在场地中间做邀请人，把小星星玩具套在手上，并平躺在地上，伸开双手扮闪烁的小星星。

2.站在中间的爸爸妈妈听着音乐。音乐停止时，爸爸妈妈用自己手上的小星星和宝宝手里的小星星碰一碰，然后交换角色，继续游戏。

附：奥尔夫音乐《小星星》

××× |××× |××|×—|××× | ×× ×|

小星 星，小星 星，眨眼 睛， 小星 星，小星 星，

××|× – ||

亮 晶 晶。

第4个活动：社会性发展《小星星找朋友》

活动准备：小星星玩具、音乐《闪烁的小星》、请几个邻居小朋友。

活动目标：

体验和其他宝宝、爸爸妈妈一起做游戏的快乐。

活动过程：

1.爸爸妈妈站在场地中间请一位小朋友上来做邀请人，其他小朋友把小星星玩具套在手上，并平躺在地上，伸开双手扮闪烁的小星星。

2.站在中间的宝宝和爸爸妈妈听着音乐，绕过小朋友的身体。音乐停止时，宝宝用自己手上的小星星和任意一名小朋友手里的小星星碰一碰，然后交换角色，继续游戏。

爸爸妈妈必读

宝宝在第16月龄时，就能够接纳其他小朋友和自己一起玩。我们要抓住这一敏感期，鼓励宝宝与别的小朋友交好。开始宝宝

不知道怎样与别的小朋友交往，但通过与新面孔的接触、交往、交换玩具等简单活动，宝宝能得到很多乐趣。每周最好有2～3次机会让宝宝与他同龄的小朋友一起玩耍，让宝宝用自己独特的方式接触别人，大人要多鼓励，千万不要加以干涉。如果宝宝与小朋友之间发生小冲突，这是正常现象，只要不是很危险，让宝宝自己学会处理冲突。宝宝经过尝试，会找到更适合自己的方法。

第5个活动：美劳时间《贴星星》

活动准备：画好夜空的卡纸、已剪好的各种小星星、音乐《闪烁的小星》。

活动目标：

锻炼宝宝的粘贴能力，以培养宝宝的审美能力和发展宝宝手部肌肉的灵活性。

活动过程：

1.爸爸妈妈拿出剪好的各种颜色的小星星，对宝宝说："宝宝看，这些星星多漂亮！如果我们把这些星星挂在天空上，就更漂亮了。"然后把星星粘贴在画好夜空的卡纸上。

2.爸爸妈妈与宝宝一起贴星星。

3.贴完后展示宝宝的作品并及时表扬、鼓励宝宝。

第三周

第1个活动：蒙特梭利数学活动《哪边多哪边少》

活动准备：小石头若干。

活动目标：

1.训练宝宝细致的观察能力、记忆力和理解力。

2.锻炼数量感觉，能够区分多与少。

活动过程：

1.将小石头分成两堆放在桌子上，一堆为2个，另一堆为4个。爸爸妈妈先告诉宝宝哪堆石头多，哪堆石头少，并和宝宝一起比一比、数一数，然后爸爸妈妈可让宝宝再比，用手指出哪堆石头多、哪堆石头少。

2.爸爸妈妈和宝宝一起玩石头，区分多与少。

爸爸妈妈必读

区分多与少的游戏可以提高宝宝的观察力、记忆力和理解力。对宝宝来说区分多与少比认大小难度大一些。因此，如果宝宝分不清，大人千万不要着急。在日常生活中，运用各种物体，多锻炼几次，宝宝就能够理解了。

第2个活动：大肌肉动作《运石头》

活动准备：石头、大滑梯、小兔子娃娃、音乐《安娜波尔卡》。

活动目标：

1.让宝宝感知从上坡到下坡，由低到高、由高到底的起伏度。

2.发展宝宝动作的协调性，使其获得共同活动的快乐。

活动过程：

1.爸爸妈妈用语言引导宝宝运石头：“宝宝，小兔子要用石头建一座房子，我们来帮小兔子一起搬石头建房子吧。”然后教宝宝把两块石头放进塑料袋里，提着袋子走上坡（滑梯）再走下坡（滑下去），最后把袋子送到小兔子建房的地方。

2.让宝宝运石头，爸爸妈妈在旁协助。宝宝运石头时爸爸妈妈可鼓励宝宝从少到多，逐渐增加。

爸爸妈妈必读

这个环节是让宝宝感知从上坡到下坡，由低到高、由高到低的起伏度，以及发展宝宝动作的协调性和身体的平衡能力。

第3个活动：亲子游戏《石头城堡》

活动准备：石头、音乐《少女的祈祷》。

活动目标：

1.训练宝宝的建构能力和创造力。

2.让宝宝体验和妈妈一起游戏的快乐。

活动过程：

妈妈让宝宝把运来的小石头垒成城堡。

爸爸妈妈必读

这个环节的主要目的是训练宝宝的建构能力和创造力。在平时，我们可以为孩子提供一些结构游戏材料，如积木、积塑等。让宝宝玩结构游戏，培养宝宝的动手能力。一般来说，准备两三种就够了。另外，爸爸妈妈还可以自己设计一些结构材料让宝宝去摆弄，如用硬纸壳、吹塑纸剪出各种几何图形的小块，让宝宝去拼凑几何图形或几何体。

第4个活动：精细动作《给石头穿衣服》

活动准备：石头、报纸、夹子、音乐《少女的祈祷》。

活动目标：

学习包的方法，培养宝宝清洁及专注做事的习惯。

活动过程：

1.先把报纸铺在地上，摊平，再把石头放在报纸的中央，然后把报纸的四个角折向石头，最后用夹子把口子固定好。

2.爸爸妈妈和宝宝一起给石头穿衣服。

第四周

第1个活动：蒙特梭利数学活动《图形宝宝》

活动准备：方形、三角形和圆形等日常物品和形状卡。

活动目标：

1.带宝宝认识方形和三角形，巩固复习圆形。

2.培养宝宝的观察能力和专注能力。

活动过程：

1.爸爸妈妈拿出圆形，问宝宝："这是什么形状？"巩固复习圆形。

2.爸爸妈妈拿出方形和三角形的物品，反复强调："方形的饼干""三角形的面包"等。

3.爸爸妈妈拿出方形和三角形的卡片，让宝宝进一步认识方形和三角形，并让宝宝用手摸一摸

4.爸爸妈妈跟宝宝一起玩《配对》的游戏：方形配方形、三角形配三角形、圆形配圆形。

第2个活动：大肌肉动作《送图形宝宝回家》

活动准备：各种图形、脚底按摩器、呼啦圈、砖块、音乐《安娜波尔卡》。

活动目标：

1.训练宝宝走、钻、跨的动作。

2.进一步认识所选图的名称，以培养宝宝的记忆力。

活动过程：

1.爸爸妈妈对宝宝说："图形宝宝们要回家了，请宝宝把三角形送回家去吧。"指导宝宝拿一个三角形走过"小路"（脚底按摩器）、穿过隧道（呼啦圈），走上砖块，然后跳下来，把图形宝宝送到家里（指定的地点）。爸爸妈妈做示范，指导宝宝仿照做。

2.爸爸妈妈说："请宝宝把圆形送回家。"爸爸妈妈指导宝宝找到圆形，并把

它送回家

3.反复进行此游戏。

爸爸妈妈必读

这个环节的主要目的是训练宝宝走、钻、跨等动作综合运用的技能。当宝宝能很顺利地完成这些动作时，说明宝宝的身体平衡能力已经很好了。这里也不是单纯地训练宝宝的身体动作，还让宝宝进一步认识了所选图形。这样不但增加了宝宝游戏的乐趣，还可以培养宝宝的记忆力。

第3个活动：蒙特梭利感官训练《图形嵌板》

活动准备：三形板、音乐《少女的祈祷》。

活动目标：

1.能准确地将图形放入相应的洞穴内。

2.训练宝宝的拇指、食指捏的动作及提高其专注力。

活动过程：

1.爸爸妈妈出示三形板，向宝宝提问，让宝宝回答手上拿的是什么形状。

2.爸爸妈妈把图形放入相应的洞穴内，并让宝宝模仿把图形放入相应的洞穴内。

爸爸妈妈必读

宝宝能把图形放入相应的洞穴内，说明宝宝的空间知觉良好，不但认识了圆形、方形和三角形，还能准确放进去。当宝宝放进一个时，爸爸妈妈要及时表扬，这样宝宝就知道自己放对了，以后每次就能准确放入。当宝宝学会以后，我们还可以剪一些长方形、梯形、菱形、半圆形或椭圆形的硬纸板让宝宝学习。能放入三个形块，不久，这些其他形块也能放入。

第4个活动：美劳时间《拼图》

活动准备：各种图形、音乐《少女的祈祷》

活动目标：

1.用各种图形拼图，培养宝宝的创造力。

2.进一步加深宝宝对图形的认识。

活动过程：

1.爸爸妈妈拿出各种图形，用图形拼出各种形状，让宝宝观看，吸引宝宝的注意力。

2.爸爸妈妈让宝宝用图形拼图，并在旁观察指导。

19～24月龄宝宝的发展目标

- 会跑、会跳、会自己上下楼梯；
- 能在纸上画出道道、一页页翻书；
- 会说“我”，能执行简单指令；
- 能预测一些简单事物的后果；
- 会请求和利用大人的帮助；
- 能注意到一些物品的细节和差别；
- 能与别人一起玩角色游戏。

和19月龄宝宝的可以这样玩

第一周

第1个活动：蒙特梭利语言活动《小白兔》

活动准备：玩具小兔子、小白兔图片、儿歌《小白兔》。

活动目标：

1.带宝宝认识兔子的外部形态及特征。

2.使宝宝有初步的倾听能力及观察能力。

活动过程：

1.爸爸妈妈出示玩具小兔子，教宝宝认识兔子，并引导宝宝用语言表达出来。

2.爸爸妈妈让宝宝指出兔子的身体各部位在哪里。每指出一样，要引导宝宝说出其特征，如兔子的耳朵长长的。

3.熟念儿歌《小白兔》。

4.爸爸妈妈给宝宝一张小白兔图片，让宝宝观看图片，进一步了解兔子的外部形状及特征，进一步学习儿歌《小白兔》。

爸爸妈妈必读

宝宝在背诵儿歌时只是喜欢儿歌的声音和韵律，大家一起背诵做动作更加欢乐。这些句子渐渐背熟后，在恰当时间说出来就成了一句话。因此，背诵能促进语言发展。当宝宝会背其他孩子也会背的儿歌时，宝宝就更容易进入孩子们的队伍，也就是“有了共同语言”。

附：儿歌《小白兔》

小白兔，白又白，两只耳朵竖起来，爱吃萝卜和青菜，蹦蹦跳跳真可爱。

第2个活动：奥尔夫音乐《小兔跳跳》

活动准备：音乐《小兔跳跳》。

活动目标：

1.让宝宝在欣赏歌曲的基础上，学习小兔跳。

2.培养宝宝有初步的秩序感。

活动过程：

1.爸爸妈妈做小兔跳的动作，让宝宝模仿。

2.播放音乐，让宝宝欣赏音乐，并根据音乐节奏学习小兔跳。

3.爸爸妈妈让宝宝和自己排成一排，根据音乐节奏学习小兔跳。

爸爸妈妈必读

这个游戏的主要目的是通过欣赏歌曲，让宝宝学习小兔跳。在这个阶段的宝宝能够双脚连续跳，但不超过10次。

第3个活动：大肌肉动作《小兔采蘑菇》

活动准备：宽25～35厘米的“弯曲小路”、蘑菇、音乐《蹦跳的兔子》。

活动目标：

1.发展宝宝的平衡能力和跳跃能力。

2.锻炼宝宝大胆勇敢的精神。

活动过程：

1.爸爸或妈妈摆好宽25～35厘米的“弯曲小路”和制作的小蘑菇，对宝宝说：“宝宝，我的肚子饿了，我们一起去采蘑菇吧，你看，那里有好多的蘑菇。”

2.让宝宝跳过去采蘑菇。

3.让宝宝沿小路过去采蘑菇。

第4个活动：亲子游戏《龟兔赛跑》

活动准备：乌龟头饰、兔子头饰、音乐《蹦跳的兔子》。

活动目标：

1.进一步发展宝宝的跳跃能力和爬行能力。

2.让宝宝体验亲子间游戏的快乐。

活动过程：

1.爸爸或妈妈讲述《龟兔赛跑》的故事。

2.爸爸或妈妈戴乌龟头饰，做乌龟爬；让宝宝戴兔子头饰，做兔子跳。一起来比赛。

3.爸爸或妈妈戴兔子头饰，做兔子跳；让宝宝戴乌龟头饰，做乌龟爬。一起来比赛。

第5个活动：精确动作《小巧手，甜嘴巴》

活动准备：橘子、音乐《童年记忆》。

活动目标：

1.让宝宝练习剥的动作。

2.让宝宝学会分享和关心他人。

活动过程：

1.爸爸妈妈出示橘子，并剥橘子，让宝宝观看。

2.爸爸妈妈指导宝宝拿橘子，练习剥橘子。

第二周

第1个活动：大肌肉动作《青蛙捉虫》

活动准备：青蛙头饰、虫子、儿歌《青蛙捉虫》。

活动目标：

1.培养宝宝听指令做动作的行为。

2.训练宝宝的手指灵活度。

活动过程：

1.爸爸妈妈问："宝宝，你看，地上有这么多的害虫，我们请青蛙来把害虫捉走，好吗?"

2.爸爸妈妈学青蛙跳，跳过去捉虫子，边跳边朗诵儿歌:《青蛙捉虫》。

3.爸爸妈妈把青蛙头饰给宝宝戴好，并带着宝宝一起"捉害虫"，一起朗诵儿歌。

附：儿歌《青蛙捉虫》

小青蛙，跳跳跳，呱呱呱，捉到害虫：呱呱呱。

第2个活动：**感觉统合训练《彩虹伞》**

活动准备：彩虹伞、音乐《小青蛙》。

活动目标：

1.刺激宝宝的视觉发展。

2.锻炼宝宝大胆活泼的性格。

活动过程：

1.爸爸妈妈说："宝宝，我们刚才捉了许多的害虫，现在我们一起去玩一玩吧。你看，那里有一顶彩虹伞，我们到伞下去玩吧。"让宝宝跟爸爸妈妈一起玩游戏。

2.宝宝跟着爸爸妈妈一起跳到彩虹伞里，然后从伞里再跳出来。

爸爸妈妈必读

这个感觉统合训练的主要目的是刺激宝宝的视觉发展和锻炼宝宝大胆活泼的性格。

第3个活动：**奥尔夫音乐《呱呱呱》**

活动准备：蛙鸣筒、音乐《呱呱呱》。

活动目标：

1.让宝宝知道青蛙的叫声，能试着发出"呱"的声音。

2.让宝宝感受奥尔夫乐器打击明显的节奏。

活动过程：

1.爸爸妈妈说："宝宝，我们现在一起坐下来开一个音乐演唱会吧。"

2.爸爸妈妈用打击乐器演奏。

3.爸爸妈妈带着宝宝一起演奏奥尔夫音乐《呱呱呱》。

附：奥尔夫音乐《呱呱呱》

× —| × —| × —| ×　×| ×　×| ×　×| ×　×　×| ×　×　×

呱　　呱　　呱　　呱　呱 呱 呱　呱　呱　呱 呱 呱 呱 呱 呱

|×　×　×‖

呱 呱 呱

第4个活动：**亲子游戏《青蛙跳跳》**

活动准备：音乐《青蛙》。

活动目标：

1.增进亲子感情。

2.让宝宝在妈妈的帮助下，练习"双脚起跳"的动作。

活动过程：

爸爸妈妈和宝宝一起根据音乐节奏做跳跃的动作：

××| ××| ××　×　|×　×　‖

跳 跳　呱呱　跳跳 跳，呱 呱 呱。

第5个活动：**美劳时间《蝌蚪宝宝》**

活动准备：黑色颜料、纸、筷子、音乐《童年记忆》。

活动目标：

1.让宝宝接触黑色这种色彩。

2.通过用筷子点画，培养宝宝有意识地用工具作画。

活动过程：

让宝宝拿着筷子点颜料，然后点画在纸上。

第三周

第1个活动：**蒙特梭利感官训练《风声、雨声、雷声》**

活动准备：风的声音、下雨的声音、打雷的声音的影像资料。

活动目标：

1.促进宝宝的听觉和辨别能力。

2.丰富宝宝的感官刺激。

活动过程：

1.爸爸妈妈播放刮风、下雨和打雷的视频，同宝宝一起在一旁提醒宝宝注意倾听各种声音，并模仿各种声音。

2.爸爸妈妈播放录音，让宝宝仔细倾听，听听是谁模仿什么声音，以提高宝宝的辨别力。

3.爸爸妈妈和宝宝一起看相关图片，进一步想象风声、雨声和雷声的感受。

爸爸妈妈必读

19月龄的宝宝能分辨刮风、下雨和其他一些声音，并知晓5种以上。

第2个活动：**蒙特梭利语言活动《小雨点》**

活动准备：儿歌《小雨点》。

活动目标：

1.倾听儿歌，并能朗诵儿歌。

2.认字：雨。

活动过程：

1.爸爸妈妈带宝宝朗诵儿歌，并会运用身体动作朗读。

2.爸爸妈妈出示字卡，教宝宝认识“雨”字。

3.爸爸妈妈教宝宝念儿歌。让宝宝先倾听，再跟读，最后带身体动作边做边读。

爸爸妈妈必读

19月龄以后，孩子会经历一次“词语爆炸”的过程。进入这一阶段以后，宝宝掌握新词的速度突然加快，词汇量急剧增多，平均每月龄掌握25个新词，这样到21月龄时词汇量就超过了100个。这个时期的宝宝，也开始学会把两个有声调的词连在一起来表达自己更明确的意思，这就叫双词句。因此，在日常生活中，要注意抓住宝宝这个敏感期，对宝宝进行语言能力的培育。

附：儿歌《小雨点》

小雨点，沙沙沙，花儿见了笑哈哈，小动物快回家。

第3个活动：奥尔夫音乐《下雨了》

活动准备： 电子琴、歌曲《下雨了》、沙锤。

活动目标：

1.让宝宝感受小雨和大雨。

2.教宝宝学唱歌曲，感受声音的强弱，发展想象力。

活动过程：

1.宝宝和爸爸妈妈欣赏音乐《下雨了》。

2.宝宝跟爸爸妈妈学唱歌曲。

3.爸爸妈妈引导、启发宝宝用不同的动作感知大雨、小雨的特征，如下大雨时原地跑步，下小雨时原地左右扭腰。

4.爸爸妈妈引导宝宝用沙锤为歌曲伴奏：下大雨时沙锤重重地摇，下小雨时轻轻地摇。

第4个活动：亲子游戏《躲雨》

活动准备： 彩虹毯（或其他颜色的小毯子）、音乐《下雨了》。

活动目标：

1.促进宝宝视觉的统合发育。

2.让宝宝体验游戏的快乐。

活动过程：

爸爸妈妈播放音乐，当唱到下小雨时，宝宝跳舞，创编各种动作（可扭腰等），当唱到下大雨时，宝宝赶快跑到彩虹毯下去（爸爸妈妈配合拉着彩虹毯盖住宝宝）。

第5个活动：美劳时间《小雨点》

活动准备：彩色笔、素描纸、儿歌《小雨点》。

活动目标：

1.让宝宝有兴趣参与美工活动。

2.提高宝宝的创造力。

活动过程：

1.爸爸妈妈朗读儿歌《小雨点》，并让宝宝跟读。

2.爸爸妈妈拿出素描纸和彩色笔，在素描纸上用彩色笔斜画雨点儿，并指导宝宝画雨点。

3.表扬和鼓励宝宝能动笔，并让宝宝说出画的是什么。

第四周

第1个活动：蒙特梭利语言活动《太阳公公》

活动准备：太阳头饰、儿歌《太阳公公》。

活动目标：

让宝宝愿意和成人一起朗诵儿歌。

活动过程：

1.爸爸妈妈让宝宝猜太阳的谜语："圆脸盘，红肚皮，东边升起西边下去，天天出来走一趟，花儿红了草儿绿。"爸爸妈妈引导宝宝回答，然后给宝宝发一个太阳头饰扮太阳公公。

2.爸爸妈妈引导宝宝一起朗诵儿歌《太阳公公》。

3.爸爸妈妈带宝宝拍手朗诵儿歌，并随儿歌做相应的动作。

附：儿歌《太阳公公》

太阳公公出来了，出来了，太阳公公眯眯笑，眯眯笑。

第2个活动：**奥尔夫音乐《太阳公公》**

活动准备：电子琴、太阳头饰、大山的背景道具（放在房间中央）、音乐《太阳公公》。

活动目标：

1.让宝宝理解歌词内容、歌曲性质，并学习演唱。

2.让宝宝体验音乐游戏的快乐。

活动过程：

1.爸爸妈妈和宝宝一起欣赏歌曲《太阳公公》。

2.爸爸妈妈和宝宝共同学习演唱歌曲。

3.爸爸或妈妈戴上太阳头饰扮太阳公公，藏在背景道具大山后；宝宝在爸爸妈妈的引导下演唱歌曲，每演唱一遍就有爸爸或妈妈模仿太阳公公从大山的背后慢慢站起来，表示太阳渐渐升起，然后再慢慢向前走，走到“大山”再蹲下去，表示太阳又渐渐落下。

爸爸妈妈必读

宝宝最早学唱歌常在19月龄前后，开头只会说一句，如同学儿歌那样没有音调，渐渐跟着大人唱出调来，但音不算太准。歌词也是有时对有时错，要学习2～3个月才学会第一首歌，喜欢音乐的父母经常唱歌或演奏，他们的孩子学会唱歌，比很少唱歌的家庭要早。

第3个活动：**大肌肉动作《做早操》**

活动准备：音乐《早上空气真正好》、儿歌《做早操》。

活动目标：

引导宝宝按节奏做动作，培养宝宝的表现力和动作协调性。

活动过程：

1.爸爸妈妈朗诵儿歌《做早操》，并随儿歌内容做动作：早上空气真正好（拍拍手），宝宝做早操（原地踏步），跑跑跑，跳跳跳（爸爸妈妈与宝宝手拉手跑一跑、跳一跳），蹦蹦跳跳身体好（原地向上跳两次，然后伸出大拇指）。

2.爸爸妈妈引导宝宝一起朗诵儿歌，并随儿歌做动作。

附：儿歌《做早操》

太阳眯眯笑，小朋友起得早，一二一二做早操，做早操，
先学小鸟飞，飞呀飞呀飞，再学小兔跳，跳呀跳呀跳，
学着马儿跑一跑，天天锻炼身体好，身体好！

第4个活动：亲子游戏《太阳的一天》

活动准备：太阳头饰、三角铁。

活动目标：

让宝宝感受声音的渐强、渐弱，并能用身体动作表现出来，提高音乐的表现力。

活动过程：

爸爸妈妈协助宝宝戴上太阳头饰扮太阳。爸爸妈妈敲三角铁从弱到强，宝宝趴在地上表演太阳慢慢升起；爸爸妈妈敲三角铁从强到弱，宝宝表演太阳慢慢落下去，从站着到一点一点趴下去。

第5个活动：美劳时间《画太阳》

活动准备：彩色笔、素描纸、太阳卡片、音乐《童年记忆》。

活动目标：

1.进一步锻炼宝宝画圆的技能。

2.提高宝宝的涂色能力。

活动过程：

1.爸爸妈妈拿出太阳卡片，引导宝宝说出“太阳”。

2.爸爸妈妈引导宝宝说出“太阳是圆的”。

3.爸爸妈妈指导宝宝画太阳。

和20月龄的宝宝可以这样玩

第一周

第1个活动：**精细动作《捡豆豆》**

活动准备：镊子、鞋盒、各种豆豆、音乐《童年记忆》。

活动目标：

1.培养宝宝的专注力及坚持性。

2.锻炼宝宝拇指、食指二指捏取的能力，以发展宝宝的手眼协调能力。

活动过程：

1.爸爸妈妈出示各种豆豆，向宝宝介绍豆豆的名称：黄豆、黑豆、绿豆等。

2.爸爸妈妈故意装作不小心把豆豆撒在地上，然后用右手大拇指和食指夹住镊子，用镊子把豆豆夹入鞋盒。

3.爸爸妈妈让宝宝帮忙，把豆豆捡起来装入矿泉水瓶子里。

爸爸妈妈必读

宝宝手部动作的发育水平，起初是大把抓，而现在是要发展宝宝拇指与食指对捏成夹，每次一个，每分钟可捡10～15个。

第2个活动：**奥尔夫音乐《豆豆跳舞》**

活动准备：音乐《拾豆豆》。

活动目标：

1.让宝宝能用自制的响瓶随音乐敲击节奏。

2.体验奥尔夫音乐《拾豆豆》带来的乐趣。

活动过程：

1.当宝宝把豆豆都捡入矿泉水瓶中后，拧好瓶盖。爸爸妈妈摇响瓶子，吸引宝宝的注意力。

2.爸爸妈妈对宝宝说："宝宝，你听。豆豆在瓶子里跳舞呢!让你手中的豆豆也跳舞吧。"引导宝宝摇响瓶子。

3.播放音乐，爸爸妈妈和宝宝一起根据音乐节奏摇响瓶子。

第3个活动：**蒙特梭利语言活动《小豆豆》**

活动准备：儿歌《小豆豆》。

活动目标：

1.培养宝宝听指令做动作的意识。

2.通过对大肌肉动作的发展，刺激宝宝前庭器官，促进平衡能力的发展。

活动过程：

1.爸爸妈妈说："宝宝，刚才我们捡了豆豆，现在我这里有一首很好听的儿歌《小豆豆》。我们一起来读读吧。"朗读儿歌。

2.爸爸妈妈和宝宝一起欣赏儿歌。

3.宝宝和爸爸妈妈一起朗读儿歌。

附：儿歌《小豆豆》

红豆豆，黄豆豆，白豆豆，绿豆豆，
一粒一粒的花豆豆，我是勇敢的好宝宝。
啊呜一口进了肚，豆豆吓跑了小细菌。
我的病儿全好了，多谢一粒粒的小豆豆。

第4个活动：**亲子游戏《背背豆宝宝》**

活动准备：音乐《拾豆豆》。

活动目标：

1.让宝宝体验在妈妈背上摇晃的快乐，增加亲子情感。

2.通过宝宝和妈妈的相互接触，发展宝宝的触觉，增强宝宝身体的敏感度。

活动过程：

1.妈妈说："宝宝，我现在要施魔法了，要把你变成豆宝宝。1、2、3，变变变。宝宝变成豆宝宝了，现在我来背背豆宝宝，让豆宝宝来跳舞吧。"

2.妈妈背宝宝，根据音乐节奏一颠一颠地舞动。

第二周

第1个活动：大肌肉动作《吹泡泡》

活动准备：熊猫头饰、小瓶子、吸管、洗衣液少许、儿歌《吹泡泡》。

活动目标：

1.训练宝宝手臂上举力量及下蹲动作。

2.让宝宝获得与爸爸妈妈游戏的快乐。

活动过程：

1.爸爸妈妈给宝宝讲故事：有一天，熊妈妈给小熊买了一瓶泡泡，小熊可高兴了，拿着妈妈送泡泡瓶，高高兴兴地找朋友玩去了。找呀找呀，找到小猴子，小猴子说："不行不行，我要上幼儿园了。"小熊继续找朋友，找到小羊，小羊说："不行，不行，我要去找食物了。"小熊伤心极了，没有人跟他一起玩游戏了。爸爸妈妈引导宝宝与小熊一起玩游戏。

2.爸爸妈妈戴上熊头饰做小熊，和宝宝一起玩吹泡泡游戏。爸爸妈妈和宝宝一起围成一个大圆圈。游戏开始，宝宝沿着圆圈走，边走边念儿歌："吹泡泡，吹泡泡，吹成一个大泡泡。"重复几遍后，爸爸妈妈说："泡泡飞高了"（宝宝双臂上举，也可跳起）；"泡泡飞低了"（原地蹲下）；泡泡破了（一起说"啪"，同时四散跑开）；"吹泡泡了"（重新游戏）。

附：儿歌《吹泡泡》

吹泡泡，吹泡泡，泡泡映在脸儿笑。

一二三四五六七，七彩泡泡满天飞。

第2个活动：蒙特梭利语言活动《吹泡泡》

活动准备：泡泡、字卡“泡泡”。

活动目标：

1.让宝宝学习儿歌，并学习名词“泡泡”。

2.培养宝宝的语言表达能力。

活动过程：

1.小熊说：“我真高兴，和宝宝们玩得可开心了。现在，我有一样礼物要送给宝宝，看看是什么礼物吧。”引导宝宝认识“泡泡”。

2.爸爸妈妈朗诵儿歌《吹泡泡》，让宝宝倾听。

3.爸爸妈妈带领宝宝一起读儿歌。

第3个活动：美劳时间《熊猫吹泡泡》

活动准备：填充画、彩色笔、音乐《童年记忆》。

活动目标：

1.训练宝宝涂色，培养宝宝对色彩的兴趣。

2.巩固宝宝对红、黄、绿三种颜色的认识。

活动过程：

1.给泡泡涂色，教宝宝要用力适当，涂色均匀，不留空白。

2.爸爸妈妈引导宝宝练习涂色。

第4个活动：亲子游戏《抓泡泡》

活动准备：歌曲《吹泡泡》、泡泡盒。

活动目标：

1.锻炼宝宝的奔跑能力，会用手打泡泡。

2.让宝宝体验亲子游戏的快乐。

活动过程：

1.爸爸妈妈拿出泡泡盒吹泡泡，边吹边说：“宝宝，你看，泡泡多漂亮，五颜六色的，快来抓泡泡了。”吸引宝宝过来抓泡泡。

2.爸爸妈妈吹泡泡，让宝宝抓泡泡。

爸爸妈妈必读

这个环节的主要作用是锻炼宝宝的奔跑能力，会用手打泡泡。爸爸妈妈在吹泡泡时，要注意不要在一个地方吹，要这里吹一下，又跑到另一个地方吹一下，边走边吹，才能让宝宝跟着泡泡跑，达到让宝宝奔跑的目的。

第三周

第1个活动：蒙特梭利语言活动《小枕头》

活动准备：小枕头、儿歌《小枕头》。

活动目标：

有节奏地朗读儿歌，培养宝宝的韵律感。

活动过程：

1.爸爸妈妈出示小枕头，提问："这是什么？是做什么用的？"

2.宝宝和爸爸妈妈欣赏儿歌《小枕头》。

3.爸爸妈妈给宝宝发一个小枕头，让宝宝观察小枕头上有什么图案。

4.宝宝抱着枕头学习朗读儿歌。

附：儿歌《小枕头》

小枕头，真美丽，小枕头，真干净，抱抱你，抱抱你，做个梦，甜蜜蜜。

第2个活动：大肌肉动作《玩枕头》

活动准备：小枕头、音乐《小松鼠进行曲》。

活动目标：

发展宝宝扔、抛、踩、跨等动作。

活动过程：

1.播放音乐。先让宝宝自由地摆弄枕头。

2.带宝宝复习扔、抛动作。

3.引导宝宝将枕头放在地上，让宝宝走过去，练习踩和跨的动作。

4.活动进行时，还可增加难度，将两个枕头叠在一起，增加高度。

第3个活动：奥尔夫音乐《小枕头真美丽》

活动准备：音乐《小枕头》。

活动目标：

让宝宝感受歌曲节奏的特点，提高宝宝节拍的稳定性。

活动过程：

1.爸爸或妈妈与宝宝各抱着小枕头的一头演唱歌曲，边唱边轻轻摇摆。

2.爸爸或妈妈让宝宝躺在小枕头上，并轻轻拍着宝宝，望着宝宝哼唱歌曲。

3.爸爸或妈妈躺在小枕头上，并引导宝宝轻轻地拍着爸爸或妈妈哼唱歌曲。

第4个活动：社会性发展《枕头房子》

活动准备：小枕头。

活动目标：

让宝宝体验和小伙伴一起游戏的快乐，培养宝宝“合作”的社会交往能力。

活动过程：

爸爸妈妈与宝宝合作，把小枕头一个接一个传起来，再把枕头举得高高的，排成房子状，并引导宝宝变化形状。

第5个活动：亲子游戏《白天黑夜》

活动准备：小铃、鼓。

活动目标：

让宝宝感受声音的强与弱，提高对宝宝力度的分辨力。

活动过程：

1.爸爸妈妈分别用强弱不同的力度敲鼓和小铃，让宝宝区分鼓声的强和铃声的弱。

2. 爸爸妈妈轻轻摇小铃，播放轻音乐，并说："天黑了，宝宝取一个小枕头来。"

3. 爸爸或妈妈盘腿坐在地上，宝宝将枕头放在爸爸或妈妈腿上，宝宝躺在小枕头上，爸爸或妈妈这时可说："天黑了，宝宝要睡觉了。"引导宝宝说晚安；过一会爸爸或妈妈重重地摇枕头，表示天亮了，播放欢快的音乐，引导宝宝起来，并说："早上好。"，然后邀请宝宝和爸爸妈妈一起跳一跳，并反复读儿歌《小枕头》。

第四周

第1个活动：认知活动《动物园》

活动准备：挂图动物园、各种动物卡片。

活动目标：

让宝宝认识动物园里几种常见的动物，并能知道其特征。

活动过程：

1. 爸爸妈妈出示动物园全景图（上面没有动物），对小朋友说："今天带宝宝去逛动物园，看，动物园可大了，可漂亮了，看看动物园里有些什么呀？"引导宝宝说出绿绿的树、青青的草地还有池塘等。

2. 爸爸妈妈又说："咦，动物园里怎么没有动物呢？哦，原来动物们还没有'上班'呢！看，动物们现在来了。"爸爸妈妈先用动作和声音模仿动物，引起宝宝的注意，然后再出示动物卡片，把卡片贴在动物园全景图上相应的位置。

3. 爸爸妈妈引导宝宝观察动物园，进一步巩固认识各种动物及其特征。

第2个活动：奥尔夫音乐《快乐的动物园》

活动准备：各种小动物头饰、音乐《快乐的动物园》。

活动目标：

1.让宝宝感受音乐中所表现的各种小动物形象，提高对音乐的理解、感知能力。

2.提高宝宝的动作表现力。

活动过程：

1.爸爸妈妈让宝宝选择一个小动物头饰，由爸爸妈妈协助戴在头上，扮一种小动物。

2.爸爸妈妈播放音乐，和宝宝一起听着音乐《快乐的动物园》，并进行表演，当听到哪种小动物的音乐时，扮该小动物角色的宝宝或爸爸妈妈一起做动作，音乐结束时宝宝便回到爸爸妈妈身边。

3.宝宝也可以与爸爸妈妈相互交换头饰继续进行游戏。

第3个活动：感觉统合训练《小动物钻洞》

活动准备：各种动物头饰、阳光隧道、音乐《小松鼠进行曲》。

活动目标：

1.培养宝宝钻、爬的能力。

2.促进宝宝前庭感觉能力。

活动过程：

爸爸妈妈让宝宝戴上小动物头饰，从阳光隧道中爬过去，再换个头饰爬过来。每换一个头饰钻一回。

第4个活动：亲子游戏《动物拍手歌》

活动准备：板书儿歌《动物拍手歌》。

活动目标：

1.让宝宝进一步了解各种动物的特征。

2.让宝宝体验和爸爸妈妈一起拍手合作游戏的快乐。

活动过程：

1.爸爸妈妈示范玩法：边念儿歌，边根据儿歌做动作。

2.爸爸妈妈和宝宝一起做游戏。

附：儿歌《动物拍手歌》

你拍一，我拍一，一只孔雀穿花衣；

你拍二，我拍二，两只鸭子上河沿；

你拍三，我拍三，三只大雁天上飞；

你拍四，我拍四，四只熊猫吃竹子；

你拍五，我拍五，五只小猫抓老鼠；

你拍六，我拍六，六只小猴打悠悠；

你拍七，我拍七，七朵红花真美丽；

你拍八，我拍八，八只青蛙叫呱呱；

你拍九，我拍九，九只小象齐步走；

你拍十，我拍十，十只蜻蜓抓蚊子。

第5个活动：**蒙特梭利日常生活《给小熊送米》**

活动准备：装有米的大脸盆、碗、勺、塑料袋、桶、音乐《小松鼠进行曲》。

活动目标：

让宝宝练习手的动作，促进手部的控制能力。

活动过程：

1.爸爸妈妈说："动物园小熊说，它现在肚子饿了，要吃饭了，我们给小熊送米去好吗?"

2.爸爸妈妈带着宝宝到装有米的大脸盆旁，让宝宝先自由摆弄一下，抓米或用勺、碗舀米。

3.爸爸妈妈引导："哟，这里有好多米呀，用什么装米送给小熊呢?"爸爸妈妈引导宝宝回答(用塑料袋)。引导宝宝将米装进塑料袋，一同送到挂图动物园小熊前的一个桶子里。

和21月龄的宝宝可以这样玩

第一周

第1个活动：**认知活动《配对谁的尾巴》**

活动准备：有尾巴的动物卡片、相应动物尾巴和身体剪开的卡片。

活动目标：

1.培养宝宝从局部识整体的能力。

2.培养宝宝的记忆能力及配对能力。

活动过程：

1.爸爸妈妈出示有尾巴的动物卡片，教宝宝认识几种动物，着重教宝宝观察动物的尾巴。

2.爸爸妈妈出示各种尾巴，提问："这是什么动物的尾巴？"说出一种则拿出相应的无尾巴的动物卡片。

3.爸爸妈妈和宝宝一起玩配对游戏，把所有的动物和尾巴混在一起，让宝宝配对。

第2个活动：**大肌肉动作《小猫捡球》**

活动准备：猫头饰、篮筐一个、皮球数个、音乐《跳圆舞曲的小猫》。

活动目标：

1.发展宝宝的膝着地按指定方向爬行的动作。

2.让宝宝体验游戏的快乐。

活动过程：

爸爸妈妈在场地一端放四个皮球，让宝宝扮成小猫坐在另一端，妈妈扮猫妈妈。

2.妈妈说："宝宝快爬到前面把球捡起来吧。"让宝宝朝前爬，引导宝宝捡起球便随手放在篮子里，而后再爬回来。

第3个活动：**蒙特梭利数学活动《看一看》**

活动准备：三只大小不相同的兔子的挂图。

活动目标：

提高宝宝进一步区分大小的能力。

活动过程：

1.爸爸妈妈出示挂图说："图上有三只兔子，哪只最大？哪只最小？"

2.爸爸妈妈指导宝宝观察，并和比较兔子的大和小。

第4个活动：**精细动作《喂动物》**

活动准备：空的盒子、小玻璃珠或小豆子、勺子、音乐《童年记忆》。

活动目标：

促进宝宝手眼协调能力和手部肌肉的控制能力的发展。

活动过程：

爸爸妈妈在空盒子上贴上各种小动物的头像，在小动物嘴巴上开一个较大的口，让宝宝拿勺子把小玻璃珠或小豆子喂进小动物的嘴巴里，反复给小动物喂食。

爸爸妈妈必读

在日常生活中，随着宝宝对动作技巧的掌握，可以经常轮换各种小动物的头像，并把动物嘴巴的口逐渐开小一点，也可以换一个更小的勺子，增加游戏的难度。

第二周

第1个活动：**蒙特梭利语言活动《小小手》**

活动准备：儿歌《小小手》。

活动目标：

1.让宝宝能够知道两只手各有五个手指头。

2.让宝宝初步学习方位词左、右。

活动过程：

1.爸爸妈妈伸出双手，请宝宝回答这是什么。

2.爸爸妈妈数一数自己的手指头，并有意识地强调左手、右手，和一、二、三、四、五。

3.爸爸妈妈朗读儿歌《小小手》，并做动作。

4.宝宝跟着爸爸妈妈一起朗读儿歌，并做动作。

附：儿歌《小小手》

一双小手，一只左，一只右。

伸出左手数一数，一二三四五。

伸出右手数一数，一二三四五。

第2个活动：**奥尔夫音乐《手指歌》**

活动准备：音乐《手指歌》

活动目标：

1.加深宝宝对各个手指的认识。

2.提高宝宝的兴趣，能够参与游戏。

活动过程：

1.爸爸妈妈教宝宝认识各手指的名称。

2.爸爸妈妈听音乐唱歌曲，并边唱边做动作，让宝宝在一边欣赏并跟着做动作。

3.让宝宝反复一起学唱歌曲和做动作。

第3个活动：大肌肉运动《丢一丢》

活动准备：沙包、音乐《阿拉伯风格曲》。

活动目标：

1.训练宝宝手臂力量和定向丢的能力。

2.让宝宝获得与同伴游戏的快乐。

活动过程：

1.爸爸妈妈对宝宝说："宝宝，伸出你的小手来，我们来转一转。"再让宝宝模仿爸爸妈妈转一转手。爸爸妈妈又说："我们的小手真能干，能够跳舞，还能够干什么呢？"引导宝宝回答。爸爸妈妈最后说："我知道，小手还能够丢沙包"。指导宝宝做游戏《丢一丢》。

2.定向丢沙包。

3.让宝宝根据爸爸妈妈的指令丢沙包。

4.爸爸妈妈和宝宝一起玩丢沙包的游戏，爸爸妈妈发出指令，宝宝根据爸爸或妈妈指定的方向丢沙包。

第4个活动：亲子游戏《手指歌》

活动准备：儿歌《手指歌》。

活动目标：

通过玩手指游戏，巩固宝这玉对手指名称的认识。灵活宝宝的手指，促进血液循环。

活动过程：

1.爸爸妈妈边念儿歌，边示范动作：两个拇指弯弯腰，点点头（拇指弯一弯）；两个食指斗公鸡，斗一斗（两个食指相对碰一碰）；两个小指勾一勾，做朋友（把小指弯起来，然后两个小指互相勾起来）；两只手掌碰一碰，拍拍手（手掌心相对碰一碰，做拍手状）。

2.爸爸妈妈让宝宝一起跟学动作和儿歌。

爸爸妈妈必读

宝宝在这个时期喜欢同爸爸妈妈对坐，用手做游戏。当大人说手指的名称时，宝宝要能够把说到的手指伸出来。如果宝宝伸不出来，爸爸妈妈可以帮助捏起要说的手指。通过游戏，可以使宝宝更加清楚自己的五个手指，学会单独伸出任何一个手指头。宝宝最难学会的是伸中指和无名指，因此要经常做伸手指的游戏，可使宝宝指头灵活，便于以后手技巧的练习，学会听声伸指也是灵敏的训练。

附：儿歌《手指歌》

两个拇指弯弯腰，点点头；两个食指斗公鸡，斗一斗；

两个小指勾一勾，做朋友；两只手掌碰一碰，拍拍手。

第5个活动：**美劳时间《手掌树》**

活动准备：绿色颜料、绿色彩笔。

活动目标：

1.通过亲身操作帮助宝宝巩固对绿色的认识。

2.让宝宝能安静地完成涂画工作。

活动过程：

爸爸妈妈让宝宝把手掌张开贴放在纸上，然后用绿色彩笔在纸上根据手掌画出形状，最后让宝宝在画好的手掌里涂上绿色颜料。

第三周

第1个活动：**蒙特梭利语言活动《小熊亲亲过生日》**

活动准备：故事挂图或小熊卡片或小熊视频。

活动目标：

培养宝宝倾听故事的兴趣和理解故事的能力。

活动过程：

1.爸爸妈妈出示挂图或卡片，根据图画讲述故事，引导宝宝认真倾听。

2.请宝宝复述，讲故事给爸爸妈妈听。

第2个活动：奥尔夫音乐《生日歌》

活动准备：歌曲《生日歌》、生日蛋糕或模型。

活动目标：

1.教宝宝学唱生日歌。

2.带宝宝重温过生日的快乐。

活动过程：

1.宝宝和爸爸妈妈一起倾听《生日歌》。

2.爸爸妈妈教宝宝唱生日歌。

3.爸爸妈妈拿出生日蛋糕，和宝宝一起围着蛋糕拍手唱《生日歌》。

第3个活动：美劳时间《生日礼物》

活动准备：卡纸、彩色笔、面粉、音乐(《生日歌》)。

活动目标：

1.训练宝宝搓、压面团的技能。

2.练习涂色的技能，进一步协调宝宝的手和眼。

活动过程：

爸爸妈妈让宝宝自己选择是做生日卡片还是做食物当作生日礼物送给亲戚或朋友，然后引导宝宝开始做礼物。

第4个活动：大肌肉动作《送礼物》

活动准备：独木桥。

活动目标：

1.锻炼宝宝的平衡能力。

2.让宝宝能大方地将礼物送给他人。

活动过程：

1.让宝宝拿着自己做的礼物走过独木桥。

2.爸爸妈妈戴着头饰扮小熊亲亲，并引导宝宝把礼物送给“亲亲”，再引导宝宝说一些祝福的话。

第5个活动：感觉统合训练《横抱筒》

活动准备：横抱筒（可用其他器材代替）。

活动目标：

1.帮助宝宝前庭器官得到大量刺激。

2.训练宝宝做高度收缩的肌肉运动，促进前庭固有感觉体系的强化，并强化触觉体系。

活动过程：

1.爸爸妈妈让宝宝俯卧在圆筒上，用双手双脚环抱住圆筒，并指导宝宝前后、左右摇晃，摇晃3分钟，停下来休息3分钟，再接着摇晃。

2.在摇晃过程中，训练宝宝用一只手抱紧圆筒，另一只手抓取前方爸爸妈妈手上的目标物。

第四周

第1个活动：认知活动《逛花园》

活动准备：荷花、黄菊花等两三种常见的花的模型。

活动目标：

让宝宝认识几种常见的花，并能说出这几种花的颜色。

活动过程：

1.爸爸妈妈说：“宝宝，花园里有许多花，现在都开花了。我们一起去看看吧。”

2.爸爸妈妈出示荷花，问宝宝：“宝宝，这朵花是什么颜色？”进一步巩固认识红色。等宝宝回答后，再告诉宝宝这是荷花。

3.用此方法继续认识其他的花。

4.宝宝和跟爸爸妈妈一起去“花园”里摘花。爸爸或妈妈说:“宝宝摘一朵荷花给我。”进一步巩固认识这几种花。

第2个活动:奥尔夫音乐《我的小花园》

活动准备:撞钟、儿歌《我的小花园》。

活动目标:

1.学习朗诵儿歌，让宝宝感知空拍的意义。

2.练习使用乐器伴奏，提高宝宝的演奏能力。

活动过程:

1.宝宝欣赏爸爸妈妈朗诵儿歌《我的小花园》。

2.宝宝和爸爸妈妈一起学习朗读儿歌。

3.爸爸妈妈引导宝宝用撞钟伴奏，朗读儿歌。

附:儿歌《我的小花园》

看我的小花园，开满了鲜花，红花和白花，开得多美丽。

第3个活动:美劳时间《纸花》

活动准备:皱纹纸、安全剪、线、音乐《童年记忆》。

活动目标:

让宝宝认识剪刀，并知道剪刀的作用，初步学习用剪刀剪纸。

活动过程:

1.爸爸妈妈拿出事先做好的纸花给宝宝欣赏。

2.爸爸妈妈出示剪纸花用的工具，教宝宝认识并使用它们。

3.爸爸妈妈示范做纸花的步骤和做法。

4.爸爸妈妈和宝宝一起剪纸花。

第4个活动:亲子游戏《蝴蝶找花》

活动准备:纸花、蝴蝶头饰、音乐《蝴蝶》。

活动目标:

听音乐做各种动作，发展宝宝的创编及想象能力。

活动过程：

爸爸妈妈手拿刚才和宝宝一起做好的纸花，蹲在地上扮花朵。爸爸妈妈给宝宝戴上蝴蝶的头饰，让宝宝听着音乐绕着“花朵”表演蝴蝶飞；音乐停止后，宝宝赶快找到自己的爸爸妈妈。

第5个活动：蒙特梭利日常训练《种花》

活动准备：种子、一次性杯子、水壶、泥土、音乐《蝴蝶飞》。

活动目标：

让宝宝学习种花的整个过程和训练宝宝挖泥土、播种子和浇水等动作。

活动过程：

1.爸爸妈妈教宝宝认识种子及种花所需要的工具的名称。

2.爸爸妈妈和宝宝一起种花。

和22月龄的宝宝可以这样玩

第一周

第1个活动：**蒙特梭利语言活动《小钟说话》**

活动准备：小闹钟。

活动目标：

练习有节奏地朗读儿歌。

活动过程：

1.爸爸妈妈让宝宝到前面来听一听闹钟的声音，感受“嘀嗒”的声音，然后朗读儿歌《我的小钟》请宝宝欣赏。

2.爸爸妈妈引导宝宝朗读儿歌，并掌握好节奏。

附：儿歌《小钟说话》

嘀嗒，嘀嗒，嘀嗒，嘀嗒，我的小钟在说话，嘀嘀嗒。

第2个活动：**大肌肉动作《钟表店》**

活动准备：呼啦圈、数字卡1～12，狼的头饰、音乐《咕咕钟与闹钟》。

活动目标：

1.增强宝宝跑、跳等动作的协调性。

2.让宝宝用身体感受钟表的转动。

活动过程：

1.爸爸妈妈在地上画一个大圈代表时钟。给宝宝戴上数字卡1～12中的一张，按钟表上数字的顺序贴在圆圈上；爸爸妈妈戴上狼的头饰站在圈中扮狼。

2.播放音乐，爸爸妈妈引导宝宝听音乐，按节奏在圈上沿顺时针双脚跳，音乐一停大家一起说："老狼老狼几点了？""老狼"即说出宝宝戴着的数字，宝宝便回到自己的位置上，游戏重新开始。反复玩几次。

第3个活动：**蒙特梭利数学活动《各种各样的钟表》**

活动准备：各种形状的钟表的图片。

活动目标：

1.培养宝宝的观察能力。

2.让宝宝进一步认识三角形、圆形和方形等形状。

活动过程：

爸爸妈妈让宝宝观察各种形状的钟表，引导宝宝分类：三角形的放一边，圆形的放一边，还有方形的放一边；还可尝试引导宝宝观察它们的相同点和不同点，让宝宝知道虽然钟表形状不同，但作用是一样的。

第4个活动：**亲子游戏《闹钟说话》**

活动准备：儿歌《小钟说话》、音乐《咕咕钟与闹钟》。

活动目标：

锻炼宝宝腰和两臂的力量。

活动过程：

妈妈和宝宝一起弯腰，两臂下垂，一边念儿歌，一边左右摆动两臂，像钟摆一样。当念完儿歌后，妈妈说："七点了，宝宝快起床。"引导宝宝说："起床了！"妈妈再说："该洗脸刷牙了。"教宝宝做洗脸刷牙的动作。

第5个活动：**感觉统合训练《时间隧道》**

活动准备：阳光隧道、音乐《朋友舞》。

活动目标：

促进宝宝本体感觉和触觉的强化。

活动过程：

让宝宝爬行，在爬行过程中，将隧道轻轻转动。

爸爸妈妈必读

这个训练的目的是让宝宝在滚动中提高手、肘、肩、膝关节的灵活性，加强前庭体系的刺激和调整。此时头部的转动对眼肌的成熟也有帮助。转动过程中要尽量和宝宝说话，当宝宝有不舒服的感觉时，应马上停止，协助宝宝从隧道中爬出来。

第二周

第1个活动：蒙特梭利语言活动《三只小猪》

活动准备：故事书《三只小猪》。

活动目标：

1.训练宝宝的专注能力及认知能力。

2.提高宝宝的理解能力，丰富宝宝的词汇。

活动过程：

1.爸爸妈妈讲述故事《三只小猪》。

2.爸爸妈妈提问，引导宝宝复述故事。

第2个活动：大肌肉动作《小猪运西瓜》

活动准备：西瓜模型、音乐《玛歌尔》。

活动目标：

1.建立宝宝的合作意识。

2.训练宝宝全身的平衡性协调运动。

活动过程：

爸爸妈妈和宝宝一起合作运西瓜，把西瓜送到指定的地点。

第3个活动：奥尔夫音乐《一群小黑猪》

活动准备：三角铁等打击乐器。

活动目标：

1.学习奥尔夫音乐的身势。

2.训练宝宝的想象能力，让宝宝自由创造用乐器来打节奏。

活动过程：

1.爸爸妈妈播放音乐，让宝宝一起欣赏。

2.爸爸妈妈出示打击乐器，拿着乐器跟着音乐打节奏，让宝宝跟着学。

3.宝宝和爸爸妈妈一起跟着音乐反复打节奏。

第4个活动：亲子游戏《猪八戒背媳妇》

活动准备：猪八戒头饰、音乐《猪八戒背媳妇》。

活动目标：

1.增进亲子感情。

2.训练宝宝伸手拍的动作。

活动过程：

爸爸或妈妈扮演猪八戒，背着宝宝一颠一颠的，让宝宝在爸爸或妈妈的背上边拍大人的背，并跟着音乐节奏在背上快乐地打节拍。

第5个活动：感觉统合训练《小猪做运动》

活动准备：平衡台、猪头饰、音乐《玛歇尔》。

活动目标：

有助于宝宝平衡反应的反射感觉，进行强有力的统合训练。

活动过程：

1.给宝宝戴上头饰，让宝宝站在平衡台上，由爸爸妈妈在台下缓慢摇动平衡台。

2.观察宝宝头、躯体、手、脚为保持平衡所做的伸展姿势。

爸爸妈妈必读

宝宝为求平衡所做的姿势调整，对前庭感觉、固有感觉和视觉统合的调整有巨大的帮助。

第三周

第1个活动：蒙特梭利走线《小鱼水中游》

活动准备：音乐《鱼儿水中游》、在家用粉笔在地上画上蒙特梭利走线。

活动目标：

1.训练宝宝脚走线

2.让宝宝模仿小鱼游。

活动过程：

1.爸爸妈妈引领宝宝在蒙特梭利线上双脚走线。

2.增加一点难度，让宝宝在走线的同时加上模仿小鱼游。

第2个活动：认知活动《海底世界》

活动准备：海底世界影像资料或挂图、各种鱼的卡片

活动目标：

让宝宝知道海底各种各样的鱼是什么样子，并感知各种鱼的游动。

活动过程：

1.爸爸妈妈播放海底世界影像资料，或找一些鱼的图库资料让宝宝观看，并听爸爸妈妈介绍各种鱼，宝宝可以跟着爸爸妈妈读出鱼的名称。

2.让宝宝学一学刚才看到的鱼是怎么游的。

3.爸爸妈妈出示刚才影像资料中各种鱼的卡片，让宝宝进一步认识各种鱼的特征。

第3个活动：奥尔夫音乐《海底世界》

活动准备：音乐《水族馆里的鱼儿》、彩色纱巾、小鱼头饰。

活动目标：

1.让宝宝倾听音乐，并随音乐变化做动作。

2.培养宝宝对游戏活动的兴趣

活动过程：

1.爸爸妈妈播放音乐《水族馆里的鱼儿》，并表演小鱼游，让宝宝欣赏。

2.爸爸妈妈和宝宝每人执一条彩色纱巾，听着音乐上下随意挥舞，模拟水的流动。

3.爸爸妈妈给宝宝戴上小鱼头饰扮小鱼，听着音乐，小鱼儿自由游动；当听到鲨鱼来了的时候，小鱼儿则蹲在原地不动。音乐响起时，小鱼儿又出来游戏。

第4个活动：**蒙特梭利数学活动《谁的鱼多》**

活动准备：一张3条鱼的卡片和一张2条鱼的卡片。

活动目标：

进一步锻炼宝宝认识数量关系。

活动过程：

1.爸爸妈妈说："小白猫和小黑猫一起去钓鱼，小白猫钓了3条鱼，小黑猫钓了2条鱼，谁钓的鱼多呢？"

2.爸爸妈妈发放卡片，和宝宝一起比较谁多谁少。

第5个活动：**大肌肉动作《网鱼》**

活动准备：网兜、音乐《玛歇尔》。

活动目标：

1.训练宝宝的快速反应能力。

2.培养宝宝追、赶、跑的能力。

活动过程：

爸爸妈妈拉着网兜两端，让宝宝赶快闪躲及跑动，不被网兜兜住。

第四周

亲子主题：看看什么不见了

第1个活动：蒙特梭利语言活动《雪人不见了》

活动准备：故事图书《雪人不见了》、挂图或在手机百度上搜索出该故事图片。

活动目标：

1.让宝宝认真倾听故事，了解故事内容。

2.让宝宝知道雪人为什么不见了，能回答简单的问题。

活动过程：

1.爸爸妈妈出示图片讲述故事，让宝宝倾听。

2.爸爸妈妈提问："雪人为什么不见了？"请宝宝回答，不会时爸爸妈妈引导。

3.爸爸妈妈拿出图书《雪人不见了》，和宝宝一起阅读。

第2个活动：奥尔夫音乐《雪人不见了》

活动准备：音乐《雪人不见了》。

活动目标：

1.学习音乐《雪人不见了》，并能随音乐自由舞蹈。

活动过程：

1.爸爸妈妈和宝宝一起听音乐《雪人不见了》，并欣赏视频。

2.爸爸妈妈教宝宝唱《雪人不见了》。

3.爸爸妈妈播放音乐，让宝宝随着音乐自由舞蹈。

第3个活动：认知活动《看看什么不见了》

活动准备：各种水果模型、果篮。

活动目标：

1.巩固宝宝对常见水果的认识，学说"什么不见了"并能回答。

2.培养宝宝的观察力和记忆力。

活动过程：

1.爸爸或妈妈拿出果篮，里面装上各种水果，用布盖上并对宝宝说："宝宝，我带了许多礼物过来，你看看这是什么呀？"把布掀开，把水果一种一种地拿出来，并提问："这是什么水果？"

2.爸爸或妈妈带宝宝认识完各种水果后，便说："我现在要变魔术了，我可以把水果变走。看看我把什么变走了。"爸爸或妈妈做一个变魔术的动作："一二三，变变变。"然后把布掀开："看看我把什么变不见了?"(水果拿走，边拿边做变魔术动作。)

3.爸爸或妈妈引导宝宝仔细观察。爸爸或妈妈变的动作可以先慢后快，让宝宝逐步提升观察能力。

第4个活动：**美劳时间《撕纸太阳》**

活动准备：纸、红颜料、音乐《朋友舞》。

活动目标：

1.通过动手撕纸培养宝宝的动手能力和审美能力。

2.进一步训练宝宝涂色。

活动过程：

1.爸爸妈妈出示一张纸，撕成一个圆形并提问："看看爸爸妈妈撕了一个什么呀?"引导宝宝发挥想象。

2.爸爸妈妈用红颜料在撕成的圆形上涂色，并告诉宝宝，这是"太阳"。

3.爸爸妈妈和宝宝一起撕纸太阳。

第5个活动：**亲子游戏《小飞人》**

活动准备：音乐《朋友舞》。

活动目标：

1.培养宝宝勇敢的精神。

2.锻炼宝宝的平衡能力。

活动过程：

1.爸爸妈妈让宝宝上前来，配合做动作，鼓励宝宝大胆地张开双臂，勇敢向前走。

2.爸爸妈妈跟宝宝一起做《小飞人》的游戏。越走越快，做小飞人动作。

和23月龄的宝宝可以这样玩

第一周

第1个活动：**蒙特梭利语言活动《花手绢》**

活动准备：花手绢、板书儿歌《花手绢》。

活动目标：

锻炼宝宝的语言表达能力。

活动过程：

1.爸爸妈妈出示花手绢，提问："这是什么？用来做什么的？"然后用花手绢帮宝宝擦擦手。

2.爸爸妈妈朗诵儿歌《花手绢》，让宝宝跟着一起读和欣赏。

3.让宝宝和爸爸妈妈一起朗读儿歌。

附：儿歌《花手绢》

我有一块花手绢儿，它是我的好伙伴儿。

擦汗珠，擦泥点儿，天天跟我在一块儿。

手绢帮我讲卫生，天天洗净花手绢。

第2个活动：**蒙特梭利日常训练《折手绢》**

活动准备：手绢、音乐《朋友舞》。

活动目标：

让宝宝学习折的动作，锻炼手部灵活性。

活动过程：

1.爸爸妈妈示范折手绢：对边折和对角折，让宝宝观察并模仿动作。

2.爸爸妈妈和宝宝一起折手绢。

第3个活动：团体游戏《丢手绢》

活动准备：手绢、音乐《丢手绢》，可请邻居小朋友若干人。

活动目标：

让宝宝体验共同合作游戏的快乐。

活动过程：

1.播放音乐《丢手绢》，宝宝和爸爸妈妈一起欣赏音乐。也可请邻居小朋友一起参与活动。

2.爸爸妈妈讲述游戏规则，并示范玩法。

3.爸爸妈妈和宝宝们一起玩丢手绢的游戏。

第4个活动：美劳时间《画手绢》

活动准备：纸、彩笔、音乐《朋友舞》。

活动目标：

1.培养宝宝的创造能力。

2.进一步培养宝宝的涂色能力。

活动过程：

1.爸爸妈妈拿出几块花手绢，请宝宝观察，并引导宝宝说出手绢上面有什么。

2.发放纸和笔，让宝宝画花手绢。爸爸妈妈在旁指导。

第二周

第1个活动：蒙特梭利数学活动《找朋友》

活动准备：各种样式的鞋子各一双。

活动目标：

1.让宝宝能够找到相同的鞋子配对。

2.培养宝宝的观察能力。

活动过程：

把一堆各不相同的鞋子放在一起，让宝宝找到相同的两只鞋子配对摆放好。

第2个活动：蒙特梭利日常训练《自己穿鞋袜》

活动准备：鞋、袜、娃娃、音乐。

活动目标：

1.使宝宝能够穿、脱鞋子袜子，并能不穿反。

2.提高宝宝的自理能力。

活动过程：

1.爸爸妈妈帮娃娃穿脱鞋袜，引导宝宝观察。

2.爸爸妈妈让宝宝自己穿、脱鞋袜，并在旁指导。

第3个活动：蒙特梭利语言活动《自己的事情自己做》

活动准备：儿歌《自己的事情自己做》。

活动目标：

1.培养宝宝的语言表达能力。

2.让宝宝自己做力所能及的事，尽量自己的事情自己做。

活动过程：

1.当宝宝把鞋袜穿好后，爸爸妈妈及时表扬宝宝，并说："宝宝真能干，能够自己穿鞋袜了。"念出儿歌《自己的事情自己做》。

2.爸爸妈妈朗诵儿歌，让宝宝认真倾听。

3.教宝宝朗读儿歌，并做动作。

4.爸爸妈妈带宝宝一起朗读儿歌。

附：儿歌《自己的事情自己做》

我有一双小小手，能洗脸来能刷牙。

会穿衣，会梳头，自己的事情自己做。

第4个活动：**蒙特梭利感官活动《自己喝水》**

活动准备：水壶一个、一次性杯子若干、音乐《朋友舞》。

活动目标：

1.培养宝宝自己倒水、自己捧杯喝水的能力。

2.培养宝宝端水走的平衡能力。

活动过程：

爸爸妈妈让宝宝到2米外的地方倒水，然后端着水走到自己坐的地方再喝水。

第5个活动：**美劳时间《做汤圆》**

活动准备：橡皮泥、音乐《朋友舞》。

活动目标：

锻炼宝宝揉、搓的动作。

活动过程：

1.爸爸妈妈出示橡皮泥，告诉宝宝："这是橡皮泥。"然后把橡皮泥揉、搓成"汤圆"(球体)。

2.给宝宝一些橡皮泥，让宝宝一起做"汤圆"。

第三周

第1个活动：**蒙特梭利语言活动《像什么》**

活动准备：儿歌《像什么》、数字1～10、数字像的物品图片(如鸭子等)。

活动目标：

1.让宝宝认识数字1～10。

2.培养宝宝的语言表达能力。

活动过程：

1.爸爸妈妈出示数字卡，让宝宝说像什么，然后拿出相对应的图片，再教宝宝相应的一句儿歌，如"1"像铅笔细长条。

2. 宝宝跟爸爸妈妈一起朗诵儿歌《像什么》。

附：儿歌《像什么》

"1"像铅笔细长条，"2"像小鸭水上漂，"3"像耳朵听声音，"4"像小旗迎风飘，"5"像秤钩来买菜，"6"像豆芽咧嘴笑，"7"像镰刀割青草，"8"像麻花拧一遭，"9"像勺子能舀饭，"10"像粉笔和鸡蛋。

第2个活动：**大肌肉动作《跳数字格》**

活动准备：数字卡。

活动目标：

训练宝宝跳的能力，培养宝宝的秩序感。

活动过程：

把数字卡1～9拼成方格，一格里面一个数字，让宝宝按1～9的顺序跳过去，边跳边数数或念儿歌《像什么》。

第3个活动：**蒙特梭利教具操作《好玩的数字》**

活动准备：数字盒、音乐《朋友舞》。

活动目标：

1. 让宝宝进一步巩固认识数字1～10。
2. 让宝宝能够听指令拿相应的数字。

活动过程：

1. 拿出数字盒，出示数字1～10，进一步巩固复习。
2. 让宝宝拿出爸爸妈妈说的数字。
3. 宝宝拿一盒数字卡片，跟爸爸妈妈玩数字游戏。

第4个活动：**美劳时间《贴星星》**

活动准备：各种颜色的纸、星星、胶水、音乐《小星星》。

活动目标：

1. 加强宝宝对数字的认识。
2. 培养宝宝的审美观。

活动过程：

1.出示小星星，告诉宝宝这是星星，然后把星星贴在纸上。

2.爸爸妈妈和宝宝一起贴星星。

第四周

第1个活动：**蒙特梭利语言活动《听话取物》**

活动准备：各种日常物品。

活动目标：

1.培养宝宝的语言理解能力。

2.训练宝宝的判断能力和语言表达能力。

活动过程：

1.爸爸妈妈出示各种物品，教宝宝认识各种物品的名称。

2.爸爸妈妈让宝宝拿物品，听到爸爸妈妈说出的物品名字后就赶快拿该物品给妈妈。

第2个活动：**蒙特梭利感官活动《听听这是什么声音》**

活动准备：各种动物的叫声、各种车的叫声（可去下载）。

活动目标：

1.培养宝宝的反应能力。

2.增强宝宝的辨别能力和记忆能力。

活动过程：

1.给宝宝播放各种动物（狗、猫、鸡、鸭、牛）的声音，请宝宝回答，是什么动物发出的声音。

2.播放各种车的叫声（汽车、自行车、摩托车、火车），请宝宝仔细倾听，听听是什么车的声音。

第3个活动：大肌肉动作《大风吹》

活动准备：呼啦圈。

活动目标：

1.培养宝宝的听力及反应能力。

2.增强宝宝的认知能力。

活动过程：

爸爸妈妈发出指令，说“大风吹，快进屋”时，就请宝宝跑进屋内（呼啦圈）；爸爸妈妈说“大风停，做游戏”时，宝宝就从呼啦圈中跑出来，随着音乐蹦蹦跳跳做游戏。

第4个活动：蒙特梭利教具操作《听音筒》

活动准备：听音筒。

活动目标：

锻炼宝宝的听觉能力。

活动过程：

1.爸爸妈妈出示听音筒，并讲解玩法。

2.爸爸妈妈和宝宝一起玩听音筒。可先近一点，再远一点去听。

和24月龄的宝宝可以这样玩

第一周

第1个活动：**蒙特梭利数学活动《给扣子排队》**

活动准备：各种大小不一的扣子。

活动目标：

1.让宝宝进一步了解数量关系。

2.训练宝宝的语言表达能力、反应能力。

活动过程：

爸爸妈妈出示各种扣子，先让宝宝自由玩扣子，但要告诉宝宝，不能把扣子放到嘴里。爸爸妈妈在旁边观察宝宝，问宝宝哪个扣子大，哪个扣子小，并指导宝宝按从大到小或从小到大的顺序给扣子排队，还可以和宝宝一起数纽扣。

第2个活动：**蒙特梭利日常训练《脱纽扣》**

活动准备：衣饰架，音乐《小松鼠进行曲》。

活动目标：

训练宝宝脱纽扣的能力，进一步培养宝宝的自理能力。

活动过程：

出示衣饰架，爸爸妈妈指导宝宝脱纽扣，反复练习。

第3个活动：**奥尔夫音乐《好朋友》**

活动准备：歌曲《好朋友》，电子琴，邀请几个邻居小朋友。

活动目标：

培养宝宝喜欢听音乐并能根据音乐和同伴一起合作表演的社会交往能力。

活动过程：

1.演唱歌曲。爸爸妈妈和宝宝们一起表演歌曲，两个人面对面站着，唱到你帮我来梳梳头时，互相做帮对方梳头的动作，唱到扣纽扣时，互相帮对方扣纽扣，然后手拉手蹦蹦跳跳。

2.宝宝和爸爸妈妈一起跟唱歌曲。

3.让宝宝们两个人一组表演歌曲，爸爸妈妈在旁协助指导。

第4个活动：精细动作《纽扣项链》

活动准备：各种各样的纽扣若干、塑料绳、音乐《小松鼠进行曲》。

活动目标：

训练宝宝手部动作的灵活性和手眼协调能力。

活动过程：

爸爸妈妈拿出各种各样的纽扣，用塑料绳穿纽扣，让宝宝和爸爸妈妈一起做纽扣项链。

第5个活动：美劳时间《画纽扣》

活动准备：素描纸，彩色笔。

活动目标：

进一步锻炼宝宝手部精细动作，训练宝宝画圆的能力。

活动过程：

爸爸妈妈给宝宝纸和笔，出示各种纽扣，让宝宝观察纽扣，并画自己最喜欢的纽扣。爸爸妈妈在旁边指导。

第二周

第1个活动：**认知活动《会变的毛线》**

活动准备：毛线、毛线衣等毛线制品的实物或图片。

活动目标：

让宝宝感知毛线，并知道毛线的作用。

活动过程：

1.爸爸妈妈出示毛线，教宝宝认识毛线，并让宝宝用手摸一摸，感知毛线的柔软。

2.爸爸妈妈拿出各种毛线制品（毛线衣、裤、手套、帽子、杯垫及毛线袋等），让宝宝知道毛线的作用。

第2个活动：**蒙特梭利日常生活《绕线球》**

活动准备：毛线、音乐《桑塔露琪亚》。

活动目标：

让宝宝学习绕的动作，加强宝宝手部协调性和灵活性，以及手指的力量。

活动过程：

让宝宝在爸爸妈妈的指导下学习绕毛球的动作，并能绕成线球状。

第3个活动：**亲子游戏《踢线球》**

活动准备：线球、音乐《口哨与小狗》。

活动目标：

1.锻炼宝宝定向踢球的能力。

2.让宝宝体验和爸爸妈妈一起玩游戏的快乐。

活动过程：

爸爸妈妈和宝宝面对面站着，并隔2米远，请宝宝把线团踢到爸爸妈妈面前，然后爸爸妈妈再把球踢过去。这样来回踢训练宝宝定向踢球能力。

第4个活动：**精细动作《装线入瓶》**

活动准备：毛线、有盖的瓶子、音乐《桑塔露琪亚》。

活动目标：

1.锻炼宝宝手指动作的精确性。

2.培养宝宝的手眼协调能力。

活动过程：

爸爸妈妈指导宝宝把毛线装到瓶子里，然后拧好瓶盖。

第5个活动：**美劳时间《毛线画》**

活动准备：各种颜色的毛线、胶水、卡纸、音乐《小松鼠进行曲》。

活动目标：

训练宝宝用毛线拼成各种图形的能力，培养宝宝的创造性。

活动过程：

1.爸爸妈妈用毛线拼成圆形、方形、三角形等图形，还可以拼成太阳等图案，让宝宝在一旁观察毛线的变化。

2.爸爸妈妈指导宝宝拼图。

第三周

第1个活动：**认知活动《水果和蔬菜分类》**

活动准备：水果，如苹果、梨、橘子、香蕉等；

蔬菜，如茄子、胡萝卜、菠菜等。

活动目标：

1.让宝宝学会区分水果和蔬菜，提高日常分析和判断能力。

2.让宝宝学习水果和蔬菜的常识。

活动过程：

1.爸爸妈妈先教宝宝认识各种水果和蔬菜，并讲述水果和蔬菜的特征：水果可以直接拿来吃，很多蔬菜要炒着做菜吃。

2.让宝宝尝试区分水果和蔬菜，爸爸妈妈在一旁指导。

3.爸爸妈妈要帮助宝宝提高判断力。如西红柿，既是水果，也是蔬菜。

第2个活动：**感觉统合训练《运水果蔬菜》**

活动准备：水果和蔬菜、盘子、音乐《小松鼠进行曲》。

活动目标：

1.培养宝宝按指令拿水果或蔬菜，进一步区分水果和蔬菜的能力。

2.发展宝宝托物走线的能力，促进宝宝动作协调和控制身体平衡的能力。

活动过程：

1.爸爸妈妈先在地上画一道线。

2.宝宝按爸爸妈妈的要求拿着蔬菜或水果站在线上等待走线。

3.妈妈教宝宝正确的托盘走线姿势。

4.播放音乐，让宝宝托物走线。

第3个活动：**蒙特梭利语言活动《果菜歌》**

活动准备：儿歌《果菜歌》、各种果蔬图片。

活动目标：

1.锻炼宝宝朗读儿歌的能力和语言表达能力。

2.进一步区分水果和蔬菜。

活动过程：

1.爸爸妈妈出示各种蔬果图片，让宝宝观察图片。在观察时，爸爸妈妈引导宝宝说出各种蔬果的外部特征。

2.爸爸妈妈朗读《果菜歌》，让宝宝认真倾听。

3.爸爸妈妈和宝宝一边看图片，一边朗读儿歌。

附：儿歌《果菜歌》

红萝卜，绿油菜，红红绿绿真可爱。

吃萝卜，吃油菜，身体健康人人爱。

小黄瓜，细又长，全身穿着绿衣裳；
能做菜，能做汤，大家快来尝一尝。
西红柿，红又圆，大大小小真新鲜；
水儿多，味酸甜，生吃熟吃样样好。

第4个活动：**亲子游戏《摘菜》**

活动准备：菠菜、豆角、音乐《小松鼠进行曲》。

活动目标：

学习摘的动作，锻炼宝宝手部精细动作。

活动过程：

1.爸爸妈妈说："宝宝，平时妈妈在家里炒菜之前，要干什么呀？"引导宝宝说出"择菜、洗菜"等，并能说出这个环节是择菜。

2.拿出菠菜和豆角，展示摘菜的方法，让宝宝观察。

3.爸爸妈妈给宝宝一份蔬菜，让宝宝一起择菜。

第5个活动：**美劳时间《红苹果》**

活动准备：素描纸、红颜料、音乐《小松鼠进行曲》。

活动目标：

让宝宝进一步学习画圆和涂色的技能。

活动过程：

1.爸爸妈妈拿出一个苹果让宝宝观察。

2.爸爸妈妈指导宝宝在素描纸上画出红苹果。

第四周

第1个活动：**认知活动《这是什么？》**

活动准备：袋子、锅碗瓢盆等厨具。

活动目标：

1.认识各种厨具，并知道厨具有哪些功能。

2.让宝宝通过触摸感知物品，培养宝宝的记忆能力和观察能力。

活动过程：

1.爸爸妈妈先从袋子里把各种厨具依次取出来，引导宝宝观察，并问宝宝“这是什么?”然后依次说出物品名称。

2.爸爸妈妈把物品放进袋子里，让宝宝去摸，并猜猜里面是什么？让宝宝试着说出物品名称。

第2个活动：**奥尔夫音乐《过家家》**

活动准备：音乐《过家家》，邀请邻居小朋友。

活动目标：

培养宝宝喜欢听音乐并能根据音乐和同伴一起合作表演的社会交往能力。

活动过程：

1.播放音乐，让宝宝和邻居小朋友一起认真倾听音乐。

2.爸爸妈妈教宝宝们唱《过家家》。

3.宝宝和同伴一起表演《过家家》。

第3个活动：**蒙特梭利日常生活《帮娃娃梳头》**

活动准备：梳子、娃娃、音乐《过家家》、邻居小朋友。

活动目标：

培养宝宝生活自理能力。

活动过程：

1.爸爸妈妈出示娃娃说：“宝宝，你看这个娃娃多漂亮，可是今天娃娃的妈妈不在家，你看它还没梳头发呢。今天我们来做娃娃的妈妈，帮它梳头发吧。”

2.爸爸妈妈展示拿梳子的正确姿势，并让宝宝观察梳头发的动作。

3.播放音乐，爸爸妈妈和宝宝一起给娃娃梳头发。

第4个活动：**感觉统合训练《和娃娃一起荡秋千》**

活动准备：竖抱筒(或其他器材代替)。

活动目标：

在摇晃中发展孩子前庭平衡感觉的同时促进亲子间的感情，培养宝宝的愉快情绪。

活动过程：

爸爸或妈妈抱宝宝坐在竖抱筒上，然后轻轻摇晃。

第5个活动：美劳时间《画饼》

活动准备：素描纸、彩笔、音乐《小松鼠进行曲》。

活动目标：

继续练习宝宝画圆的能力和握笔的正确姿势。

活动过程：

1.爸爸妈妈出示一个大圆饼，让宝宝观察。

2.爸爸妈妈让宝宝根据自己观察到的大圆饼的样子来画饼。

25～30月龄（2岁～2岁半）宝宝的发展目标

- 能控制身体进行坐、爬、走、跑、跳等运动；
- 掌握搭积木造型、穿珠、拉锁、开关螺口瓶盖、画正方形等手的技巧；
- 喜欢介绍自己、背诵几首儿歌，正确使用礼貌语言（中、英文）；
- 知道食物、动物、日常物品的名称和用途；
- 背数1～10、点数1～4、复述2～3位数字，区分多、少和一样多（3以内）；
- 能用勺或筷子自己吃完一顿饭，会穿脱裤子、洗手、洗水果；
- 向大人自然地表达自己的情感；
- 寻求获得成功的情绪体验；
- 乐意与同龄小伙伴玩角色游戏或装扮游戏；
- 做事时既有专注力，又能注意到周围正在发生的其他事情。

和25月龄的宝宝可以这样玩

第一周

第1个活动：**蒙特梭利语言活动《我2岁了》**

活动准备：宝宝1岁时的照片。

活动目标：

培养宝宝用完整的语言表达自己2岁了，并说出“我长大了”。

活动过程：

爸爸妈妈拿出宝宝1岁时的照片和现在的照片，引导宝宝从身高、胖瘦、礼貌等各方面比较，让宝宝用完整的语言表达自己2岁了，并说出“我两岁了”“我长大了”。

爸爸妈妈必读

相信没有什么能比与你的宝宝交谈更令你兴奋的了。宝宝到了2岁，语言发展得特别迅速。他不但能理解成人的言语，还能够用语言与成人进行交流。这个时期是宝宝学习和发展语言的关键时期，也是宝宝口语发展的关键期。这个环节，我们要引导宝宝说有主语、谓语和宾语的完整句子。如“我长大了”“我今年两岁了”，等等。当然，我们还可以教宝宝使用一些简单的形容词和副词，这些形容词要简单、形象，是宝宝在生活中最常见到的。

第2个活动：奥尔夫音乐《我长大了》

活动准备：宝宝1岁时的照片和现在的照片。

活动目标：

1.培养宝宝唱歌的兴趣，让宝宝体验唱歌的乐趣。

2.让宝宝从歌曲中感受到自己长高了，自己懂事了。

活动过程：

1.爸爸妈妈和宝宝一起欣赏歌曲《我长大了》。

2.让宝宝学念歌词，并随歌词做动作。

3.爸爸妈妈带宝宝学唱歌曲，并边唱边随歌词内容做动作。

爸爸妈妈必读

唱歌有利于右脑潜能的开发，在宝宝学习语言的同时学习唱歌能促进左右脑的同时开发。宝宝到了2岁就能够学唱歌词。如果宝宝还不能完整地跟着唱，不要着急，可以先选择一首宝宝熟悉的歌曲，爸爸妈妈唱前半句歌词，让宝宝来唱后半句歌词。通过带宝宝唱歌，锻炼宝宝的记忆力和对音乐的节奏感。

第二周

第1个活动：精细动作《自己夹》

活动准备：筷子、废纸、音乐《希腊冥想》。

活动目标：

1.培养宝宝学会“夹”的动作。

2.锻炼宝宝的生活自理能力。

活动过程：

1.爸爸妈妈把废纸搓成团，然后拿着筷子夹废纸。

2.让宝宝照着爸爸妈妈的做法用筷子夹废纸。

爸爸妈妈必读

这个时期我们要锻炼宝宝使用筷子的能力。平时吃饭时要让宝宝自己使用筷子练习。我们要提供一些枣类等食物让宝宝练习使用筷子，因为大枣的表面晒得凹凸不平，较易被筷子夹住。

第2个活动：亲子游戏《玩扑克牌》

活动准备：1～5的扑克牌、音乐《希腊冥想》。

活动目标：

教宝宝识别数字，锻炼宝宝数数与识数的能力，以及分类、整理的技能。

活动过程：

1.爸爸妈妈将1～5的扑克牌各3张摊在宝宝面前，随手拿起一张，告诉宝宝数字，如说："这是2。"

2.妈妈展示扑克牌分类，把相同数字的扑克牌分到一起。

3.爸爸妈妈打乱扑克牌，让宝宝拿扑克牌和爸爸妈妈一起玩，再把扑克牌进行分类。

爸爸妈妈必读

通过宝宝的看、拿、数，教宝宝识别数字，锻炼宝宝分类和整理的技能，同时锻炼宝宝的数数能力。在日常生活中，我们要教宝宝记住数字，如乘坐公交车看站牌，看门牌号、打电话等都可以教宝宝记住数字。记住数字不但锻炼了记忆力，而且对学习计算十分有利。

第三周

第1个活动：**感觉统合训练《蹦床游戏》**

活动准备： 蹦床（海绵垫也可以）、音乐《伦敦桥》。

活动目标：

强化宝宝的前庭刺激，锻炼宝宝的平衡能力。

活动过程：

1.爸爸妈妈背着宝宝，一起在蹦床上跳跃。这样可以减少宝宝的恐惧感和增进亲子的感情。

2.妈妈让宝宝在蹦床上自己跳，再播放音乐，让宝宝配合音乐节奏弹跳，这样可以松弛宝宝的紧张感，让宝宝心情愉悦。

爸爸妈妈必读

在蹦床上弹跳，宝宝不用使力，所以更能放松，让前庭固有感觉输入时，不受到自己意识的干扰，对策略感的掌握和触觉感的清晰输入大脑都有很大的帮助。

第2个活动：**蒙特梭利语言活动《大象拔河》**

活动准备： 大象拔河的图片或图书或手机搜索图片。

活动目标：

1.教宝宝朗读儿歌《大象拔河》，提高宝宝的语言表达能力。

2.促进宝宝手臂力量的发展，让宝宝体验与他人游戏的快乐。

活动过程：

1.爸爸妈妈朗诵儿歌《大象拔河》，让宝宝欣赏。

2.爸爸妈妈教宝宝边朗读儿歌边做动作。

3.宝宝和爸爸妈妈一起听《大象拔河》的音乐，玩《大象拔河》的游戏。

附：儿歌《大象拔河》

大象鼻子伸出来，我们一起来拔河。

拔过去，拔过来，看看谁的力气大。

第四周

第1个活动：**奥尔夫音乐《长鼻子小象》**

活动准备：小象头饰、电子琴或可以打节奏的乐器。

活动目标：

培养宝宝喜爱小动物的情感，提高宝宝演唱和表演的能力。

活动过程：

1.宝宝和爸爸妈妈一起欣赏音乐《长鼻子小象》。

2.宝宝边边和爸爸妈妈一起学唱歌曲，边拍手打节奏。

3.宝宝和爸爸妈妈都戴上小象头饰，爸爸妈妈扮象爸爸和妈妈，宝宝扮小象，练习演唱歌曲。

爸爸妈妈必读

在家中，爸爸妈妈可带孩子练习演唱这首歌曲，并引导宝宝与妈妈或爸爸练习对唱，即妈妈演唱第一句，宝宝和爸爸演唱第二句。这样可以提高宝宝对唱歌的兴趣。

第2个活动：**大肌肉动作《大象运木头》**

活动准备：音乐《长鼻子小象》、木棍若干。

活动目标：

1.进一步锻炼宝宝走、跑等动作。

2.锻炼宝宝的手臂力量。

活动过程：

1.将若干根木棍在家里一端摆成横排，爸爸站在一根木棍旁边。

2.播放音乐《长鼻子小象》，宝宝听着音乐，双手握在一起，双臂下垂，弯腰模仿大象走路，跟随音乐的节拍走到妈妈处，妈妈取一根木棍横放在宝宝双臂上，让宝宝弯曲双臂夹住木棍运回去，交给爸爸。

爸爸妈妈必读

这个活动的目的是锻炼宝宝走、跑等大动作和宝宝的手臂力量。平时在家时，可带宝宝玩听着音乐分别运送各种物品的游戏，如运枕头、运玩具等。

和26月龄的宝宝可以这样玩

第一周

第1个活动：蒙特梭利感官活动《小象喷水》

活动准备：水杯、水、音乐《希腊冥想》。

活动目标：

1.锻炼宝宝的肺活量。

2.培养宝宝的毅力。

活动过程：

1.爸爸妈妈对宝宝说："宝宝，小象睡醒了，要漱口了。"然后示范动作：喝口水，像嗽口一样不要把水吞下去，接着一口气把嘴里的水喷射出去。

2.宝宝玩"小象喷水"。爸爸妈妈在旁鼓励宝宝，用语言引导宝宝用力喷。

第2个活动：亲子游戏《大象一家睡觉了》

活动准备：儿歌《大象一家睡觉了》。

活动目标：

培养孩子的游戏能力

活动过程：

1.妈妈说："今天让我们一起来玩一个好玩的手指游戏'大象一家睡觉了'。"

2.妈妈和宝宝一起学儿歌：妈妈说："打开双手，伸出手指，大拇指是大象爸爸，大象爸爸要睡觉了"（妈妈大拇指弯曲收拢）。又说："食指是大象妈妈，大象妈妈也要睡觉了"（食指弯曲收拢）。又说："中指是大象哥哥、无名指是大象姐姐、小拇指是大象弟弟，他们也要睡觉了。"并把五个指头收拢睡觉了。过一会儿，妈妈又说："大象爸爸起床了（打开大拇指）。"接着，食指、中指、无名指、小拇指一一打开，起床了。

附：儿歌《大象一家睡觉了》

大拇指是爸爸，
食指是妈妈，
中指是哥哥，
无名指是姐姐，
小拇指是弟弟，
一起睡觉了，
哈哈，一起起床了。

第二周

第1个活动：**认知活动《“一”和“许多”》**

活动准备：积木、球若干个、小兔子和小象娃娃。

活动目标：

让宝宝学习感知“一”和“许多”。

活动过程：

1.爸爸妈妈出示一块积木、一个球，放到小兔子前面说：“宝宝看，小兔子有什么呀？”引导宝宝说出“一块积木”“一个球”，让宝宝感知“一”。

2.引导宝宝观察另一边小象前面的一筐积木和一筐球：“宝宝看，那边小象有什么呀？”爸爸妈妈说出“这里有许多积木”“许多球”，让宝宝感知“许多”。

3.爸爸妈妈说：“宝宝，这么多的积木想和宝宝交朋友，宝宝来拿一个吧。”当宝宝拿了一块积木后，爸爸妈妈提问：“刚才许多积木去哪了？宝宝找一找、看一看。”“原来许多积木变成了一块一块的在宝宝手上呢。”让宝宝感知许多积木变成了一块一块的积木。“宝宝，现在小象想玩积木了，你把积木送回给小象吧。”“宝宝看，小象这里又变成了许多积木了。”

4.照上面的方法把球也分出去，进一步让宝宝感知“一”和“许多”。

爸爸妈妈必读

2岁左右是宝宝掌握"一"和"许多"的关键期。如果爸爸妈妈及时抓住这一时期进行科学、系统的教育，会为宝宝以后掌握数与量的关系打下基础。在生活中，可让宝宝来玩分水果的游戏等让宝宝进一步感知"一"和"许多"。

第2个活动：**大肌肉动作《玩接球》**

活动准备：皮球、音乐《森林音乐会》。

活动目标：

锻炼宝宝与人合作、手眼协调的能力同时提高预测方位的能力。

活动过程：

1.爸爸妈妈说："宝宝，现在我们一起玩球的游戏吧。"然后示范玩法。

2.第一步学接球：大人同宝宝距离1米，先学接滚过来的球。球经过地面的磨擦已经减速，使宝宝容易将身体移动到球滚过来处把球捡起，再用力抛到大人身边。大人可渐渐加大与宝宝的距离，使宝宝能预测球到来的位置，可以接到离自己有一段距离的滚球。

3.第二步学接反跳的球。大人在距离宝宝1～1.5米处先把球扔到地面，让宝宝接住从地面反跳起来的球。球经地面反跳之后弹起来，但速度要比扔过来慢，使宝宝来得及接反跳的球。宝宝经常接反跳球就能逐渐提高接球能力预测反跳的方向，并使自己能马上接住反跳过来的球。

4.第三步学接抛过来的球。大人在距宝宝1米处先把球扔到宝宝胸前，扔的劲不要太大，便于宝宝接住。渐渐二人距离加大，扔的球可以在宝宝肩下和膝上的部位以便宝宝接住。

爸爸妈妈必读

学习接球可以提高宝宝与人合作的意识，手眼协调和预测方位的能力，使身体活动便于配合接球。学会同爸爸妈妈接球之后，可以同小朋友一起玩球，互相又抛又接，在追球、捡球的同时，使身体动作灵敏，肌肉发达。

第三周

第1个活动：亲子游戏《扮气球》

活动准备：皮球、音乐《希腊冥想》。

活动目标：

1.锻炼宝宝动作的灵活性和腿部肌肉力量。

2.培养宝宝的模仿力和想象力。

活动过程：

爸爸妈妈和宝宝一起扮成气球的样子：用手臂抱住身体，缩成一团，蹲在地上，嘴里说“气球圆圆”时，边说边站起来，说到“气球爆了”时，四肢张开做成炸开的样子。可反复做，从蹲下到站起。

爸爸妈妈必读

通过宝宝的屈伸运动，锻炼宝宝动作的灵活性和腿部肌肉力量。同时让宝宝想象皮球的吹起和爆炸，培养宝宝的模仿力与想象力。

第2个活动：精细动作《砌积木》

活动准备：积木、音乐《希腊冥想》。

活动目标：

锻炼宝宝的手眼协调能力和发展宝宝的空间知觉。

活动过程：

1.妈妈示范用3块积木搭桥：在2块积木之间留出一个空隙，上面再搭1块做桥；再教宝宝用5块积木搭门楼：在桥的上面各放1块，成为上3块下2块的门楼；最后教宝宝搭金字塔：第一排放互相间开的3块积木，第二排如同搭桥那样在两个间隙上面放上两块，第三排在唯一的间隙上放1块。逐渐增加还可搭成炮楼。

2.让宝宝砌积木，爸爸妈妈在旁协助。

爸爸妈妈必读

如果宝宝还不会砌高楼，是因为基础不稳，未将边角对正，这是砌积木的基本功，因此，练好基本功才能往上搭。

第四周

第1个活动：**感觉统合训练《海洋球》**

活动准备：海洋球池、音乐《希腊冥想》。

活动目标：

发展宝宝的肢体运动大动作，同时锻炼宝宝的胆量和勇气。

活动过程：

爸爸妈妈带宝宝到海洋球池里尽情玩耍。(可选择游乐场)

爸爸妈妈必读

海洋球池中的各色小球在不知不觉中给宝宝的身体提供良好的触觉刺激。当宝宝在玩耍时，可以发展宝宝的肢体运动大动作，同时还可以锻炼宝宝的胆量和勇气。对胆小的宝宝有很大的帮助，要鼓励宝宝经常玩海洋球。

第2个活动：**认知活动《各种各样的衣服》**

活动准备：各种各样衣服(棉衣、裙子、短袖衣)的实物和图片

活动目标：

1.让宝宝知道什么季节穿什么样的衣服。

2.提高宝宝认知衣服的兴趣。

活动过程：

1.爸爸妈妈一件一件地出示各种衣服，让宝宝观察，并引导宝宝说出各种衣服的特征，然后引导宝宝说出这件衣服是在什么时候穿的(能说出是热天、冷天)。

2.爸爸妈妈拿出图片，让宝宝观察并说出衣服的特征，并引导宝宝再一次说出是什么时候穿这些衣服的。

和27月龄的宝宝可以这样玩

第一周

第1个活动：蒙特梭利操作日常训练《衣饰架》

活动准备：衣饰架、音乐《森林音乐会》。

活动目标：

1.训练宝宝扣纽扣和脱纽扣的能力。

2.认识各种形式的衣服及纽扣。

活动过程：

1.爸爸妈妈出示衣饰架，教宝宝认识各种纽扣，然后示范扣纽扣和脱纽扣，请宝宝观察。

2.爸爸妈妈在旁观察并指导。宝宝练习扣纽扣和脱纽扣。

第2个活动：艺术发展《服装设计师》

活动准备：皱纹纸等材料、安全剪、音乐《希腊冥想》。

活动目标：

1.锻炼宝宝的动手能力和创造能力。

2.培养亲子间的感情。

活动过程：

1.爸爸妈妈教宝宝拿剪刀和使用剪刀的方法。

2.爸爸妈妈让宝宝根据自己的意愿选择材料，并协助宝宝，做自己喜欢的衣服。做好后穿起来。(材料可是纸或旧布或其他材料)

爸爸妈妈必读

练习剪是提升宝宝五指分合的力度。在练习剪这个环节中，让宝宝拿剪刀和爸爸妈妈一起做衣服，既锻炼了宝宝的动手能力、创造力，又培养了亲子间的感情。

第二周

第1个活动：奥尔夫音乐《猜猜现在谁出场》

活动准备：音乐《猜猜现在谁出场》。

活动目标：

1.培养宝宝根据音乐节奏做动作的能力。

2.发展宝宝的创造力、锻炼宝宝的肌肉控制力和动作的协调能力。

活动过程：

当宝宝穿好自己设计的衣服后，在爸爸妈妈的指导下，根据音乐节奏走猫步，展示自己的服装。可按节奏将几个动作连起来，如摇手臂、踏步、再摇手臂。

第2个活动：感觉统合训练《趴地推球》

活动准备：篮球、音乐《希腊冥想》。

活动目标：

1.加强宝宝颈部肌肉的锻炼，提升宝宝身体的协调能力。

2.培养宝宝的注意力。

活动过程：

让宝宝趴在地上，将球摆在宝宝面前，离墙壁约30～50厘米。宝宝的双脚并拢，手臂抬起，肘关节不撑地，双手对着墙边推球。反复练习，也可以跟着爸爸妈妈一起做或面对面练习。

爸爸妈妈必读

这个训练的目的是加强宝宝颈部肌肉的锻炼，提高身体的协调能力，还可以提高宝宝的专注力，培养宝宝坚持不懈的良好品质。

第三周

第1个活动：蒙特梭利感官活动《摸摸大口袋》

活动准备：大口袋、圣女果及其他水果若干。

活动目标：

1.让宝宝乐意与爸爸妈妈一起玩游戏。

2.宝宝能大胆地从口袋里摸东西并试着说出它的名称。

活动过程：

1.先把其他一些常见的水果放进大口袋里，让宝宝去摸，根据摸的形状说出水果的名称。

2.把圣女果放进口袋，让宝宝去摸，问宝宝摸到的东西是什么样子的？引导宝宝说出圣女果的样子和颜色。

爸爸妈妈必读

宝宝通过用手触摸，感知事物的外部特征，从而增强宝宝的感知觉和记忆力。

第2个活动：认知活动《哪边多，哪边少》

活动准备：圣女果6颗为一组、数字卡1～6。

活动目标：

1.让宝宝进一步学习比较物体的多少。

2.让宝宝感知“一样多”。

3.让宝宝学习物品数目与数字卡的对号入座。

活动过程：

1.拿出一组圣女果，先拿出5颗，分成2和3，1和4，请宝宝点数，并拿出相应的数字卡对号入座。让宝宝比较哪边多哪边少。

2.拿出6颗，分成3和3，引导宝宝说出一样多。

第四周

第1个活动：**蒙特梭利走线《送水果》**

活动准备：托盘、圣女果、音乐《匈牙利狂想曲第六号》。

活动目标：

1.训练宝宝端的动作。

2.通过走线，发展宝宝身体的平衡能力。

活动过程：

让宝宝把圣女果放到托盘里，端着水果走线。

爸爸妈妈必读

身体平衡是让所有动作完美的基础，平衡的动作也有它自己的钥匙。为此，我们想出一个协助孩子维持身体平衡的安全方法，而走线是让所有动作变得完美的基本功。经常走线，还可以预防宝宝形成内八字脚和外八字脚。

第2个活动：艺术发展《画圣女果》

活动准备：颜料、素描纸、音乐《匈牙利狂想曲第六号》。

活动目标：

1.宝宝通过观察圣女果，能够画出圣女果的形状，并进一步练习涂色。

2.发展宝宝手部动作的控制能力、手眼协调能力。

活动过程：

1.第一环节已经观察了圣女果，让宝宝再一次回答圣女果是什么样子及什么颜色的。

2.让宝宝根据自己观察的圣女果，画出圣女果的形状及练习涂色。

和28月龄的宝宝可以这样玩

第一周

第1个活动：**蒙特梭利日常训练《圣女果》**

活动准备：圣女果、清水、盆、音乐《匈牙利狂想曲第六号》。

活动目标：

1.锻炼宝宝洗水果的能力。

2.培养宝宝的共享意识，让宝宝愿意和大家分享好吃的、好玩的东西。

活动过程：

爸爸妈妈让宝宝清洗水果，然后要求宝宝把水果与爸爸妈妈分享，引导宝宝说“我请你吃水果”“谢谢”之类的话。

第2个活动：**认知活动《颜色宝宝的家》**

活动准备：红、黄、绿、蓝四张彩纸及红、黄、绿、蓝等颜色的物品若干。

活动目标：

能够区分红、黄、绿三种颜色，并能把颜色配对及分类。

活动过程：

1.爸爸妈妈出示红、黄、绿三张彩纸，提问：“这是什么颜色的纸？”让宝宝巩固复习这三种颜色；然后出示蓝色纸张，教宝宝认识蓝色。

2.爸爸妈妈把四张彩纸贴在三个不同的地方，并出示这四种颜色的物品，请宝宝把物品按颜色分类，配对好。

爸爸妈妈必读

当宝宝学会认识红色时我们可以教宝宝学习区分粉红和橙红，认识黑色和白色时可再认一种过渡的灰色，以后可以继续学认紫色、棕色等，结合日常用品和图画中的颜色学习。

第二周

第1个活动：大肌肉动作《色彩俱乐部》

活动准备：红、黄、蓝、绿四种颜色的垫子和小兔子玩偶。

活动目标：

培养宝宝的跳跃能力，进一步巩固认识红、黄、蓝、绿。

活动过程：

1.爸爸妈妈把四种颜色的垫子错落有致地摆成魔术宫的形状，对宝宝说：“小兔子迷路了，我们要把它送回家去，你要按照我的指令才能把小兔子送回家。”让宝宝听指令去做。

2.爸爸妈妈让宝宝跳红色的格子再把小兔子送回家等。反复进行。

爸爸妈妈必读

这个游戏环节不但让宝宝巩固认识了颜色，还锻炼了宝宝的跳跃能力。

第2个活动：精细动作《彩色项链》

活动准备：红、黄、蓝、绿四种颜色的串珠和绳子、音乐《朋友舞》。

活动目标：

1.培养宝宝手部的精细动作。

2.能够按照色彩规律去穿珠。

活动过程：

爸爸妈妈和宝宝一起做漂亮的项链。要求宝宝能够按照颜色的规律去穿珠。如红黄红黄，或红黄蓝绿红黄蓝绿等规律去穿珠。

第三周

第1个活动：艺术发展《会变的颜色宝宝》

活动准备：红、黄、蓝三种颜料若干杯和一次性杯子若干个。

活动目标：

让宝宝初步感知一种颜色加上另一种颜色会变成一种新的颜色，了解颜色的变化。

活动过程：

1.爸爸或妈妈拿起一杯红色颜料和一杯蓝色颜料，一样倒一点倒到透明的空杯子里再加一点另外一种颜料进行搅拌，让宝宝观察杯子里颜色的变化。

2.爸爸或妈妈带宝宝一起操作。

爸爸妈妈必读

这个活动的目的是让宝宝初步感知一种颜色加上另一种颜色会变成一种新的颜色。

第2个活动：认知活动《左边右边》

活动准备：字卡“左”“右”。

活动目标：

1.引导宝宝区分左与右。

2.培养宝宝的生活自理能力，学会穿左右鞋。

活动过程：

1.复习儿歌《小小手》。告诉宝宝哪只是左手，哪只是右手。

2.出示字卡“左”“右”，教宝宝认字。

3.爸爸妈妈让宝宝脱掉鞋子，进一步教宝宝区分左、右，然后让宝宝自己穿鞋，引导宝宝按照左右的顺序穿好。

4.玩《摸左右》的游戏。爸爸妈妈示范：“这是宝宝的右耳朵，用你的右手摸右耳。”反过来让宝宝的左手摸左耳。

爸爸妈妈必读

宝宝能分清左、右，4次全对，说明宝宝除了能分辨之外，还有听声音做动作的能力。有时虽然心里明白，但会做错，说明反应还欠灵敏。宝宝都会做手脚动作之后应进一步指左耳、右眼、左膝盖、右肩头等，使宝宝将左右与身体部位联合练习。

第四周

第1个活动：奥尔夫音乐《举你的右手摆一摆》

活动准备：音乐《举你的右手摆一摆》。

活动目标：

通过音乐游戏，帮助宝宝分清左右，根据歌词做动作。

活动过程：

1.播放音乐，然后提问：“歌里面唱了什么呀？”里面唱：“小朋友，快快来，举起你的右手摆一摆，向右摆，向左摆，绕一个圆圈，蹲下来。”加深宝宝对歌词的理解。

2.爸爸妈妈唱歌，让宝宝跟着一起做，注意放慢速度，当宝宝熟悉后再加快速度。游戏可反复几遍。

爸爸妈妈必读

教宝宝认识左右，主要是以宝宝的身体为中心认识方位。在日常生活中，我们要经常对宝宝说“宝宝左边有一个球”，“妈妈站在宝宝的右边”等，让宝宝体会左右的不同方位。

第2个活动：大肌肉动作《向左走，向右走》

活动准备：20厘米的横杆若干。

活动目标：

1.锻炼宝宝跨越障碍的能力。

2.让宝宝进一步区分左右。

活动过程：

把横杆分成左右两排，请宝宝站在两排横杆的中间，爸爸妈妈说向左走，就让宝宝向左跨越障碍；爸爸妈妈说向右走，则向右跨越。

和29月龄的宝宝可以这样玩

第一周

第1个活动：亲子游戏《左飘飘，右飘飘》

活动准备：儿歌《左飘飘，右飘飘》。

活动目标：

增进亲情，让宝宝感受快乐。

活动过程：

1.妈妈带着宝宝示范，边念儿歌边做动作：小宝宝，爱玩耍，跟着妈妈手拉手。左飘飘，右飘飘，左飘飘，右飘飘。飘来飘去睡着了。（妈妈和宝宝做睡觉状）。

2.妈妈和宝宝一起继续做游戏。

第2个活动：社会性发展《击鼓传球》

活动准备：皮球一只，小鼓一面，邀请邻居几个小朋友。

活动目标：

加深宝宝对左右的理解、记忆，分享集体游戏的快乐。

活动过程：

1.爸爸或妈妈说："现在请大家一起来玩一个击鼓传球的游戏。按我的要求做。击鼓时如果说：'请宝宝把球向右传。'宝宝就把球传给右边的宝宝。击鼓停，就停止传球。又击鼓说：'请宝宝把球向左传。'宝宝再把球传给左边的宝宝。"反复听大人指令玩几遍。

2.爸爸或妈妈击鼓传球，刚开始时，宝宝对游戏规则不是很熟悉，需要爸爸妈妈的提示、帮助。

第二周

第1个活动：蒙特梭利语言活动《小飞机》

活动准备：儿歌《小飞机》。

活动目标：

1.带宝宝学习儿歌。

2.提高宝宝的朗读能力。

活动过程：

1.爸爸妈妈拿出玩具小飞机，提问“这是什么？”“小飞机是怎样飞的？”然后引导宝宝跟学飞机飞的动作。

2.爸爸妈妈朗读儿歌，并做动作。

3.让宝宝和爸爸妈妈一起朗读儿歌《小飞机》，并做动作。

爸爸妈妈必读

28～30月龄，孩子开始学会用四个单词组成的“四词句”来说话，并开始说出复杂句（由两个或两个以上的简单句以某种关系连接而成）。因此，这阶段要让宝宝多听多说。可通过很多活动鼓励宝宝学习语言。如：每天在固定的时间里和他一起读一本书，听故事录音，或者互相讲故事听等等。也可以让他看一些幼儿节目，这需要爸爸妈妈的帮助和讲解。

附：儿歌《小飞机》

我是一架“小飞机”，一飞飞到半空中。

围着妈妈转三圈，一下落在怀抱中。

第2个活动：**大肌肉动作《我的飞机飞飞飞》**

活动准备：音乐《小飞机》。

活动目标：

1.带宝宝学习简单的游戏规则。

2.带宝宝学说短句“我的飞机飞飞飞，飞到××那里”。

活动过程：

1.爸爸妈妈说：“刚才我们学了小飞机的儿歌，现在我们一起来做飞机飞吧。”动作：双手伸开与肩平高，然后跑起来，边跑边说：“我的飞机飞飞飞，飞到××那里。”

2.爸爸妈妈和宝宝一起做游戏。（播放音乐）

第三周

第1个活动：**奥尔夫音乐《小飞机》**

活动准备：音乐《小飞机》。

活动目标：

1.宝宝能根据歌词内容表演。

2.宝宝能感受音乐游戏带来的快乐。

活动过程：

1.将小椅子摆成飞机状。爸爸扮驾驶员，先让宝宝和妈妈坐上自己的飞机，并对他们说：“欢迎欢迎欢迎你们。”然后播放音乐，爸爸妈妈边唱边伸平双手做飞机状，当唱到“我的飞机上天了”时，就站起来。

2.妈妈带着宝宝一起做动作，玩游戏。

第2个活动：**感觉统合训练《小小飞行员》**

活动准备：滑梯、滑板、音乐《梦幻溪》。

活动目标：

利用斜坡的加速度，刺激宝宝的前庭感觉。

活动过程：

爸爸妈妈让宝宝俯卧在滑板上，头颈抬高，挺胸，身躯紧靠滑板，以腹部为中心，双手双脚抬高，如同飞机起飞状，然后再推动滑板从滑梯上滑下来。

第四周

第1个活动：**艺术发展《折飞机》**

活动准备：彩纸、音乐《梦幻溪》。

活动目标：

1.让宝宝感知折飞机的乐趣。

2.培养宝宝对折纸活动的兴趣。

活动过程：

1.出示用彩纸折好的飞机，请宝宝观察是什么，吸引宝宝的注意力。

2.出示彩纸，折飞机。

3.爸爸妈妈协助宝宝折飞机。

第2个活动：**大运动游戏《河对岸的果子》**

活动准备：彩色胶带一卷、宝宝喜欢吃的水果若干。

活动目标：

1.发展宝宝的大运动能力。

2.增强宝宝的身体平衡能力。

活动过程：

1.爸爸妈妈在地上用彩色胶带贴出一座小桥，长约3米，宽约15厘米。在小桥的另一头，放一盘宝宝喜欢吃的水果。

2.爸爸妈妈和宝宝站在桥的另一头，对宝宝说，河对岸有你喜欢吃的水果，这里搭了一座桥，现在你沿着小桥过去，就能吃到好吃的水果啦。

3.爸爸妈妈在一旁和宝宝一起走示范，用脚跟对着脚尖走，同时提醒宝宝不要走出线外，宝宝走过一次小桥，就奖励宝宝吃一个水果，并称赞宝宝“宝宝学会自己过桥啦，真勇敢！”

爸爸妈妈必读

玩上面《河对岸的果子》游戏时，爸爸妈妈需要在旁保护，以防宝宝摔倒。在宝宝寻求支撑时，一定牵一会儿宝宝的手，带宝宝重新走稳后再松开。家长也可以教宝宝双手张开，帮助维持平衡。随着宝宝能力的增长，可以逐渐减少小桥的宽度。从15厘米减到10厘米。除了直线外，还可以把小桥贴成弯弯曲曲的形状。增加游戏的趣味性。家长在过程中应多鼓励宝宝，但不必要求此阶段的宝宝必须脚尖贴脚跟走过去。

和30月龄的宝宝可以这样玩

第一周

第1个活动：**认知活动《布娃娃在哪里》**

活动准备：桌子、布娃娃。

活动目标：

宝宝能够分辨上和下，并用语言表达出来。

活动过程：

把布娃娃分别放在桌子上和桌子下，引导宝宝用语言说出布娃娃在桌子上和桌子下，以分辨上和下。

爸爸妈妈必读

认识上、下是对宝宝进行空间知觉的训练。在教宝宝认识上、下方位时，关键要让宝宝感知应以某一物为中心，进行上、下的区别。如：地下、墙上、手上、灯下等。

第2个活动：**奥尔夫音乐《上上下下》**

活动准备：小兔手偶（也可用卡纸做，并在上面画上小兔头状套在手指上）。

活动目标：

感知空间方位，并运用身体动作配合节奏表现儿歌。

活动过程：

1.爸爸妈妈帮宝宝戴上小兔手偶后，引导宝宝跟随指令“上”或“下”，将小兔举高或放低。

2.爸爸妈妈带宝宝朗读儿歌《上上、下下》。

3.宝宝和爸爸、妈妈一起学习儿歌，并同时随儿歌内容将小兔手偶举高、放低。

爸爸妈妈必读

宝宝学会随口令练习上、下。宝宝在模仿大人听口令做操时逐渐学会了反义词；在日常生活中，我们还可以教宝宝区分前和后、左和右、开和合等。宝宝渐渐理解了相反的的概念，为以后学习更多反义词打下良好的基础。

附：儿歌《上上下下》

××　××|××　××　|×　×|×-|
咕噜 咕噜　咕噜 咕噜　往 上 爬
××　××|××　××　|×　×|×-|
咕噜 咕噜　咕噜 咕噜　往 下 滑
××|××|××|×-|
太阳 公公 出来 了
××　|××|××|×-|
花儿也 对我 微微 笑
××|××|××|×-‖
上　下　上　下

第二周

第1个活动：大肌肉动作《爬上去，滑下来》

活动准备：滑滑梯、音乐《威廉退尔序曲》。

活动目标：

宝宝能感知空间方位，进一步分辨上和下。

活动过程：

爸爸妈妈让宝宝玩滑滑梯，并用语言指令宝宝："爬上去，滑下来"。

爸爸妈妈必读

通过宝宝自身玩滑滑梯，让宝宝进一步感知空间方位，进一步分辨上、下两个方位。

第2个活动：**亲子游戏《他们的家在哪里》**

活动准备：一棵较大的植物、纸折小鸟若干、娃娃若干、小汽车若干、音乐《梦幻溪》。

活动目标：

让宝宝进一步感知上和下，培养宝宝助人为乐的良好品质。

活动过程：

1.爸爸妈妈说："现在，这里有好多小鸟，小鸟的家在哪里？"引导宝宝把小鸟送到树上。

2.宝宝和爸爸妈妈玩游戏。爸爸妈妈让宝宝按照指令，把娃娃、小汽车等送到爸爸妈妈指定的地方。

第三周

第1个活动：**大肌肉动作《快乐保龄球》**

活动准备：纯净水塑料瓶、球、彩纸、碗。

活动目标：

1.促进宝宝上肢运动发展。

2.让宝宝进一步认识各种颜色。

3.发展宝宝手部动作的控制能力、手眼协调能力。

活动过程：

爸爸妈妈将彩纸剪成碎片并塞入瓶中，每个瓶子只能装一种颜色的纸。教宝宝如何滚皮球将瓶子撞倒，每撞倒一个瓶子，就让他将瓶子倒过来，拿出一张彩纸。将彩纸收集在一个碗中。尽量收集所有的彩纸。每次都要数一下，看看已收集了多少种彩纸。

爸爸妈妈必读

这个游戏的目的是促进宝宝的上肢运动、发展宝宝手部动作的控制能力和手眼协调能力。在进行运动的过程中，我们还可以教宝宝进一步认识各种颜色。

第2个活动：蒙特梭利语言活动《快乐宝宝》

活动准备：宝宝笑的图片，儿歌《快乐宝宝》。

活动目标：

发展宝宝的语言表达能力和协调宝宝的动作。

活动过程：

1.爸爸或妈妈说："今天我可高兴了。除了我高兴，还有一个人很快乐，是谁呢？请看！"然后爸爸或妈妈出示一幅快乐宝宝的图片，让宝宝观察，宝宝快乐表现在哪里？(笑了、拍手、蹦跳)

2.爸爸妈妈朗读儿歌《快乐宝宝》，让宝宝倾听。

3.宝宝和爸爸妈妈一起朗读儿歌，并根据歌词做动作。

爸爸妈妈必读

儿歌是一种富有韵律和节奏感的语言作品，让宝宝多听多念儿歌能有效促进语言能力的发展。同时也让宝宝从小就体会到语言的美和魅力。因此，儿歌是一种不可多得的语言学习形式。

附：儿歌《快乐宝宝》

动动头来，动动脚，扭扭屁股，扭扭腰，

小手小脚问声好，小脚高兴得到处跑。

第四周

第1个活动：奥尔夫音乐《幸福拍手歌》

活动准备：音乐《幸福拍手歌》。

活动目标：

1.训练宝宝的节奏感。

2.让宝宝能根据歌词内容做动作。

活动过程：

1.爸爸妈妈提问："宝宝，如果你感到快乐，你会怎么做呀？"引导宝宝拍手、跺脚。

2.播放歌曲，爸爸妈妈边唱边示范动作。

3.教宝宝唱《幸福拍手歌》。

爸爸妈妈必读

孩子学唱歌能开发右脑，在儿童学习语言的同时，学习唱歌能使儿童左右脑同时开发。学唱歌同样能使数学推理能力提高。

第2个活动：亲子游戏《小脚踩大脚》

活动准备：音乐《快乐宝宝》。

活动目标：

促进亲子情感，培养宝宝的协作能力。

活动过程：

爸爸或妈妈让宝宝把脚踩自己的脚上，然后带着宝宝摇摇摆摆地走。可来回走几圈。

31～36月龄（2岁半～3岁）宝宝的发展目标

● 能随意控制身体的平衡、跳跃动作；

● 掌握有目的地用笔、用剪刀、用筷、用杯、折纸、面塑、贴画等手的技巧；

● 能与人进行一般言语交往；

● 能说出父母工作的单位、家庭住址、背诗歌、猜谜语及讲简单故事，懂得反义词8～10组；

● 背数到20，点数到8，复述数字4～5，倒数数字3～1或5～1，认识数字6～10；

● 认识若干汉字，会说若干英语单词；

● 能自己洗脚、如厕、穿衣、扫地、剥择蔬菜、收拾玩具；

● 乐于与别的小朋友玩“过家家”等合作游戏，懂得游戏规则；

● 注意发展的均衡性；同时敏锐地发现并培养孩子的兴趣爱好，发展求知欲和自信心。

和31月龄的宝宝可以这样玩

第一周

第1个活动：**感觉统合训练《快乐飞行》**

活动准备：彩虹毯、音乐《快乐宝宝》。

活动目标：

刺激宝宝的前庭感觉，发展宝宝的平衡感。

活动过程：

让宝宝躺在彩虹毯上，爸爸妈妈用双手各牵着彩虹毯的一个角，拉着旋转起来。

第2个活动：**大肌肉动作《抛接沙包》**

活动准备：沙包、音乐《抛抛滚滚乐》

活动目标：

1.培养宝宝的协作精神。

2.锻炼宝宝手眼协调能力。

活动过程：

1.爸爸妈妈出示沙包，教宝宝认识沙包。

2.爸爸妈妈和宝宝一起玩抛接沙包游戏。

爸爸妈妈必读

学习抛接，可以锻炼宝宝与人合作的能力，提升宝宝手眼协调和预测方位的能力，使身体灵活地接抛沙包。

第二周

第1个活动：蒙特梭利日常训练《拆拆看》

活动准备：沙包、剪刀、一次性碗。

活动目标：

锻炼宝宝手部肌肉，发展宝宝“拆”的动作。

活动过程：

爸爸妈妈让宝宝玩完沙包后，提问：“这里面装的是什么呀？”引起宝宝的好奇心，引导宝宝拆沙包。爸爸妈妈帮助宝宝把线剪断，拆开后，让宝宝回答里面装的是什么，然后让宝宝把沙子倒在碗里。

第2个活动：亲子游戏《玩沙》

活动准备：沙子、玩沙玩具（铲子等）、音乐《梦幻溪》。

活动目标：

发展宝宝手部的精细动作以及想象力和创造力。

活动过程：

爸爸妈妈让宝宝用铲子、桶子等玩沙工具和爸爸妈妈一起玩沙，可以让沙子在手指缝里慢慢滑落，还可以堆城堡、画沙滩画、挖渠等，边玩边引导宝宝说出自己的感受和想象。

爸爸妈妈必读

这个游戏的目的是发展宝宝手部的精细动作、想象力和创造力。这里的沙子有限，平时我们要带宝宝到海滨沙滩或沙坑玩沙，让宝宝感受大自然的美与神奇。

第三周

第1个活动：**精细动作《舀沙》**

活动准备：矿泉水瓶子、沙子、小勺、音乐《希腊冥想》。

活动目标：

提高宝宝手眼协调能力并进一步发展宝宝的动作。

活动过程：

爸爸妈妈让宝宝右手拿小勺，左手拿矿泉水瓶子，把沙子舀到矿泉水瓶子里去。舀满后再倒出来，或舀一部分后摇晃瓶子，可反复玩。

第2个活动：**艺术发展《沙画》**

活动准备：胶水、沙子、颜料、音乐《希腊冥想》。

活动目标：

让宝宝体验用沙子作画的乐趣，并用艺术来熏陶宝宝，使其感受艺术之美。

活动过程：

爸爸妈妈让宝宝画一个简单的图形，然后在画好的图形上涂上胶水，把沙子填在画好的图形上。可以让宝宝根据想象去画，再涂上胶水，最后欣赏自己的作品。

第四周

第1个活动：**认知活动《男孩女孩》**

活动准备：男孩、女孩图片。

活动目标：

1.加深宝宝对男孩、女孩的认识。

2.培养宝宝大胆和正确表达自己是男孩或女孩。

活动过程：

1.爸爸妈妈问宝宝："你是男孩还是女孩?"引导宝宝回答。

2.爸爸妈妈出示图片，讲述男孩和女孩的特征有哪些，他们有什么区别。

3.爸爸妈妈和宝宝一起继续认识男孩和女孩，爸爸妈妈可提问，家里各成员是男的还是女的，并让宝宝用完整的语言说出来。

第2个活动：**蒙特梭利语言活动《男孩女孩》**

活动准备：男孩和女孩的图片。

活动目标：

1.让宝宝进一步区分男女。

2.练习宝宝的口语表达能力，吐字清楚。

活动过程：

1.爸爸妈妈："刚才我们观看了男孩和女孩的图片，宝宝也知道自己是男孩(或女孩)了，那么现在教你念一首《男孩女孩》的儿歌吧。"

2.爸爸妈妈朗读儿歌，让宝宝倾听。

3.爸爸妈妈和宝宝一起念儿歌，注意吐字清楚。

爸爸妈妈必读

2岁半至3岁左右的宝宝，在语言上最大的进步就是学会了说"我"。在此之前，他在平时说话提到自己时都只用自己的名字来代替，如"小宝吃"，"牛牛的椅子"，等等，还不会用人称代词"我""我的"。而进入这一阶段后，他将会大量使用"我""我的"以及"你""他"等人称代词。

附：儿歌《男孩女孩》

我是女孩子，梳着小辫子，穿着小裙子。

我是男孩子，戴着小帽子，穿着短裤子。

和32月龄的宝宝可以这样玩

第一周

第1个活动：**大肌肉动作《男孩女孩跳》**

活动准备：方形垫、音乐《走走跳跳》。

活动目标：

1.训练宝宝立定跳远的大动作。

2.让宝宝进一步知道自己的性别，能区分性别。

活动过程：

1.爸爸妈妈先让宝宝站好一个方格。向前立定跳远。反复练习。

2.宝宝自由向前跳。

3.爸爸妈妈说“男孩跳”，这时爸爸赶快跳，说“女孩跳”时妈妈就赶快跳。

第2个活动：**艺术发展：《贴娃娃》**

活动准备：白色圆纸板、五官各部分的卡片、男孩的短发和女孩长发的卡片。

活动目标：

1.训练宝宝分类及进一步学习粘贴的技巧。

2.让宝宝进一步区分性别。

活动过程：

1.爸爸妈妈将卡片混放在桌子上，请宝宝找出白色的圆纸板。

2.爸爸妈妈拿出五官各部分的卡片，提问：“这是什么？”进一步加深宝宝对五官的印象。

3.爸爸妈妈让宝宝把五官贴到白色圆纸板上，并且位置不能错。

4.让宝宝选择男孩或女孩的头发，贴到相应的位置上去。

第二周

第1个活动：**感觉统合训练《滑板》**

活动准备：滑板、音乐《快乐宝宝》。

活动目标：

1.使宝宝的前庭器官获得大量刺激信息。

2.训练宝宝的肌肉运动，促进前庭固有感觉体系的加强，并可强化触觉体系。

活动过程：

1.爸爸妈妈让宝宝俯卧在滑板上，头颈抬高，挺胸，身躯紧靠滑板，以腹部为中心，双手双脚抬高，如同飞机起飞状，做静态的滑板姿势。

2.放下双手，手指向外，以双手同时触地伸屈，使身体往前移动，做乌龟爬行。做时要注意头部抬高，行进时可转变方向或后退，并可做360度的大回转。

3.趴在滑板上，双脚如青蛙游泳般屈曲。顶在墙壁上，用力向前蹬，做青蛙状，对身体肌肉紧张、本体感和身体形象的建立帮助很大。

4.需要做好防护措施。

第三周

第1个活动：**蒙特梭利语言活动《龟兔赛跑》**

活动准备：故事书或搜索宝宝巴士里的《龟兔赛跑》。

活动目标：

1.培养宝宝专心倾听故事的能力。

2.发展宝宝的语言表达能力。

活动过程：

1.爸爸拿龟宝宝坐一边，妈妈拿兔宝宝坐另一边。爸爸妈妈出示图片，讲述故事，并且做出相应的动作。

2.爸爸妈妈和宝宝一同进行简单的情景表演：学习乌龟爬、兔子跳的动作。

3.爸爸妈妈让宝宝复述故事。

爸爸妈妈必读

32月龄的宝宝，在大人的启发和帮助下，能复述大人多次重复讲的故事的简单内容，能用简单的句子表达自己的意思，并出现不完整的复合句。因此爸爸妈妈在家里的时候，要多讲故事给宝宝听，以发展宝宝的语言表达能力。

第2个活动：大肌肉动作《龟兔赛跑》

活动准备：挂图，呼啦圈，音乐《龟兔赛跑》。

活动目标：

1.练习宝宝爬与双脚向前跳的动作。

2.培养宝宝做事认真、负责的态度。

活动过程：

1.爸爸妈妈做乌龟爬与兔子跳的动作。

2.妈妈与宝宝一起做游戏：妈妈当兔子，宝宝当乌龟，进行两次赛跑，兔子的路线是呼啦圈，乌龟是沿着地板爬。

爸爸妈妈必读

这个活动的目的是练习宝宝爬与双脚向前跳的动作。宝宝在这个阶段，要达到双脚向前连续跳3～4米远，原地双脚跳10～20次，才算是达标的。

第四周

第1个活动：奥尔夫音乐-节奏律动《小兔模仿操》

活动准备：《小兔模仿操》的歌词、响板、铃鼓。

活动目标：

1.提高宝宝的模仿能力。

2.增强宝宝的乐感。

活动过程：

1.爸爸妈妈根据节奏教唱歌词，并根据歌词做相应的动作，如："揉眼""洗脸""跳跳"等。

2.让宝宝用响板（铃鼓）单独表演，爸爸妈妈可以唱歌词。

附：儿歌《小兔模仿操》

ⅹⅹ ⅹⅹ | ⅹⅹ ⅹ | ⅹⅹ | ⅹ－|

今天 天气 真正 好，真正 好

ⅹⅹ ⅹⅹ | ⅹⅹ ⅹ | ⅹⅹ | ⅹ－|

小兔 小兔 起得 早，起得 早

ⅹⅹ ⅹⅹ | ⅹⅹ ⅹ | ⅹⅹ | ⅹ－|

揉揉 眼睛，洗洗 脸，洗洗 脸。

ⅹⅹ ⅹⅹ | ⅹⅹ ⅹ | ⅹⅹ | ⅹ－|

竖竖 耳朵，理理 毛，理理 毛。

ⅹⅹ ⅹⅹ | ⅹⅹ ⅹ | ⅹⅹ | ⅹ－|

摸摸 尾巴，跳跳 跳，跳跳 跳，

ⅹⅹ ⅹⅹ | ⅹⅹ ⅹ | ⅹⅹ | ⅹ－|

小兔 是个 好宝 宝，好宝 宝！

第2个活动：**艺术发展《乌龟宝宝》**

活动准备： 彩笔、纸。

活动目标：

1.增强宝宝手指小肌肉的发展，提高手指的灵活性。

2.锻炼宝宝的握笔姿势。

活动过程：

1.爸爸妈妈出示乌龟的图片，让宝宝观察，爸爸妈妈教宝宝画圆圈。

2.爸爸妈妈让宝宝在纸上画一个圆圈，然后指导宝宝添上乌龟头、脚等。

爸爸妈妈必读

宝宝在用笔画画时，我们要教宝宝正确的姿势，懂得用左手扶纸。

和33月龄的宝宝可以这样玩

第一周

第1个活动：**亲子游戏《龟妈妈背宝宝》**

活动准备：沙袋。

活动目标：

发展宝宝的平衡能力，刺激宝宝的前庭发展。

活动过程：

1.爸爸妈妈先让宝宝用爬行的姿势运沙袋。

2.妈妈呈爬行的姿势让宝宝趴背上，沿圆圈爬动。

第2个活动：**大肌肉动作《运水》**

活动准备：塑料杯、盆子、水。

活动目标：

1.促进宝宝的血液循环。

2.提高宝宝的秩序感以及培养宝宝的责任心。

活动过程：

爸爸妈妈让宝宝用塑料杯子将水舀到杯子里，然后运到脚底按摩器的另外一头，倒入空的脸盆里。反复做此项运动。

第二周

第1个活动：**奥尔夫音乐《鱼儿水中游》**

活动准备：丝巾、音乐《鱼儿水中游》。

活动目标：

让宝宝模仿鱼儿在水中游的动作，促进宝宝的触觉发展。

活动过程：

爸爸妈妈将丝巾拉起当窗帘，让宝宝随音乐节奏在窗帘下“游动”或者让宝宝把丝巾当“尾巴”游来游去。

第2个活动：**精细动作《拿与推》**

活动准备：针筒、水。

活动目标：

1.让宝宝学习“拿”与“推”的动作。

2.锻炼宝宝的手部肌肉力量。

活动过程：

让宝宝将水吸到针筒里，再把针筒里的水推到脸盆里。

第三周

第1个活动：**艺术发展《彩色水滴画》**

活动准备：滴管、彩色的水、宣纸。

活动目标：

1.发展宝宝的想象能力。

2.提高宝宝的手部控制能力。

活动过程：

1.让宝宝学会用滴管将彩色的水滴到宣纸上。

2.请宝宝将自己的图画展示出来，并且说出他所画的是什么。

第2个活动：精细动作《剪一剪》

活动准备：皱纹纸、圆头剪刀、篮子。

活动目标：

发展宝宝的手部灵敏度；教会宝宝使用剪刀。

活动过程：

爸爸妈妈指导宝宝使用剪刀，将皱纹纸剪成小碎片，放入篮子中。（注：在操作过程中爸爸妈妈要重点提醒宝宝注意安全。）

爸爸妈妈必读

初学时宝宝总是用剪刀夹住纸，偶尔一次能将纸剪开，他就会继续去剪，逐渐熟练。宝宝用剪刀和用筷子都是两手试着用，最后发现有一只手特别顺利，就会固定用一只手去练习。如宝宝还不会用剪刀，可能是因为大人害怕宝宝受伤害。只要是圆头剪刀或幼儿用安全塑料剪，就可以放手让宝宝练习。总是由不会到会，只要有机会练习就一定能学会。

第四周

第1个活动：大肌肉动作《飞上天》

活动准备：夹子，皱纹纸。

活动目标：

1.发展宝宝的手部肌肉。

2.教会宝宝做“向上抛”的动作。

活动过程：

1.爸爸妈妈将皱纹纸剪成长条，用夹子夹住皱纹纸的一端，然后往上抛，边抛边说：“飞机飞上天!”让宝宝看。

2.爸爸妈妈让宝宝在同一条线上，向前丢，练习手臂力量，比比谁丢得远。

第2个活动：**亲子游戏《包糖果》**

活动准备：两种颜色的皱纹纸、小纸团。

活动目标：

1.训练宝宝手指的能力。

2.增进亲子情感。

活动过程：

1.宝宝学习“包”的动作，将小纸团用皱纹纸包起来，变成“糖”。反复做包的动作。

2.比比看谁的糖果多，并且进行不同颜色的分类。

和34月龄的宝宝可以这样玩

第一周

第1个活动：**艺术发展《美丽的花裙子》**

活动准备：矿泉水瓶、皱纹纸、双面胶。

活动目标：

1.培养宝宝对美术的兴趣。

2.锻炼宝宝粘的动作，培养宝宝的想象力。

活动过程：

1.爸爸妈妈让宝宝用双面胶将皱纹纸装饰矿泉水瓶。

2.爸爸妈妈让宝宝将自己的作品展示出来，欣赏宝宝的作品并有意夸奖点评。

第2个活动：**精细动作《圣诞卡》**

活动准备：蝴蝶结、贺词纸、卡纸、其他装饰品。

活动目标：

1.提高宝宝的审美以及宝宝的动手能力。

2.增强宝宝的专注能力。

活动过程：

爸爸妈妈和宝宝一起来制作卡片，把蝴蝶结贴在已经准备好的贺卡上，再贴上有颜色的贺词纸。其他的部分由宝宝自由创作。在自由创作前可先让宝宝看些别人做好的贺卡图片(在手机上去看)。

第二周

第1个活动：**感觉统合训练《漂亮的圣诞树》**

活动准备：圣诞装饰品、圣诞树、平衡木。

活动目标：

1.增强宝宝的秩序感、让宝宝学会排队等候，提高宝宝的语言能力。

2.提高宝宝的平衡能力，学习踮脚挂物，有自己的审美观。

活动过程：

爸爸妈妈准备好装饰品，让宝宝一个一个拿着从平衡木上走到圣诞树这边，并且将装饰品挂到圣诞树上。

第2个活动：**奥尔夫音乐《圣诞舞会》**

活动准备：神秘袋、沙蛋、串铃若干、音乐《圣诞舞会》。

活动目标：

1.培养宝宝自由创编的能力。

2.培养宝宝的聆听能力。

活动过程：

1.爸爸妈妈装扮成圣诞老人，将乐器装入神秘袋，然后随音乐走到宝宝面前，让宝宝帮忙把看不见的乐器摸出来。然后高兴地舞蹈起来。

2.看不见的乐器名称由圣诞老人装扮者唱出来。宝宝要认真听。

第三周

第1个活动：**亲子游戏《圣诞会的声音》**

活动准备：大的床单。

活动目标：

1.训练宝宝的听觉能力。

2.增近亲子之间的情感。

活动过程：

1.爸爸妈妈都躲在大床单的后面说话，让宝宝猜猜是谁说的话。

2.爸爸妈妈变着声音说话，提高猜的难度。

第2个活动：**艺术发展《圣诞魔法棒》**

活动准备：卡纸、塑料棒、剪刀、装饰的星星。

活动目标：

1.培养宝宝对美工的兴趣。

2.加强宝宝的动手能力。

活动过程：

1.爸爸妈妈让宝宝用剪刀将卡纸剪出任意一个形状来，然后用钉书机将卡纸钉在塑料棒上，最后在卡纸上进行简单的装饰。

2.爸爸妈妈同宝宝一起再做一个圣诞魔法棒。让宝宝说出哪个做得好看些。

第四周

第1个活动：**感觉统合训练《拾贝壳》**

活动准备：平衡木、阳光隧道、贝壳、脸盆、米。

活动目标：

1.增强宝宝的手部精细动作。

2.培养宝宝的保护意识。

活动过程：

爸爸妈妈将贝壳藏入装有米的脸盆中，让宝宝先从阳光隧道中爬过来找贝壳，找到贝壳后，再从平衡木上走回来送到对面的篮子中。

第2个活动：**奥尔夫音乐《小金鱼与海浪》**

活动准备：串铃、塑料袋。

活动目标：

1.提高宝宝的倾听能力，增强宝宝的乐感。

2.让宝宝能快速模仿爸爸妈妈随音乐变换使用乐器。

活动过程：

1.爸爸妈妈和宝宝一起听歌词，做动作。

2.爸爸妈妈让宝宝舞动塑料袋，演奏海浪的声音，用串铃当作小金鱼的歌声。

附：儿歌《小金鱼与海浪》

我是小金鱼，住在池塘里。(双手在胸前做金鱼游的动作，双手合拢在脸的一侧，做睡觉状)。游过来，游过去，总是不适宜(右手叉腰，左手由胸前往左划；左手叉腰，右手由胸前往右划)。

努力游，努力游，游过了小河(双手合拢在胸前做小鱼向上游的动作。两次)。一天又一天，到了大海边(左手把食指伸向前，表示“一”的动作。右手重复左手的动作)。

和35月龄的宝宝可以这样玩

第一周

第1个活动：亲子游戏《海浪来了》

活动准备：床单若干。

活动目标：

1.培养宝宝勇敢、不怕困难的性格。

2.提高宝宝的平衡能力。

活动过程：

爸爸妈妈一起合作，双手各抓住床单的两端，一起蹲下把床单放在地面像海浪一样舞动，让宝宝走在床单上面。爸爸妈妈适度把床单上下舞动，让宝宝能够平衡地站稳。

第2个活动：艺术发展《沙滩与海浪》

活动准备：水彩笔、白纸。

活动目标：

1.加强宝宝握笔和控笔的能力。

2.提高宝宝的模仿能力，学习“点”和“曲线”画画技巧。让宝宝初步有结构的进行绘画。

活动过程：

1.在白纸的下半部分画出沙滩（用点的方式来绘画）。

2.在白纸的上半部分画海浪（用曲线的方式来绘画）。

3.将完成好的作品给爸爸妈妈欣赏。

第二周

第1个活动：认知《夏天和冬天的衣服》

活动准备：棉袄、短袖图片、几何图形橱的木箱。

活动目标：

让宝宝了解夏天与冬天的特征。

活动过程：

把棉袄和短袖的图片混合放在一起，让宝宝把它们进行分类，分好之后从脚底按摩器上走过来放入抽屉。

第2个活动：奥尔夫音乐《小雪花》

活动准备：雪花片，音乐《小雪花》。

活动目标：

1.提高宝宝的倾听能力，增强其乐感。

2.宝宝能模仿爸爸妈妈并根据歌词做动作。

活动过程：

1.爸爸妈妈播放《小雪花》的音乐，让宝宝一起欣赏，并引导宝宝一起随音乐自由舞蹈。

2.爸爸妈妈拿着雪花片，边唱边随音乐做舞蹈动作。让宝宝在一旁欣赏并观察。

3.爸爸妈妈和宝宝一起边唱边做动作。

附：儿歌《小雪花》

小雪花，小雪花，

（双手分别将地上的雪花片拣起向空中抛）

飘在空中像朵花。

（手指上空，两手慢慢从上往下舞动，然后做出花样的手势）

小雪花，小雪花，飘在窗上变成花。

（左手放平在左边，右手慢慢从上往下舞动到左手，两手一起做出花的形状）

小雪花，小雪花，飘在手里不见了。

（两手慢慢从上往下舞动，然后摇摇摊平在前）

第三周

第1个活动：社会性发展《打雪仗》

活动准备：白色小纸团、请几个同龄小朋友。

活动目标：

让宝宝融入集体中，训练宝宝投物的准确性。

活动过程：

大人让宝宝用小纸团打其他宝宝的身体，而其他的宝宝要学习躲避，培养宝宝的反应能力以及全身的协调能力。

第2个活动：艺术发展《夏天的雨》

活动准备：水彩笔、白纸。

活动目标：

1.培养宝宝对绘画的兴趣。

2.让宝宝学习画“线”。

活动过程：

爸爸妈妈让宝宝在白纸上画夏天的大雨，用短线表示；小雨则用点表示，让宝宝学习不同的绘画方式。

第四周

第1个活动：**蒙特梭利语言活动《美丽的蝴蝶》**

活动准备： 故事图书、蝴蝶图片、蝴蝶模型、蝴蝶头饰。

活动目标：

1.发展宝宝的语言表达能力：能认真倾听故事里的情节，并且回答爸爸妈妈提出的问题。

2.帮助宝宝了解蝴蝶的特征。

活动过程：

1.爸爸妈妈讲述故事，说出蝴蝶的特征。

2.爸爸妈妈出示蝴蝶图片，让宝宝观察蝴蝶，然后拿出一个蝴蝶模型向宝宝提问，请宝宝说出所提问的蝴蝶部位。

第2个活动：**感觉统合训练《蝴蝶采蜜》**

活动准备： 各种颜色花的图片、各种颜色的蝴蝶、蝴蝶头饰、登高台。

活动目标：

1.巩固宝宝对颜色的认知，并且能将颜色进行分类。

2.培养宝宝勇敢的精神，练习“跳”的动作。

活动过程：

1.用故事引导宝宝，让蝴蝶出来采蜜。

2.把相同颜色的蝴蝶放到相应的花朵上，学习粘的动作。

3.宝宝戴着蝴蝶头饰走在平衡木上，练习“跳”的动作。

和36月龄的宝宝可以这样玩

第一周

第1个活动：**奥尔夫音乐《蝴蝶飞》**

活动准备：丝巾、音乐《蝴蝶飞》。

活动目标：

1.培养宝宝自由创编的能力。

2.增强宝宝的节奏感。

活动过程：

1.爸爸妈妈让宝宝舞动丝巾，学蝴蝶飞的动作，再让宝宝和妈妈一起组成一只蝴蝶，根据儿歌的歌词改编动作。

2.爸爸妈妈指导宝宝单独大胆表演舞蹈，然后宝宝和妈妈一起表演舞蹈。要求舞姿随音乐的节奏变化而变化。

第2个活动：**亲子游戏《蝴蝶飞》**

活动准备：小剪刀、白纸、颜料、音乐《蝴蝶飞》。

活动目标：

1.学会用颜料涂鸦。

2.锻炼手的精细动作，初步学会使用小剪刀。

活动过程：

1.爸爸妈妈拿出准备好的蝴蝶图形给宝宝，让宝宝剪下蝴蝶。爸爸妈妈在旁协助。

2.宝宝在剪下的蝴蝶身体上，用颜料涂上颜色。

3.爸爸妈妈和宝宝在音乐《蝴蝶飞》的乐曲中，一起拿着做好的蝴蝶跳起来，舞起来。

第二周

第1个活动：**身体动作发展《追影子》**

活动准备：需要在有太阳光的天气。

活动目标：

1.让宝宝知道物体在阳光下会产生影子，对影子感兴趣。

2.游戏中宝宝能在一定范围内四散跑，锻炼宝宝的躲闪能力。

活动过程：

1.爸爸妈妈引导宝宝发现影子，一起找一找别人与自己的影子，并让宝宝知道原来光照在物体上就会产生影子。爸爸妈妈和宝宝一起观察周围物体的影子，探索光和影子的奥秘。

2.爸爸妈妈引导宝宝踩自己的影子。

3.爸爸妈妈和宝宝互相追踩对方的影子。

4.游戏反复数次，注意控制活动量。

第2个活动：**社会性发展《汤洒了怎么办》**

活动准备：一碗汤。

活动目标：

让宝宝知道进餐时汤洒在桌子上或者身上时的处理方法。

活动过程：

1.爸爸妈妈引导宝宝讨论：汤洒了怎么办？

2.吃饭时，汤洒在桌子上，要赶紧把胳膊移开，以免烫到自己，弄脏自己的衣服。

3.如果汤顺着桌子往下流要立刻站起来，以免弄脏衣服和裤子。

4引导宝宝拿毛巾或餐巾纸把桌子上的汤和地上的汤擦干净。如果洒了很多，宝宝可以请爸爸妈妈帮忙。

第三周

第1个活动：社会性发展《洗脸》

活动准备：脸盆、水、宝宝的洗脸巾。

活动目标：

1.让宝宝学习用正确的方法洗脸。

2.培养宝宝的自我服务意识。

3.帮助宝宝养成讲卫生的好习惯。

活动过程：

1.爸爸妈妈出示毛巾。启发宝宝说出毛巾的作用：能擦手、洗脸等。

2.爸爸妈妈教宝宝正确的洗脸方法：低下头，闭上眼睛，从下向上，从里向外轻轻用力，嘴巴、鼻子、额头、脸颊都要洗到。

3.爸爸妈妈鼓励宝宝用正确的方式洗脸，及时给予指导，帮助宝宝养成讲卫生的好习惯。

第2个活动：艺术发展《树叶画》

活动准备：贴好双面胶的小树叶若干。

活动目标：

1.引导宝宝感知季节的变化与树叶的关联。

2.引导宝宝感知方位。

3.会用树叶作画。

活动过程：

1.了解树叶的颜色、味道、触感。

爸爸妈妈让宝宝摸一摸、闻一闻、看一看，让宝宝知道树叶是什么颜色的，并说出看到的颜色；让宝宝闻一闻树叶的味道，摸一摸树叶的感觉，并试着说出来。

2.爸爸妈妈引导宝宝联想树叶飘落的样子，并说出来（让宝宝初步了解上、下、里、外方位的概念。

3.爸爸妈妈和宝宝一起用树叶粘贴一幅画。

第四周

第1次活动：**认知活动《眼睛的结构》**

活动准备：眼睛的图片。

活动目标：

1.让宝宝了解眼睛的外观结构，激发宝宝的好奇心和探究欲望。

2.让宝宝知道保护眼睛的方法，并学会保护自己的眼睛。

活动过程：

1.律动《小手拍拍》，引入主题，发现眼睛的作用。

爸爸妈妈唱儿歌：小手拍拍，小手拍拍，小手伸出来，小手伸出来，眼睛在哪里？眼睛在哪里？用手指出来，用手指出来！找到小眼睛了吗？

2.爸爸妈妈让宝宝认识眼睛的结构。

（1）眼睑：眼睑分上眼睑和下眼睑，也就是我们常说的眼皮，它是保护眼睛的。找找我们的眼睑在哪里？

（2）眼睫毛：睫毛长在眼睑上，宝宝轻轻地摸一摸自己的眼睫毛长在哪里？

（3）我们的眼睛除了眼睑和眼睫毛，还有什么呢？在里面有眼球，眼球圆圆的，会转动，我们一起转转眼球。

3.爸爸妈妈告诉宝宝平时要保护好眼睛。如看书写字时不要靠得过近；不能长时间看电视以及其他电子产品。

爸爸妈妈必读

平常要多向宝宝传达身体的功能，让宝宝意识到身体的重要性。

第2次活动：社会性发展《喝水》

活动准备：水杯、植物缺水的图片、土地干涸的图片或视频。

活动目标：

1.让宝宝喜欢喝水。

2.让宝宝意识到喝水对身体的重要性。

活动过程：

1.爸爸妈妈出示图片或是播放一段视频，引导宝宝思考：叶子怎么枯萎了？土地怎么开裂了？引导：缺水。

2.爸爸妈妈说出水的重要性。植物长时间缺水会死掉，人长时间缺水也会危及生命。

3.鼓励宝宝多喝水。

后　　记

爱，源自家庭，爱并不在于我们做了多少，而在于我们在做的过程中倾注了多少爱，并让爱在灵魂深处燃烧。

本书是根据0～3岁婴幼儿生长发育的关键期，提供给陪伴孩子成长的父母、爷爷和奶奶或保姆等使用的可操作性强的书籍。书中的教育教学方法是针对不同年龄段婴幼儿应发展水平而准备的培养与方案。是让陪伴者在日常的生活中轻轻松松地做到有效陪伴，促进宝宝敏感期的智力开发，语言能力的提升，并增强婴幼儿乐感，以及情商的发展和游戏水平提高等。本书的活动设计不仅包括了五大领域，同时融合了蒙特梭利教育、奥尔夫音乐和感觉综合训练等国际前沿的教育理念。

《在家也能做早教》并不是让孩子学会什么，而是通过外部的感官刺激促进孩子的发育，让孩子在无意识中汲取知识，并促进精细动作能力发展，增进亲子关系。家长只有充分全面地了解自己孩子的个性、特征，才能有针对性地循序渐进地满足孩子的发展需求。孩子学会学习，比他学了什么更重要。书内的音乐可在网上搜索，即使有个别的不太合适也可自行找些自己喜欢的或感觉好的音乐。材料可用家庭已有同类或相似的可替代品，不必完全相同。在活动中，要注意玩教具的安全性，尊重孩子的差异性，即使有弱项，也不要有太大的负担，更不要操之过急。每个个体都有差异性，循序渐进即可。

本书在成书过程中得到了中国教育学会学前教育专业委员会理事长朱家雄教授的指点和支持，并得到了湖南国际教育科学研究院王耀院长和教研院首席专家张婕教授的大力帮助，还得到了曾经在一线从事教学教研的皮艳博老师的鼎力协助以及杨兰芳园长等一线老师的大力支持，在此一并表示感谢！

参考文献

[1] 冯德全. 0岁方案[M]. 西安：陕西师范大学出版社，1994.

[2] 孟昭兰. 婴儿心理学[M]. 北京：北京大学出版社，1997.

[3] 区慕洁. 中国儿童智力方程[M]. 北京：中国妇女出版社，1998.

[4] 蔡丽玲. 0～3岁亲子游戏100种[M]. 长沙：湖南科学技术出版社，2001.

[5] 楼必生. 婴儿教育活动设计[M]. 武汉：华中师范大学出版社，2002.

[6] 李向勤. 中国亲子统合教育[M]. 北京：中国华侨出版社，2004.

[7] 秦瑞利. 婴幼儿智力开发[M]. 北京：中国纺织出版社，2009.

[8] 波斯特，霍曼，爱泼斯坦. 高瞻0～3岁儿童课程：支持婴儿与学步儿的成长和学习[M]. 唐小茹，译. 北京：教育科学出版社，2019.

[9] 张星星. 0～3岁婴幼儿托育课程设计[M]. 上海：复旦大学出版社，2021.